Silke Schneider-Flaig

DER NEUE GROSSE Knigge

Richtige Umgangsformen
privat und im Beruf

compact

Die Autorin: Silke Schneider-Flaig zählt deutschlandweit zu den bekanntesten Benimmprofis. Zum Thema „gute Manieren" gibt die Stuttgarterin (www.knigge-buecher.de) seit vielen Jahren Tipps in verschiedenen Medien. Als langjähriges Mitglied im Deutschen Journalisten-Verband e.V. setzt sie sich seit 2010 ehrenamtlich für Chancengleichheit ein.

Baierbrunner Straße 27, 81379 München
Ausgabe 2017
3. Auflage

Text: Silke Schneider-Flaig, Stuttgart
Illustrationen: Andreas Denzer, Hamburg
Redaktion: Maximilian Eberhard
Produktion: Ute Hausleiter
Titelabbildungen: Andreas Denzer, Hamburg (li. u. und re. o.),
shutterstock.com/Leremy (restl.)
Gestaltung: PER MEDIEN & MARKETING GmbH, Braunschweig
Umschlaggestaltung: red.sign GbR, Stuttgart (Anette Vogt)

ISBN 978-3-8174-9965-6
381749965/3

www.compactverlag.de

INHALT

VORWORT

Adolph Franz Friedrich Ludwig Freiherr von Knigge, der sich selbst gerne „freier Herr“ nannte und später das „von“ aus seinem Namen strich, gilt als Vater des guten Tons. Er schrieb den Bestseller „Über den Umgang mit Menschen“. Dieses Buch aus dem Jahr 1788, das er selbst mehrfach aktualisiert hat, gilt noch heute als Standardwerk für Höflichkeit und gutes Benehmen. Auch wenn sich seit damals viel verändert hat – sein Anliegen, dass Personen verschiedenen Standes und unterschiedlicher regionaler Herkunft reibungslos, frei und so angenehm wie möglich miteinander umgehen und leben sollen, ist aktuell wie eh und je.

Es gibt immer mehr Dinge und Kommunikationsformen, die zu Knigges Zeit nicht einmal in einem Zukunftsroman denkbar gewesen wären, beispielsweise E-Mails, SMS, Fax, Mobiltelefone, Internet. Daher konnte er damals auch noch keine Richtlinien dafür aufstellen, erst recht nicht für soziale Netzwerke wie Facebook, Twitter und Co.

Allerdings legte die Gesellschaft bereits damals großen Wert auf stilvollen Briefverkehr und es gab auch äußerst strenge „Flirt- und Dating-Regeln“, die entsprechend auszulegen sind. Falls Online-Partnervermittlungsanbieter wie Parship, eDarling oder ElitePartner diese Regeln eventuell erfüllt hätten, dann hätten Badoo oder Tinder seinerzeit vermutlich einen Skandal ausgelöst. Während damals die Anstandsdame allgegenwärtig und gefürchtet war, tauschen heute viele Leute sehr persönliche Informationen über derartige Portale aus.

Viele sehen darin die Chance auf ein Date mit der Person, die sie auf diesem Weg kennenlernten.
In Internet-Chats gibt es immerhin teilweise „Netcops", die auf die Einhaltung elementarer Regeln achten: die „Netiquette". Allerdings lesen Nutzer die Regeln oft gar nicht durch, klicken auf „Zustimmung" und beginnen zu kommunizieren. Mittlerweile existieren aber Kommunikationsplattformen, bei denen es teilweise problematisch ist, Berufliches und Privates zu trennen. WhatsApp beispielsweise ermöglicht viele Fettnäpfchen, die auch beruflich von Nachteil sein können. Xing oder LinkedIn ebenfalls, aber dort lässt sich Berufliches und Privates besser trennen. Bei allen Diensten muss man jedoch mit Sorgfalt abwägen, was man anderen zugänglich macht. Auch darum geht es beim „Knigge".
Beim Sport wird ebenfalls auf gutes Benehmen geachtet! Nicht nur auf dem Golfplatz, sondern auch, wenn es sich um eher ruppige Sportarten wie z. B. Boxkämpfe handelt. Denn nur ein fairer Sportler – ob Sieger oder Verlierer – genießt Respekt.
Respekt erwarten auch Personalverantwortliche von Bewerbern. Medienberichten zufolge sind potenzielle Arbeitgeber bereits derart vom Auftritt mancher Bewerber entsetzt, dass sich der Kandidat unabhängig von Zeugnissen und Referenzen schon binnen weniger Minuten disqualifiziert. Dabei geht es nicht nur um das optische Erscheinungsbild im Vorstellungsgespräch, sondern auch um jene Benimmregeln, die zuvor in einer schriftlichen Bewerbung erwartet werden. Der erste Eindruck zählt! Und angesichts der vielen sozialen Netzwerke braucht sich keiner über eine Absage zu wundern, falls er im Internet zu viele private Informationen von sich preisgab oder Fotos veröffentlichte, die von der Personalabteilung entdeckt wurden.
Im Business gilt gutes Benehmen nämlich als einer der wichtigsten Karrierefaktoren schlechthin. Dazu zählt neben den Benimm-Basics des Büroalltags auch das Verhalten am Telefon und Handy oder das stilsichere Verfassen von Briefen, E-Mails oder Onlinebewerbungen. Mittlerweile ziehen die meisten Firmen diese Form vor, da dies Zeit, Platz und Kosten spart. Geschäftsessen gelten als hohe Schule des guten Benehmens, denn gerade hier urteilen viele Geschäftspartner und Kunden nach dem Motto: „Wie man isst, ist man."
Korrekt gekleidete Kollegen oder Geschäftspartner, die prinzipielle Gebote beachten, sammeln meist mehr Pluspunkte als jemand mit genialen Ge-

schäftsideen, die er aufgrund seines Auftretens nicht überzeugend zu präsentieren versteht. Es gilt: „Kleider machen Leute."

Nach Jahren des Laisser-faire auch in der Erziehung wird heute teilweise gefordert, „Umgangsformen" als Schulfach einzuführen. Dies ist jedoch Ländersache. Immerhin bieten ein paar Schulen bereits Gastvorträge oder freiwillige Kurse. Viele Eltern melden ihre Kinder bereits bei speziellen Kinder-Knigge-Kursen an, damit sie elementare Benimmregeln lernen. Tatsächlich fällt es Kindern, die von zu Hause gutes Benehmen mitbringen, später viel leichter, in Beruf und Gesellschaft erfolgreich und beliebt zu sein. Allerdings hängt gutes Benehmen nicht zwingend vom Elternhaus ab. Manchen Kindern wurden die Regeln entweder nie vermittelt, oder aber die gelernten Regeln sind nicht mehr zeitgemäß. Oder der Nachwuchs weigert sich einfach, sie zu befolgen.

Kennt man aber den Hintergrund von Benimmregeln, lassen sich diese leicht verstehen, merken und anwenden. Viele Regeln lassen sich nicht nur historisch, sondern auch ganz logisch begründen. Wer beispielsweise ein Weißweinglas vorschriftsmäßig nur am Stiel anfasst, der verhindert zugleich, dass der Wein warm wird und an Geschmack einbüßt. Wer das Besteck richtig benützt und ablegt, erklärt auch ohne Worte, ob er nur eine kurze Esspause einlegt oder ob man das Gedeck abtragen soll, bzw. wie es ihm geschmeckt hat. Manchmal lohnt es sich, ältere Regeln, die mittlerweile gelockert sind, beizubehalten. Früher wurden Kartoffeln nicht mit dem Messer geschnitten, sondern man trennte kleine Stücke davon mit der Gabel ab. Genießer, denen eine Soße schmeckt, tun dies nach wie vor, denn sie erzielen eine rauere Oberfläche und bekommen dadurch mehr vom Soßengeschmack ab.

Mit vielen anderen Regeln, z. B. richtigem Grüßen, Begrüßen oder Vorstellen, gewinnt man Sympathiepunkte. Auch mit der richtigen Gestik und Haltung lassen sich Pluspunkte sammeln.

Dieses Buch bietet auch für nicht alltägliche Situationen die wichtigsten Benimmregeln, seien es Krankenhausbesuche, Trauerfälle, Familienfeiern oder Partyeinladungen.

Ein Kapitel widmet sich Benimmregeln im Ausland. Denn viele der in den deutschsprachigen Ländern geltende Regeln sind zwar international anerkannt, aber eben nicht alle. In Amerika herrschen im Norden andere An-

sichten als im Süden. China, Japan und Südostasien unterscheiden sich in Sachen Benimm deutlich voneinander. Zudem hat sich in den vergangenen Jahren einiges geändert. In manchen Ländern wurden bestimmte Verstöße gegen gute Manieren bereits unter Strafe gestellt. Im Rahmen des EU-Gipfels 2007 kam es zu Gesetzesänderungen, die sich direkt auf Benimmregeln auswirkten. In manchen Ländern genießen bestimmte Produkte nun besonderen Schutz. Jagertee darf nur noch als solcher bezeichnet werden, wenn er in Österreich hergestellt wurde. Man macht sich zwar nicht strafbar, aber es ist für die Bürger Österreichs ähnlich ärgerlich wie für Franzosen, wenn Amerikaner „Schaumwein" als Champagner bezeichnen. Kulturelle Institutionen, z. B. die Mailänder Skala, verwehren Besuchern längst den Zugang, wenn diese den Dresscode missachten. China erließ bereits einen staatlichen Verhaltensknigge, Vietnam einen Polizeiknigge und im arabischen Raum können Frauen durch den Burkini-Trick unverschleiert baden und schwimmen. Man sieht: Die Zeiten ändern sich weltweit. Manche Regeln bleiben bestehen, andere nicht, und neue kommen hinzu.
Natürlich gibt es Situationen, in denen verschiedene Handlungsweisen denkbar sind. Manchmal lassen sich auch Fettnäpfchen nicht vermeiden. Dann hilft nur gelassen und freundlich zu agieren, um Feingefühl und Charakter zu beweisen. Das Buch gibt neue Anregungen und praktische Tipps, um fast alle Situationen gekonnt zu meistern und sich auf jedem Parkett souverän zu bewegen.

Silke Schneider-Flaig

BENIMM-BASICS

„Höflichkeit ist wie die Luft im Reifen: Sie kostet nichts und hält die Stöße ab."

Gutes Benehmen hat mit gegenseitigem Respekt und Höflichkeit zu tun. Die Erfahrung lehrt: Das obige Sprichwort stimmt, auch in Deutschland, wenn wir einer Emnid-Umfrage glauben dürfen. Den ersten Platz beim guten Benehmen macht mit 97,8 % das Bedürfnis aus, andere im Gespräch ausreden zu lassen.
Dabei ist es fast gleichgültig, ob man Männer oder Frauen fragte, ob 14- oder 60-Jährige, Menschen mit Hauptschul- oder Universitätsabschluss oder Menschen aus West- und Ostdeutschland.

Knapp die gleiche Punktzahl erreicht die Hilfsbereitschaft: Frauen den Kinderwagen anheben, älteren Menschen das Gepäck tragen oder einen Platz anbieten – das wird ebenfalls von fast 100 % der Befragten als wichtig oder sehr wichtig bezeichnet. Pünktlichkeit ist eine Zier für 97,2 %, gute Tischsitten sind bei 95,4 % gefragt. 85,2 % legen Wert auf eine dem Anlass gemäße Kleidung. Deshalb kommt das Motto „Wie man isst, ist man. Und wie man sich kleidet, wirkt man" in den Benimm-Basics zur Sprache.

„Hallo, wie geht's?" – Richtig grüßen und begrüßen

Grüßen ist ein Inbegriff der Höflichkeit. Allerdings ist es manchmal gar nicht so einfach. „Hallo, wie geht's?" mag freundlich gemeint sein, aber nicht alle Gegrüßten fassen dies als höflich auf. Manche wenden sich brüskiert zur Seite, ignorieren den Grüßenden oder grüßen anstandshalber mit einem „Danke, und selbst?", auch wenn sie nicht im Geringsten daran interessiert sind, wie es dem Betreffenden geht. Tatsächlich kann man bereits mit einem einfachen Gruß viele Fehler machen. Es kommt nicht nur darauf an, wie gegrüßt wird, sondern auch wer wen zuerst grüßt. Zunächst einmal möchte nicht jeder von jedem gegrüßt werden. Bereits hier gibt es gewisse Hierarchien und Rangfolgen.

Wer grüßt wen zuerst und warum?

Mit folgender Faustformel lässt sich diese Frage schnell lösen:

1. Der Rangniedere grüßt den Ranghöheren.
2. Der Jüngere grüßt den Älteren.
3. Der Herr grüßt die Dame.

Allerdings stellt sich dies im Einzelfall manchmal gar nicht so einfach dar. Insbesondere dann, wenn verschiedene Personen mit unterschiedlichem sozialen Status aufeinandertreffen. Dann kann das Amt, das jemand innehat, mehr wiegen als das Alter, das Geschlecht, oder die berufliche Bildung. Angenommen, ein promovierter und habilitierter Akademiker, der zugleich noch einen Ehrendoktortitel führt und zu guter Letzt auch noch Landtagsabgeordneter ist, begegnet einer Bundeskanzlerin oder einem Bundeskanzler. Selbst wenn diese Person über keinen Schulabschluss verfügen sollte, grüßt der Landtagsabgeordnete die Bundeskanzlerin, bzw. einen Bundeskanzler, stets zuerst. Selbst wenn z. B. ein Prof. Dr. Dr. h.c. Ludwig Stingel, Mitglied des Landtags (MdL) einem Staatsführer ohne Schulabschluss begegnet, ist diese Person ranghöher und erwartet, vom Landtagsabgeordneten gegrüßt zu werden.

Nichts anderes gilt bei Firmenhierarchien. Hier grüßt der Abteilungsleiter den Firmeninhaber und die Sekretärin den Abteilungsleiter. Auch hier ist es zweitrangig, über welchen akademischen Grad der Firmeninhaber im Vergleich zum Ab-

Titel in der Anrede

Titel in der Anrede lassen sich unterscheiden in akademische Titel, Adelstitel und geistliche Titel.

Akademische Titel	• Sehr geehrter Herr Dr. Müller • Sehr geehrte Frau Dr. Maier • Sehr geehrter Herr Professor Schulze • Sehr geehrte Frau Professor Müller • Sehr geehrter Herr Rektor • Sehr geehrte Frau Rektorin • Eure Magnifizenz
Adelstitel	• Sehr geehrter Herr von Krapfenzollern • Sehr geehrte Frau von Winterhöhenstein • Sehr geehrter Herr Prinz von Krapfenzollern • Sehr geehrte Frau Gräfin zu Winterhöhensee
Geistliche Titel	• Eure Eminenz (Kardinal) • Eure Exzellenz (in der katholischen Kirche Erzbischof oder Bischof) • Sehr geehrter Herr Bischof (evangelische Kirche) • Euer Gnaden (Domprobst, Prälat und ähnliche Ämter) • Sehr geehrter Herr Pfarrer • Sehr geehrte Frau Pfarrerin • Sehr geehrter Herr Kaplan
Sonstige Titel	• Sehr geehrter Herr Direktor • Sehr geehrte Frau Landrätin • Sehr geehrter Herr Bundesminister

teilungsleiter verfügt. Selbst dann, wenn wir es mit einem adeligen Professor zu tun hätten und bei dem Firmeninhaber mit einem Schreiner, hat der Abteilungsleiter den Unternehmer zuerst zu grüßen. Schließlich ist er der Arbeitgeber und nicht umgekehrt. Bei Frauen herrscht oft viel Unsicherheit, da der Spruch „Ladies first" (also Damen zuerst) vielen geläufig ist. Dies ist zwar nett gemeint, aber die höherrangige Person wird trotzdem zuerst gegrüßt. Es ist ein Zeichen der Achtung, diese Begrüßungsregeln einzuhalten. Schließlich kann so auch ein unbeteiligter Dritter sofort erkennen, wie es um die Hierarchien bestellt ist.

Doktortitel vor Adelstitel!

Es gibt Situationen, in denen unterschiedliche Personen mit verschiedenen Titeln aufeinandertreffen. Beim Grüßen gilt die Regel, dass akade-

mische Grade an erster Stelle stehen. Beispiel: Frau Scerbak, ihres Zeichens promovierte Ärztin, trifft Gräfin von Hohenwinter. In diesem Fall grüßt die Gräfin die Ärztin zuerst, denn akademische Grade nehmen einen höheren Rang ein als Adelstitel. Dies erklärt sich dadurch, dass Letztere bereits namensrechtlich vorliegen, wohingegen akademische Grade durch Studium und Promotion erst erarbeitet werden müssen. Im vorliegenden Beispiel würde die Gräfin die Ärztin mit einem „Guten Tag Frau Doktor Scerbak" grüßen. Diese würde dann mit „Guten Tag Gräfin Hohenwinter" antworten.

Im obigen Beispiel könnte die Gräfin die Ärztin, ihres medizinischen Berufes wegen, auch nur mit einem „Frau Doktor" grüßen.

Angenommen, die Gräfin hätte ebenfalls promoviert, dann wäre diese insgesamt als höherrangig einzustufen. Das hieße, dass die Ärztin die adelige Kollegin zuerst grüßen müsste. Da akademische Grade stets ranghöher sind, müssen sie auch vor Adelstiteln stehen. In diesem Fall würde beispielsweise die korrekte Anrede „Dr. Gräfin Winterberg" lauten.

Firmenhierarchie vor Titel

Innerhalb von Firmen gelten die Firmeninhaber immer als höherrangig. Selbst dann, wenn also beispielsweise der Vorstandsvorsitzende eines Unternehmens keinen Schulabschluss hätte, müsste er von einem promovierten und/oder adeligen Mitarbeiter zuerst gegrüßt werden und nicht umgekehrt.

Militärische Titel

Bei hochrangigen Angehörigen des Militärs ist eine Anrede mit Titel geboten. Normalerweise nennt man lediglich den zivilen Namen. Beispielsweise bei einem Hauptmann der Reserve ist ein Mann mit Herr („Müller/Maier/Schulze") anzusprechen. Im Schriftverkehr ist der Titel gängiger. Allerdings empfiehlt sich für höhergestellte Dienstgrade die Nennung des korrekten militärischen Titels. Beispielsweise „Herr Oberst" oder „Frau Major".

INFO

TO-DO

- Rangniedere Person grüßt ranghöhere zuerst. (Ausnahme: Vorgesetzte, denn Firmenhierarchie geht vor!)
- Ranghöhere Personen werden anderen (rangniederen) Personen vorgestellt.

TABU

- Langwierige, unangenehme Erklärungen und Erläuterungen insbesondere über den gesundheitlichen Allgemeinzustand auf die Frage, wie es einem geht

Begrüßen per Handschlag

Gerade bei Politikern sieht man oft, dass sie sich gegenseitig per Handschlag begrüßen und diesen Handschlag stark betonen. Auch ihren Wählern und Gesprächspartnern reichen sie oft die Hand. Wer von einem Prominenten per Handschlag begrüßt wird, der fühlt sich meist geehrt und erzählt dies in seinem Bekanntenkreis weiter. Wann immer der Prominente im Fernsehen erscheint, wird er sich daran erinnern. Dies lässt den Politiker in einem guten Licht dastehen. Allerdings geschieht dies nicht nur aus PR-Gründen, sondern auch aus gesellschaftlichen Tugenden. Man gibt sich die Hand. Doch wer reicht wem die Hand? Auch hier gibt es eine Faustregel:

1. Der Ranghöhere dem Rangniederen.
2. Die Dame dem Herrn.
3. Die ältere Person der Jüngeren.

Allerdings variiert diese Formel im hektischen beruflichen Alltag. Mittlerweile hat es sich eingebürgert, dass derjenige, der den anderen zuerst sieht, kurz grüßt. Auf diese Art erspart man lange Überlegungen und Fallkonstellationen (z. B. ältere Sekretärin, promovierte Praktikantin und adeliger Abteilungsleiter).

Das Grüßen im Büroalltag reduziert sich oft auf ein Minimum. Der Vorgesetzte reicht im Einzelfall seinem Angestellten die Hand, Kunden oder Geschäftspartner werden ebenfalls mit Handschlag willkommen geheißen. Begegnet man sich auf den

TIPP

Man sollte generell auch diejenigen grüßen, die man für „unwichtig", bzw. „ungrüßenswert" hält. Dies ist nicht nur eine Frage des Anstands und Stils, sondern kann nicht schaden, wenn der Gegenüber sich als künftiger Vorgesetzter entpuppt.

Gängen, grüßt man sich beim ersten Zusammentreffen des Tages richtig, sonst genügt ein Lächeln.

Der angemessene Händedruck

Der Handschlag als solcher bereitet vielen Menschen Kopfzerbrechen. Es gibt etliche Formen von Handschlägen. Manche „quetschen" einem die Hand, andere Hände fühlen sich viel zu leicht und schwerelos an. Hier ist ein Mittelmaß angebracht. Nicht zerquetschen, nicht zu lose und nicht zu lange. Ein paar Sekunden genügen. Wessen Hand zu lange geschüttelt oder gehalten wird, der fühlt sich meist verunsichert und unwohl.

Händedruck und erster Eindruck

Die persönliche Distanzzone hängt von der kulturellen Prägung, von gesellschaftlichen Vorgaben und vom jeweiligen Typ ab. So üben introvertierte Menschen meist einen anderen Händedruck aus als extrovertierte. Personen, die man insbesondere im Geschäftsleben erstmals kennenlernt, sollte man nicht unbedingt gleich „mit beiden Händen" begrüßen. Also nicht gleichzeitig mit der rechten Hand die rechte Hand des Gegenübers und mit der linken Hand Ellbogen, Oberarm oder Schulter des anderen ergreifen. Zudem ist es unangebracht, wenn der Grüßende mit seiner rechten Hand die rechte Hand des Geschäftspartners bzw. Kunden drückt und gleichzeitig dessen Handaußenfläche (Daumenansatz) mit der linken Hand umgreift.

Der Handkuss

Grundsätzlich gilt der Handkuss in Deutschland als veraltet. Insbesondere bei festlichen Anlässen (z. B. beim Opernball) ist der offizielle Handkuss jedoch gerne gesehen. Dies ist aber lediglich ein angedeuteter und lautloser Kuss. Die Lippen berühren die Hand niemals! Nicht ohne Grund, denn so ergeben sich auch keine Probleme, wenn die Dame festliche Abendhandschuhe trägt.

Aufstehen oder sitzen bleiben?

Immer wieder gibt es Situationen, in denen man mehrere Menschen begrüßen möchte, die bereits sitzen. Früher galt es als selbstverständlich, dass Männer sich erhoben und dem Neuankömmling die Hand reichten. Frauen und ältere Herren blieben sitzen. Diese Regel ist zwar nach wie vor zulässig, aber für moderne Frauen unzeitgemäß. Insbesondere im Geschäftsleben erheben sie sich ebenfalls. Symbolisch betrachtet drücken sie damit auch Gleichrangigkeit aus. Zu dieser Gleichrangigkeit zählt aber auch, dass Frauen, die Jacketts tragen, ebenfalls darauf achten, dass beim Aufstehen zumindest ein Knopf zugeknöpft ist.

Die Akkolade

Früher beobachtete man sie meist nur im Urlaub in südlichen Ländern und in Frankreich. Mittlerweile wird sie in Deutschland immer häufiger praktiziert: die Akkolade. Diese Begrüßung mit Wangenkuss links und rechts ist im Berufsleben unangebracht. Im Privatleben ist es jedoch nicht unüblich, sich so zu begrüßen. Allerdings sind die Küsse nicht ohne Grund nur angedeutet. Frauen tragen häufig Make-up. Sie wünschen weder, dass sie auf andere „abfärben", noch dass ihr eigenes Make-up verschmiert. Diese Grußform hat übrigens einen historischen Hintergrund. Der Legende nach begrüßten sich Christen früher ohne Worte, um zu verhindern, dass sie ihren Verfolgern auffielen.

INFO

TO-DO

- Erheben beim Begrüßen (Ausnahme: ältere gebrechliche Personen), Frauen stehen heutzutage auch auf
- Blazer/Jacketts beim Aufstehen (zumindest mit einem Knopf) schließen
- Begrüßungsküsschen (Akkolade) nur andeuten
- Der Rangniedere grüßt den Ranghöheren.
- Der Jüngere grüßt den Älteren.
- Der Herr grüßt die Dame.

TABU

- Zu ausführlich auf die Frage antworten, wie es einem geht
- Handoberfläche beim Handkuss berühren
- Zu lascher Händedruck
- Zu fester Händedruck
- Akkolade im Berufsleben
- Akkolade, bei der sich Lippen und Wangen berühren

„Darf ich bekannt machen?“ – Wie man sich und andere vorstellt

Das „Visitenkarten-Spiel“

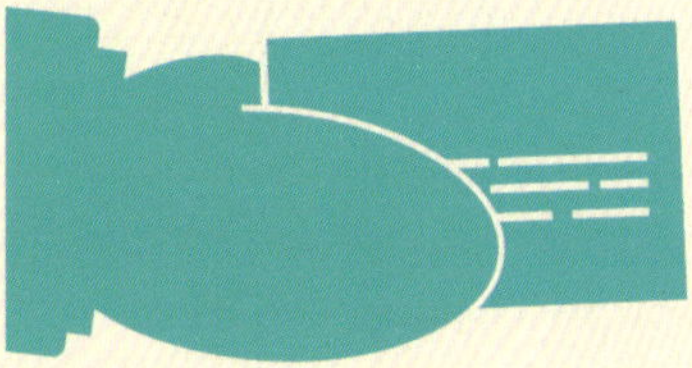

In der heutigen Zeit gelten Visitenkarten, insbesondere im beruflichen Alltag, als Selbstverständlichkeit. Sie sind aber auch eine äußerst praktische Erfindung. Man braucht den Namen, die Firma, Anschrift, Abteilung, Telefondurchwahl und E-Mail-Adresse bzw. Homepage nicht umständlich auf einem Stück Papier zu notieren, sondern erhält alle relevanten Informationen auf einen Blick. Viele Firmen,

TIPP

Visitenkarten nicht achtlos einstecken, sondern interessiert betrachten. (Bei Unklarheiten, etwa welches die private und welches die geschäftliche Rufnummer ist, nachfragen.) In Japan z. B. werden Visitenkarten besonders respektvoll überreicht und betrachtet. Alles andere würde derjenige, der seine Karte überreicht hat, als äußerst unhöflich empfinden.

Abgeschnittene Ecken

Manche schneiden vorsätzlich eine Ecke ihrer Visitenkarte ab, um zu verhindern, dass Dritte sich mit ihrem Namen schmücken. Bei abgeschnittenen Ecken, so deren Theorie, werden sie nicht weitergegeben. Vorsichtshalber tragen sie gleich eine größere Menge dieser Karten mit sich, um den Verdacht zu vermeiden, dass sie sich für andere ausgeben. Oder sie schneiden die Ecke vor den Augen des Gegenübers ab. Dies irritiert und verunsichert Gesprächspartner und erregt Misstrauen. Ängste vor einem Identitätsklau lassen sich durch Abdruck eines Portraitfotos und/oder Angabe der Firmen-Homepage auf der Karte vermeiden.

insbesondere solche mit Filialen im Ausland, statten ihre Mitarbeiter mit Visitenkarten in deutscher und englischer Sprache aus. Meist sind sie dann auf der Vorderseite auf Deutsch und auf der Rückseite in englischer Sprache verfasst. Auf manchen Visitenkarten ist sogar das Gesicht des Karteninhabers abgebildet. Dieser Service ist gerade deshalb sehr praktisch, da sich derjenige, der die Karte erhält, gegebenenfalls schneller an die Person erinnert. Auch beim Austausch von Visitenkarten kommt es auf das „Wann“ und das „Wie“ an.

An Visitenkarten ist fast jeder interessiert. Viele fühlen sich geehrt, wenn sie nach ihren eigenen Karten gefragt werden. Andererseits erhoffen sie sich Vorteile: Zumindest könnten sich irgendwann einmal Vorteile ergeben, wenn man die Karte der bislang unbekannten Person besitzt. Für manche ist Visitenkarten sammeln ein ähnliches Hobby wie Briefmarken sammeln. Doch egal, weshalb man sie austauscht – es sollte nicht sofort bei Gesprächsbeginn erfolgen. Dies wirkt zu plump! Andererseits gibt es auch keine klaren Regeln für den Kartentausch. Als Faustregel gilt, dass sie bei Small Talks überreicht werden. Wer sich innerhalb einer kleineren Gruppe unterhält, sollte seine Karte aber nicht nur einem bestimmten Gesprächspartner, sondern allen, die ihn noch nicht kennen, anbieten. Falls man während eines Geschäftsessens ins Gespräch kommt, sollte man die Karten nicht während des Essens, sondern möglichst erst nach dem Dessert austauschen.

Wer stellt wen zuerst vor?

Wer beispielsweise auf einer Party lediglich den Gastgeber kennt, der ist in der Regel sehr erleichtert, wenn dieser ihn seinen anderen Gästen vorstellt. Andererseits sollte der Gastgeber darauf achten, dass er seine Gäste auch untereinander vorstellt. Dies gilt speziell für Begegnungen, bei denen eine Person die anderen Personen kennt, diese sich aber untereinander noch nicht kennen bzw. einander noch nicht vorgestellt wurden. Dabei gilt folgende Regel:

INFO

TO-DO
- Bei Vorträgen den Redner dem Publikum vorstellen
- Möglichst immer genügend eigene ordentliche, unbeschädigte Visitenkarten in Reserve mit sich führen
- Karte beiläufig überreichen, damit es nicht plump wirkt!
- Wer eine Karte erhält, überreicht dem Kartengeber seine eigene Karte.

TABU
- Nachname nennen und im selben Satz (erläuternd) Vorname nennen und Nachname wiederholen
- Visitenkarten achtlos einstecken
- Frauen mit „Fräulein“ ansprechen bzw. vorstellen

Er stellt dem Ranghöheren den Rangniederen, der älteren Person die jüngere Person, dem ausländischen Gast den einheimischen, der Dame den Herrn und dem bereits anwesenden den neu eingetroffenen Gast vor. Dies könnte im Einzelfall so aussehen: Angenommen, ein Professor Z steht neben einem Doktor Y. Dann sagt der Gastgeber beispielsweise: „Darf ich die Herrschaften miteinander bekannt machen? Herr Professor Z, dies ist Herr Doktor Y, Herr Doktor Y, dies ist Professor Z." Daran würde sich selbst dann nichts ändern, wenn es sich bei dem Doktor um einen Adeligen handeln sollte, da der Professor akademisch als ranghöher gilt.

In vielen Fällen machen sich die Gäste aber bereits untereinander bekannt. Gerade in persönlicherem Rahmen ist dies durchaus gängig. Allerdings lauern auch hier viele Peinlichkeiten, die sich aber durchaus vermeiden lassen. „Guten Tag, ich bin der Achim aus Augsburg" hört sich ähnlich an wie der musikalische Ohrwurm „Ich bin der Anton aus Tirol". Gleichermaßen fragwürdig sind Formulierungen wie „mein Name ist Berg; Achim Berg". Der Flair und die persönliche Ausstrahlung eines James Bond passt nicht in das aktuelle Gesellschaftsbild. Am einfachsten ist es, wenn man nur seinen Vor- und Zunamen (bzw. noch die Firma, die man vertritt, nennt). Die Anrede „Fräulein" ist übrigens nicht mehr zeitgemäß, es sei denn, die Dame bittet ausdrücklich darum, so genannt zu werden. Normalerweise lehnen Frauen es aber ab, über ihren Familienstand aufgrund der Anrede „Fräulein" zu informieren.

Eine Ausnahme beim Vorstellen sind allerdings Vorträge: Hier stellt der Gastgeber oder Moderator den Redner dem Publikum vor.

Du oder Sie?

Früher war der Weg vom „Sie" zum „Du" weitaus komplizierter als heute. Wer sich mit fremden Personen auf Englisch unterhält, braucht sich keine großen Gedanken zu machen, da es kein „Sie", sondern nur ein „you" (Du) gibt – allerdings nur auf den ers-

Früher	Heute
Eine Dame, die einem Herrn das Du anbietet, wird zum Gegenstand eines gesellschaftlichen Skandals.	Der Ranghöhere bietet dem Rangniedrigeren das Du an, der Ältere dem Jüngeren – unabhängig vom Geschlecht.
Damen bleiben sitzen, wenn sie einen Neuankömmling per Handschlag begrüßen.	Dieses Verhalten ist – vor allem im Berufsleben – nicht mehr zeitgemäß. Moderne Frauen erheben sich ebenfalls und demonstrieren damit Gleichrangigkeit.

ten Blick, denn man kann den anderen sowohl mit Vornamen und „you", als auch mit Nachnamen und „you" ansprechen. Letzteres entspricht dann eher der deutschen „Sie"-Form. Beispiel: Ein Peter Fleischmann aus Deutschland lernt auf einer Geschäftsreise bei einem Meeting einen promovierten Ingenieur namens Mike Taylor aus Wisconsin/USA kennen. Zunächst ist dieser offiziell „Doctor Taylor" für ihn, da man andere im geschäftlichen Bereich zuerst mit Titel und Nachname anspricht. Fehlt ein Titel, dann würde die korrekte Anrede hier „Mister Taylor" lauten. Sobald ihm dieser die Anrede mit Vornamen (z. B. „You can call me Mike") anbietet, darf er ihn Mike nennen.

Anders im deutschsprachigen Raum. Auch im 20. Jahrhundert gilt der Grundgedanke, dass man Fremde zunächst einmal siezt. Die Grußregeln gelten analog, das heißt, dass gegebenenfalls der Ranghöhere dem anderen das „Du" anbietet. Ebenso offeriert der Ältere dem Jüngeren das „Du". Bei gleichrangigen Personen, die vermutlich gleich alt sind, vereinfacht sich alles entsprechend. Hier darf jeder dem anderen das „Du"-Angebot offerieren.

Geheimtipp für den Weg zum „Du"

Manchmal rutscht einem in der Hektik des Gesprächs ein „Du" heraus. Beim Weiterreden bemerkt man diesen Versprecher plötzlich, hält kurz inne und blickt den anderen an. Blickt dieser verständnislos oder verärgert, dann gibt es zwei Möglichkeiten. Man redet entweder weiter und

TIPP

Wer ein „Du"-Angebot ablehnt, der riskiert, selbst abgelehnt zu werden. Die Kollegen distanzieren sich von ihm und er manövriert sich im ungünstigsten Fall in die Rolle eines Mobbing-Opfers.

achtet peinlichst darauf, dass sich dies nie mehr wiederholt. Die andere Möglichkeit ist, dass man ganz kurz „Pardon“ sagt und sachlich-nüchtern auf „Sie“-Ebene weiterredet. Ist der Blick des versehentlich Geduzten jedoch freundlich oder gar amüsiert, kann man sich etwas bestürzter geben und entschuldigend sagen, dass man natürlich „Sie“ sagen wollte. Meist bietet der Geduzte dann an, doch beim „Du“ zu bleiben.

Darf man ein angebotenes Du ablehnen?

Laut Knigge braucht man ein „Du“-Angebot nicht anzunehmen. Entsprechende Aufforderungen sollten gegebenenfalls diplomatisch abgelehnt werden, damit der andere sich nicht beleidigt fühlt, also etwa: „Vielen Dank für das freundliche Angebot, aber ich finde, wir sollten besser beim ‚Sie‘ bleiben.“ Bedenken Sie aber, dass unabhängig von allen Benimmregeln der Anbietende brüskiert sein könnte. Gerade wenn sich alle Kollegen duzen, macht es einen überheblichen Eindruck, sich dieser Gepflogenheit nicht anzuschließen.

„Wieder so ein heißer Tag“ – Small Talk ohne Fettnäpfchen

Der Begriff Small Talk kommt aus dem Englischen und steht für leichte Unterhaltung bzw. eine höfliche und lockere Konversation. Ein Small Talk sagt vieles und auch nichts. Dennoch spielt er in puncto „gutes Benehmen“ eine Schlüsselrolle. Zum einen empfinden es viele als arrogant, wenn sich Menschen, mit denen man beruflich oder allgemein zu tun hat, in Schweigen hüllen oder gar wegsehen, wenn man versucht, eine Konversation zu starten oder fortzusetzen. Andererseits fällt es vielen schlichtweg schwer, auf dieser Ebene zu kommunizieren. Sie ringen nach Worten und fühlen sich, als hätten sie einen Kloß im Hals. Sie würden gerne etwas sagen, bekommen aber kein Wort aus sich heraus. Andere hingegen brillieren. Sie beherrschen die Kunst, eine unbedeutende Begebenheit so zu schildern, als ginge es um die Entdeckung eines Autos, das mit Leitungswasser statt mit herkömmlichem Kraftstoff betrieben werden könnte. Sie ernten die ungeteilte Aufmerksamkeit der anderen. Diese wiederum scheuen sich dann weniger, Fragen zum Thema, z. B. wo man ein bestimmtes Produkt kaufen kann, zu stellen oder Bemerkungen zur Sache, z. B., dass sich die Wetterlage wohl bald ändere, zu machen.

Beliebtes Thema: Wetter

Stichwort Wetter: Wetter ist das Small-Talk-Thema schlechthin! Denn wer alltägliche Gesprächsthemen wählt, ermöglicht dem anderen, sich am Gespräch zu beteiligen. Dies gilt aber nicht nur für das Reden, sondern auch für das Zuhören. Wer seinem Gegenüber aufmerksam zuhört und Blickkontakt zu ihm hält, signalisiert zugleich Interesse am Fortlauf des Gesprächs mit ihm. Diese Gesprächsart empfiehlt sich im Geschäftsleben insbesondere bei Tagungen, Fortbildungsveranstaltungen und Kongressen. Allerdings sollte man hier tunlichst darauf achten, Gesprächsthemen zu meiden, die z. B. einen anstehenden Vortrag des anderen betreffen. Dies ist unhöflich, da es den anderen meist verwirrt. Die Mehrzahl der Redner leidet vor Vorträgen ohnehin unter Lampenfieber. Wer den anderen aufmerksam beobachtet, kann erkennen, in welche Richtung dieser die Unterhaltung gerne weiterführen möchte. Daher sollte man die Themen gezielt auf seinen Gesprächspartner abstimmen.

Geeignete Small-Talk-Themen

- Wetter
- Hobbys
- Urlaub
- Sport
- Kulturelle Veranstaltungen
- Musik
- Kunst
- Literatur

Sprechtempo anpassen

Das Sprechtempo sollte (soweit möglich) angepasst werden. Wer beispielsweise extrem schnell spricht, sollte mit einem bedächtigen Sprecher, der eher langsam spricht, ebenfalls langsamer kommunizieren. Dies vermeidet auch Missverständnisse. Derjenige, der zu schnell spricht, verschluckt oft Silben oder spricht undeutlich, so dass der andere ihn falsch versteht. Jemand mit einem extrem behäbigen, langsamen Sprechstil wiederum nervt den anderen, da es für ihn recht langweilig klingt. Zudem entsteht gerade im Geschäftsleben leicht der Eindruck, dass ein langsamer Sprecher umständlich sei, uneffektiv arbeite und nicht zur Sache kommen kann. Wenn beide ihr Gesprächstempo anpassen, fallen diese Unterschiede weniger auf. Gerade bei Small Talks sollte man sich vor Verallgemeinerungen (alle Autofahrer, Umweltschützer, Tennisspieler, VfB-Fans, Briefmarkensammler etc. sind ...) in Acht nehmen. Damit tritt man schnell in Fettnäpfchen.

INFO

TO-DO

- Freundlich und ohne Aggression sprechen
- Gesprächspartnern aufmerksam zuhören
- Blickkontakt halten
- Kleinere Gesprächsbeiträge einbringen, z. B. Informationen und Wissen über ein angesprochenes Thema
- Unverfängliche Gesprächsthemen (z. B. Wetter) wählen
- Gesprächstempo anpassen
- Nicht dazu provozieren lassen, über Themen zu sprechen, die man meiden möchte, oder Auskünfte zu geben, die man für sich behalten möchte

TABU

- Verallgemeinerungen. Dadurch kann man andere schnell vor den Kopf stoßen, ohne es zu wollen.
- Ungehemmte Selbstdarstellung
- Extrem schnell sprechen, wenn der andere eher in einem langsamen Sprechtempo kommuniziert
- Andere aushorchen
- Thema intensivieren bei Gebieten, die dem anderen scheinbar unangenehm sind
- Pauschale Verallgemeinerungen
- Versuch, dem anderen persönliche Geheimnisse, über die er nicht sprechen möchte, zu entlocken
- Vertrauliche Informationen oder dubiose Gerüchte verbreiten

Nicht mit nackten Fingern auf angezogene Menschen zeigen – Die richtige Gestik macht's

Deuten oder beschreiben?

„Man zeigt nicht mit nacktem Finger auf angezogene Leute" ist ein Spruch, den Kinder oft zu hören bekommen. Allerdings ist er etwas in Vergessenheit geraten. Dennoch stimmt er mit den aktuellen Benimmregeln überein. Man zeigt tatsächlich nicht mit dem Finger auf andere. Problematisch kann dies werden, wenn man einem Fremden erklären möchte, wer eine bestimmte Person ist, die in einer Personengruppe oder außerhalb steht. In der Praxis ist es nicht nur am einfachsten, sondern auch am bequemsten, wenn man mit dem Finger auf die gesuchte Person deutet. Dies ist jedoch verpönt. Grundsätzlich sollte man in Worten erklären, um wen es sich handelt bzw. wo die Person steht. Steht der Gesuchte an einem übersichtlichen Platz (z. B. am Kaffeeautomaten), dann genügt ein „... das ist der Herr dort drüben am Kaffeeautomaten".

Präzise beschreiben oder hinführen
Steht er aber in einer größeren Menschengruppe, dann erfordert dies eine präzisere Beschreibung. Etwa durch ein „Sehen Sie den Herrn im schwarzen Anzug mit der grünen Krawatte?", damit sich der Fragende bildhaft vorstellen kann, wer gemeint ist. Unterstützend kann man mit angewinkeltem Arm und nach oben gestreckter Handfläche in die Richtung des Gesuchten weisen.
Falls man den Gesuchten jedoch kennt, dann lässt sich besondere Höflichkeit demonstrieren, indem man den Suchenden zu ihm hinführt und ein „Guten Tag Herr X, dieser Herr möchte Sie gerne sprechen" sagt. Da man den Nachnamen des Suchenden allerdings meist nicht kennt, kann man ihn nur mit einer allgemeinen Bezeichnung (z. B. sinngemäß „ein Herr" oder „die junge Dame") vorstellen.

Hände, Händedruck und Handschlag

Bereits vor über 200 Jahren löste der Schweizer Pfarrer Johann Caspar Lavater in seinem Hauptwerk „Physiognomische Fragmente zur Beförderung der Menschenkenntnis und Menschenliebe" einen Trend in Sachen Körpersprache aus. Der streitbare Theologe wollte nachweisen,

INFO

TO-DO

- Anderen den Weg erklären oder beschreiben, wo sich eine gesuchte Person befindet
- Andere zu der gesuchten Person führen
- Gestik über der Taillenhöhe wirkt positiv.
- Gestik bis zur Taillenhöhe wirkt neutral.

TABU

- Mit Zeigefinger auf gesuchte Person zeigen
- Ausgestreckter Mittelfinger beleidigt andere. Daher sollte man bei Vorträgen etc. bei der allgemeinen Gestik vermeiden, mit diesem Finger auf Flipcharts etc. zu deuten.
- (Beide) Hände in den Hosentaschen
- Hände hinter dem Rücken verstecken (erregt Misstrauen)
- Überkreuzte Arme (signalisiert Abwehr)
- Geballte Faust vor Gesprächspartner (wirkt bedrohlich)
- Spitzdach mit den Händen formen (wirkt überheblich-arrogant)
- Hände (mit unsichtbarer Seife) reiben (wirkt schadenfroh)
- Hände ständig zum Kinn führen (strahlt Selbstgefälligkeit aus)
- Finger kurz zum Mund nehmen oder in den Mund (wirkt unsicher und verlegen)
- Hände im Nacken verschränken (wirkt überlegen-arrogant bzw. faul-arrogant)
- Oberlippe hochziehen (strahlt Verachtung aus)

dass äußere Teile des Menschen (z. B. Gesicht oder Hände) Aussagen über dessen Charakter zulassen. Dies löste heftige Diskussionen unter den Gelehrten aus. Der pietistisch geprägte Pfarrer ging davon aus, dass „je moralisch besser, desto schöner – je moralisch schlimmer, desto hässlicher". Dieser irrationale Ansatz wurde später in der Romantik verworfen, allerdings ist die Annahme geblieben, dass die Hände viel über einen Menschen preisgeben. Tatsächlich sind Hände und Gestik untrennbar miteinander verbunden. Allerdings geht es beim Begrüßen per Handschlag nicht nur um die Art und Weise, wie Hände gehalten werden, sondern auch um die persönliche Distanzzone. Diese wiederum hängt von der kulturellen

Prägung, von gesellschaftlichen Vorgaben (Sozialisation) und nicht zuletzt vom Typ ab. So unterscheiden sich introvertierte von extrovertierten Zeitgenossen bereits durch den körperlichen Abstand beim Handschlag. Diese nonverbale Kommunikation ist allerdings auch durch die Kulturkreise geprägt.

Unbeliebte Handschläge

Es gibt einige Arten von Handschlag, die bei dem Begrüßten normalerweise nicht gut ankommen. Darunter fallen:

1. Ein zu kräftiger Händedruck, bei dem alle Finger (außer dem Daumen) bis zur Höhe der Faustknochen gequetscht werden. Insbesondere Leuten, die Ringe tragen, werden dadurch Schmerzen zugefügt.
2. Ein zu lascher Händedruck, bei dem der Grüßende lediglich die Fingerspitzen des anderen umgreift. Viele setzen dies einer vorsätzlichen Darbietung eigener Überlegenheit gleich, die Missachtung und Geringschätzung signalisieren soll.
3. Eine entgegengestreckte, weiche Hand ohne jedwede Spannung, die sich wie ein Fisch anfühlt. Besonders unangenehm wirkt dies zudem, wenn derjenige feucht-kalte Hände hat. Dieser Händedruck suggeriert eine gewisse Reserviertheit.
4. Ein auffallend flüchtiger Händedruck steht für Angst. Verhaltensforscher schließen daraus auf ein zurückhaltendes Naturell, das Angst vor dem anderen, der Welt allgemein oder sogar sich selbst hat. Allerdings ist hier Vorsicht geboten. Manchmal ergibt sich in allgemeiner Hektik ein flüchtiger Händedruck.

Die Signale der Hand: Offen, verdeckt oder dominant

Es kommt jedoch nicht nur auf den Händedruck, sondern auch auf die Handbewegungen an. Hier geht es im Wesentlichen um offene, verdeckte oder dominante Bewegungen. Bei der offenen Handbewegung offenbart der Grüßende seine

TIPP

Gehen Sie auf andere mit offener Handinnenfläche zu. Denn: Die offene Hand strahlt Großzügigkeit und Selbstsicherheit aus. Verdeckte Handbewegungen deuten darauf hin, dass man etwas verbergen will.

Handinnenfläche. Dies weckt Vertrauen. Es signalisiert nämlich, dass man nichts zu verbergen hat. Der andere kann das Angebot annehmen oder ablehnen. Es bleibt ihm überlassen, die gereichte Hand anzufassen. Derjenige, der anderen seine Hand reicht, sollte sie jedoch nicht zu schnell zurückziehen. Dies wirkt nämlich nicht nur aggressiv, sondern kann auch den Eindruck er wecken, dass man das Angebot lieber doch zurückzieht. Zumindest zwei Sekunden Bedenkzeit sollte dem anderen eingeräumt werden, um den Handschlag zu erwidern.

Verdeckte Handbewegungen liegen vor, wenn dem Gegenüber bei Artikulationen nur der Handrücken vorgehalten wird. Dies erweckt den Verdacht, dass der andere etwas verbergen möchte.

Von dominanten Handbewegungen geht man aus, wenn die Hand von oben nach unten geführt wird. Dies wirkt verspannt. Zudem schränkt sie die Bewegungsfreiheit ein. Meist sind dabei Zeigefinger und Daumen ausgestreckt. Das kann bedrohlich wirken. Zumindest übt derjenige, der die Hand so bewegt (bewusst oder unbewusst), Druck auf die anderen aus. Auf manche wirkt dieser mentale Druck stärker, auf manche so gut wie gar nicht.

„Sitz gerade!“ – Mit Haltung souverän in allen Situationen

Eine aufrechte Haltung wird von vielen als wichtiges gesellschaftliches und gesundheitliches Gebot aufgefasst. Trotzdem leiden viele Menschen an Fehlhaltungen. Bereits Kinder im Grundschulalter haben Haltungsschäden. Dies kann viele verschiedene Ursachen haben. Zum einen eine Fehlhaltung, die man aus Bequemlichkeit und mangelnder Sorgfalt sich selbst gegenüber angeeignet hat. Zum anderen, weil Kinder Aufforderungen wie „Sitz gerade!“ oft so umsetzen, dass sie die Rückenmuskulatur derart verspannen, dass sich ebenfalls Haltungsschäden ergeben. Psychologen wiederum ziehen beim Anblick verschiedener Sitzhaltungen Rückschlüsse auf die Charaktereigenschaften (innere Haltung) der Person. Tatsächlich gehen viele Coaches und Personalchefs, die sich mit entsprechender Literatur vertraut gemacht und spezielle Fortbildungsveranstaltungen besucht haben, davon aus, dass Körperhaltung etwas mit innerer Einstellung und Zuverlässigkeit zu tun hat. Grundsätzlich wird Männern mehr „Bewegungsfreiheit" eingeräumt. Frauen müssen nach wie vor zahlreichere Faktoren beachten.

Sitzen & Sitzhaltung

Ganz egal, ob bei Besprechungen oder bei (Geschäfts-)Essen: Mit der richtigen Haltung wirkt man souverän in allen Situationen. Früher galt es als besonders tugendhaft, wenn Gäste (vor allem Frauen) kerzengerade auf den Stühlen saßen, ohne dabei die Stuhlrückenlehnen zu berühren. Man nannte dies auch die „Höhere-Töchter-Haltung", durch die sich junge Frauen aus gut situierten Familien (Mittelstand, Unternehmer,

Sitzende Frauen

Noch in den 1950er-Jahren trugen viele Frauen teilweise aus Prinzip keine Hosen, sondern nur Röcke und Kleider. Frauen in Hosen galten als revolutionär und unweiblich. Während kleine Jungen im Matsch spielten, mussten Mädchen im hübschen Rüschenkleidchen darauf achten, sich nicht schmutzig zu machen. (Was selbst in der heutigen Zeit noch oft der Fall ist.)
Allerdings liegt die restriktivere Auslegung der Ge- und Verbote beim Sitzen tatsächlich auch an der Kleidung. Während für Frauen in Hosen (anzügen) heutzutage fast dieselben Haltungsrichtlinien gelten wie für Männer, müssen Frauen in Röcken oder Kleidern einiges mehr beachten. „Hosen-Trägerinnen" dürfen mit den Beinen fast gleich breit auf der Erde stehen wie Männer. (Herren stehen oft etwas breitbeiniger, was aber aufgrund des unterschiedlichen Körperbaus kaum auffällt.)
Wenn Frauen Röcke tragen, müssen sie, insbesondere im Sitzen, darauf achten, dass die Knie geschlossen sind. Besonders bei kurzen Röcken ist sonst die Unterwäsche zu sehen, was nicht nur ungehörig, sondern auch peinlich ist. Daher sollten Frauen, die Röcke oder Kleider tragen, stets darauf achten, die Beine entweder bei geschlossenem Knie im 90-Grad-Winkel von Oberschenkel zu Schienbein parallel nebeneinander zu stellen oder einfach die Beine übereinanderzuschlagen.

Beamte) von niedrigeren Schichten (Arbeiterklasse) optisch abzugrenzen gedachten. Allerdings war bzw. ist diese Haltung nicht weniger ungesund, als sich ständig gebückt halten zu müssen. Auch hier waren Haltungsschäden vorprogrammiert.

Mittlerweile gilt eine Sitzhaltung als korrekt, wenn man die gesamte Fläche des Stuhls nutzt (und nicht nur auf der Stuhlkante sitzt). Dabei sollte man etwa eine Hand breit vom Tisch entfernt sitzen. Der Rücken darf ruhig an den Stuhl angelehnt werden. Schließlich ist die Stuhllehne ja dazu da, dem Rücken Halt zu geben.

Ellbogen nicht aufstützen

Stichwort Halt: Halt geben soll auch die Armlehne eines Stuhls. Allerdings verfügen nicht alle über Armlehnen und zudem können bzw. brauchen sie auch nicht genutzt zu werden. Beim Essen stützt man die Ellbogen jedenfalls nicht auf den Armlehnen ab, wenn man z. B. mit Messer und Gabel arbeitet. In dieser Situation ist es üblich, die Arme eng am Körper zu halten und die Hände allenfalls bis zu den Handgelenken auf den Tisch zu legen.

Die Ellbogen sollten dabei eng am Körper geführt werden. Manche schneiden Speisen unter vollem Ellbogeneinsatz. Das heißt, sie bewegen die Ellbogen jeweils nach rechts und links. Dies wiederum führt oft dazu, dass sie ihren Tischnachbarn regelrechte „Ellbogenstöße" verpassen. Daher zählt es zum guten Benehmen, bei Tisch die Ellbogen eng am Körper zu führen.

Ellbogen im Flugzeug

Besonders deutlich wird dies im Flugzeug. Angesichts der Tatsache, dass aus Gründen der Kostenersparnis möglichst viele Sitze pro Reihe aufgestellt werden, ist der individuelle Raum für Passagiere, die nicht in der Businessclass sitzen, recht eng. Wer in einer Dreierreihe in der Mitte sitzt, hat es besonders

TIPP

Das hektische Gestikulieren kann man vermeiden. Wem ein Referat oder Ähnliches bevorsteht, der kann sich ab und zu auf seinem Manuskript einen mit Textmarker unterstrichenen Hinweis „Haltung bewahren" notieren. Auf diese Art gewinnt man innere Ruhe und Souveränität und die Haltung wird sich automatisieren.

schwer, da er unter Umständen von beiden Seiten einen leichten Ellbogenstoß einstecken muss, wenn die Mitreisenden die Arme nicht eng am Körper führen. Insoweit hat das Gebot, die Arme eng am Körper zu führen, auch hier praktische Gründe.

Haltung und Kompetenz

Haltung zu wahren ist aber auch in zahlreichen anderen Situationen angebracht. Bei Vorträgen verrät die Körperhaltung viel über die Verfassung des Redners. Wer ständig aufgeregt hin und her läuft, hektisch-nervös mit den Händen herumfuchtelt, mit dem Kugelschreiber knipst, sich ins Haar fasst, am Kopf kratzt oder an Nase oder Ohren reibt, wirkt nicht souverän. Diese Unbeholfenheit lässt leicht den Verdacht auf Unfähigkeit aufkommen.

Von innen nach außen? – Zeitgemäße Tischmanieren

Beim Essen entpuppt sich oft der wahre Charakter eines Menschen. Dabei geht es weniger darum, ob jemand ausgefeilte Regeln kennt und umsetzt. Und gegen ein Missgeschick (z. B. ein umfallendes Glas oder kleckernde Soße etc.) ist niemand gefeit. So eine unangenehme Situation ist nicht so schlimm, wenn man sich souverän verhält. Immer jedoch sollten die grundlegenden Anstandsregeln eingehalten werden. Wer sich am Tisch wie eine Hyäne auf das Essen stürzt, sich als erstes bedient, Berge von Speisen auf seinen Teller häuft, beim Essen rülpst, mit vollem Mund spricht (und dabei Speisereste über den Tisch spuckt) und gleichzeitig noch die ganze Gesellschaft

Heikles Thema: Zahnstocher

Wer nach dem Essen Speisereste zwischen den Zähnen spürt, die er mit dem Zahnstocher entfernen möchte, sollte bedenken, dass dies äußerst unangenehm auf die anwesenden Gäste wirkt. Zahnstocher zu benutzen ist mittlerweile selbst dann verpönt, wenn sie auf dem Tisch stehen. Wer sie, z. B. in Kantinen, dennoch benutzt, sollte aber unbedingt die Hand vor den Mund halten. Dies bedeutet (für Rechtshänder) die linke Hand vor den Mund zu halten, mit der rechten den Zahnstocher zu ergreifen und die Speisereste lösen. Für Linkshänder kann es auch umgekehrt erfolgen. Die Prozedur sollte auf jeden Fall schnell und unauffällig vonstattengehen. Wenn auf dem Tisch keine Zahnstocher liegen, kann man den Ober diskret darum bitten. Gerade dann ist es angebracht, die Zahnstocher nur auf der Toilette zu benutzen. Besonders bei Geschäftsessen bleibt es dem Gesprächspartner oft lange in Erinnerung, wenn jemand ausführlich und ungeniert seine Zähne von Rückständen befreit.
Übrigens ist es höchst peinlich, wenn man andere laut darauf hinweist, dass er/sie z. B. Petersilie zwischen den Schneidezähnen habe. Dies muss so diskret erfolgen, dass Dritte es nicht mitbekommen. Die Betroffenen werden es einem danken.

mit Themen quält, die bei Tisch unangebracht sind (z. B. Politik, Krankheit oder Krieg), braucht sich nicht zu wundern, wenn er kein zweites Mal eingeladen wird. Essen und Trinken hält zwar „Leib und Seele zusammen“, stellt die gegenseitige Sympathie und Wertschätzung aber auch oft auf eine harte Probe. Gute Tischmanieren sind daher unbezahlbar.

Nicht nur bei Geschäftsessen lassen sich wertvolle Punkte sammeln, wenn man Tischmanieren perfekt beherrscht. Auch im Privatleben orientieren sich sehr viele Menschen an der Devise „wie man isst, ist man“. Schon der richtige Umgang mit Be-

steck ist ein kleines Geheimnis, das sich jedoch leicht enträtseln lässt. Gerade bei festlich gedeckten Tischen, die durch eine Vielzahl an Gläsern, Tellern und Besteck glänzen, kann man sich durch souveräne Tischmanieren hervorheben. Doch bevor man sich mit Messer und Gabel beschäftigt, sollte man einen Blick auf die Serviette werfen.

Was die Serviette sagt

Servietten aus Papier oder Stoff gelten als Selbstverständlichkeit in jedem Restaurant. Ihr praktischer Nutzen ist unstreitig. Im 17. Jahrhundert aß man mit den Händen und wischte sich die fettigen Finger am Tischtuch ab. Manche schnäuzten sogar in das Tischtuch, da es noch keine Papierservietten gab. Die Serviette bietet da schon mehr Bequemlichkeit. Nicht nur, dass teure Tischdecken von vermeidbarem Schmutz verschont bleiben – sie schont auch die Kleidung der Gäste. Allerdings bindet man sie heutzutage nicht um den Hals, sondern legt sie, nachdem der Gastgeber das Mahl eröffnet hat, auf den Schoß.

Wer sich die Lippen abtupft, bevor er das Glas ergreift und trinkt, vermeidet hässliche Fettflecken am Glasrand. Diese sehen nicht nur unappetitlich aus, sondern beeinträchtigen auch den Trinkgenuss.

Frauen, die Lippenstift benutzen, sollten darauf achten, dass sie die Lippen nur abtupfen, um den Lippenstift nicht zu verschmieren und so das Make-up zu ruinieren.

Die Serviette erklärt aber auch ohne Worte, ob der Gast das Mahl beendet oder sich nur kurzfristig vom Tisch entfernt hat. Dass er satt ist, zeigt er dadurch, dass er sie, entgegen ihrer Kniffe, einmal faltet und (mit der sauberen Seite) links neben den Tel-

TIPP

Wem eine Serviette auf den Boden fällt, braucht sich keine Sorgen zu machen. Solche Missgeschicke können jedem passieren. Man bittet den Kellner einfach um eine neue. Bei Privateinladungen hebt man sie auf und nutzt sie weiter, wobei aufmerksame Gastgeber ihren Gästen automatisch und ohne Worte eine neue bringen.

Zusammenfassung Serviette

Früher wischte man nicht nur schmutziges Besteck, sondern auch den Mund am Tischtuch ab.
Die Tischdecke diente zugleich als Taschentuch.
Heute tupft man sich den Mund mit der Serviette ab.
Aufmerksame Gastgeber bringen ihren Gästen automatisch eine neue Serviette, wenn die alte heruntergefallen ist.
Wer satt ist und das Mahl als beendet erklären möchte, legt sie, ebenfalls mit der sauberen Seite nach außen, links neben den Teller.
Dies gilt auch für Papierservietten.

ler legt. Dies gilt übrigens auch für Papierservietten: Sie werden nicht auf den Teller und unter das Besteck, sondern ebenfalls links neben den Teller gelegt.

Der stille Kommentar des Gastes

Bei offiziellen Essen werden sowohl Gäste als auch Gastgeber nicht nur von den Kellnern kritisch beäugt. Sie beobachten sich meist auch gegenseitig – zwar unauffällig, aber kritisch. Jene Kellner, die ihr Handwerk verstehen, interpretieren die Zeichensprache von Messer und Gabel sofort. Dadurch teilt ihnen der Gast schließlich ohne großen Kommunikationsaufwand mit, ob er das Mahl beendet hat oder noch mehr essen möchte. Gleichzeitig gibt er ihm auch zu verstehen, was er davon hielt. Kreuzt der Gast Messer und Gabel mit den Spitzen auf dem Teller, dann möchte er lediglich „parken". Legt er das mit der Schneide nach innen zeigende Messer und die Gabel parallel rechts unten auf dem Teller ab, signalisiert er, dass er fertig ist. Stellt man sich den Teller als Uhr vor und das Besteck deutet fünf Minuten nach halb sieben an, dann hat es ihm auch gut geschmeckt.

„Guten Appetit" gehört(e) sich nicht

Die meisten meinten es gut, wenn sie sich untereinander einen „Guten Appetit" wünschten. Der Wunsch galt bis vor Kurzem nur dann als angebracht, wenn er z. B. in einer Kantine geäußert wurde. Wer es nicht tat, galt schnell als arrogant.
Bei Geschäftsessen und feierlichen Banketten galt es seit eh und je als unschick, sich gegenseitig einen guten Appetit zu wünschen. Der Gastgeber bzw. die Gastgeberin signalisierte dadurch, dass er/sie zum Besteck griff, dass man nun beginnen könne zu essen. Mittlerweile ist es aber für Gastgeber wieder möglich, freundlich und zurückhaltend einen „Guten Appetit" zu wünschen.

Weshalb man sich früher keinen guten Appetit wünschte

Aus religiösen und historischen Gründen galt es früher (in Zeiten der Völlerei) als zynisch, sich auch noch einen „Guten Appetit" zu wünschen. In den Fällen, in denen der Gastgeber bzw. die Gastgeberin selbst gekocht hatte und das Essen mit den Worten „Guten Appetit" startete, konnte dies schnell als Eigenlob interpretiert werden. Später war es verpönt, als Gast den anderen einen „Guten Appetit" zu wünschen, denn daraus zog man den Umkehrschluss, dass das Essen nur bei wirklich großem Hunger schmecke.

Das richtige Besteck

Meist liegen rechts neben dem Teller zwei Messer und links zwei Gabeln. Mitunter liegt rechts oder oben auch noch ein flacher Esslöffel. Ganz oben finden sich auch Teelöffel oder zierlichere, kleinere Messer und Gabeln. Ganz links steht ein kleinerer Teller mit einem kleineren Messer. Rechts oben meist mehrere Gläser. Links wird im Laufe des Menüs meist noch ein Salatteller platziert. Bei der Besteckbenutzung gilt die Faustregel:

Besteck „parken"

Die Messerkanten zeigen übrigens nicht ohne Grund nach innen. Das Risiko, sich beim Ergreifen des Messers in die Finger zu schneiden, wird so vermieden. Wer während des Essens das Besteck „zwischenparken" möchte, z. B. um einen Schluck zu trinken, der legt es einfach auf den Teller. Das heißt, dass die Gabel links und das Messer rechts auf dem Teller liegen, aber ohne den Tisch zu berühren. Früher war es üblich, Messer und Gabeln mit der Spitze am Tellerrand zu „parken". So lief man aber Gefahr, dass Soßenreste entlang der Griffe auf die Tischdecke flossen und hässliche Flecken hinterließen. Zudem beschmutzte man sich dann oft die Finger, wenn man das Mahl fortsetzte.

von außen nach innen. Das bedeutet, dass man jeweils das am weitesten rechts bzw. links vom Teller liegende Besteck zuerst nimmt und sich während der einzelnen Gänge von außen nach innen vorarbeitet. Profis erkennt man auch daran, dass sie das Besteck bei Essenspausen nie falsch ablegen!

Das kleine Messer

Bei dem kleinen Messer, das in der Regel separat neben dem kleinen Teller links oben liegt, handelt es sich um eine Ausnahme. Es dient ausschließlich dazu, Brot mit Butter oder anderen angebotenen Aufstrichen wie Kräutercreme oder Griebenschmalz zu bestreichen. Hier lauert schon die erste große Falle (mehr dazu s. unter „Am Brotessen erkennt man den Profi“)!

Getränke

Es gibt nicht nur Speisekarten, sondern auch Getränkekarten. Mit den Getränkekarten werden dem Gast, gerade bei Geschäftsessen am Abend, meist auch noch Weinkarten gereicht. In den meisten Fällen steht beispielsweise beim „Abendmenü“ eine besondere Empfehlung des Hauses für einen oder mehrere spezielle Weine, die mit der Speisefolge besonders harmonieren sollen. Hierbei handelt es sich nicht unbedingt um den Hauswein, sondern um einen Wein, der etwa saisonabhängig offeriert wird. Falls der Gastgeber den Wein (in der Flasche) selbst aussucht, dann entfällt die Qual der Wahl für den Gast. Dennoch bleibt es jedem Gast selbst überlassen zu entscheiden, ob er überhaupt Wein oder Alkohol trinken möchte. Und fast immer stellt der Kellner die Frage: „Wünschen die Herrschaften einen Aperitif?“

Vorab ein Aperitif und zum Abschluss ein Digestif?

Ursprünglich sollte das Getränk vor dem Essen die Magentätigkeit und den Appetit anregen. Es ist aber auch ein taktisches Element des Zeitmanagements. Der Gastgeber kann so die Zeit überbrücken, bis alle Gäste eingetroffen sind. Peinliche Szenen, in denen alle Gäste ungeduldig wartend am Tisch sitzen, bleiben allen Beteiligten erspart, denn sie widmen sich zunächst dem Aperitif und unterhalten sich miteinander. Wenn die Gastgeber selbst einen Aperitif bestellen, dann braucht sich der Gast nicht lange zu überlegen, ob er dies auch tun soll. Ansonsten empfiehlt sich ein gewisses Zögern. Der Gastgeber erleichtert seinen Gästen die Entscheidung, wenn er beispielsweise sagt: „Ich nehme einen Campari Orange“ oder die Gäste darauf hinweist, dass in dem Restaurant der hauseigene Sekt etc. besonders gut schmeckt oder angeblich besonders gut schmecken soll.

Es gibt ganz unterschiedliche Sorten von Aperitifs. Sie zeichnen sich meist durch eine gewisse Bitterkeit oder

Espresso & Co.

Bei Getränken, die man in Tassen serviert, sollte der kleine Finger niemals vom Henkel abgespreizt werden. Dies gilt als peinlicher Fehler. Zudem müssen alle Besteckteile, also Teller und Gläser, abgeräumt sein, bevor Kaffee, Espresso oder Mokka serviert wird. Sofern zuvor ein Digestif gereicht wurde, bleibt dieser beim Kaffeegetränk stehen. Abgesehen davon werden Digestif und Kaffee in engem zeitlichen Zusammenhang serviert. Eventuell noch auf dem Tisch stehende Sektgläser bleiben ebenfalls unangetastet.

Säure aus. Typische Aperitifs sind ein Glas Sekt(-Orange), Prosecco oder Champagner, Campari (Orange) oder aber Longdrinks wie Gin Tonic.

Nach dem Essen wünschen viele einen Digestif. In manchen Lokalen, z. B. griechischen, ist es schon fast üblich, den Gästen einen Ouzo als „Verdauungsschnaps" anzubieten. Derartige Magenbitter stehen auf fast jeder Speisekarte.

Problematisch jedoch ist, dass die meisten Aperitifs und Digestifs nicht nur wertvolle Kräuter, sondern vor allem Alkohol enthalten. Besonders für Autofahrer sind säurehaltige Fruchtsäfte wie Grapefruitsaft eine Alternative zum Aperitif. Statt Magenbitter nach dem Essen unterstützt ein Espresso die Verdauung ebenfalls.

Lieblingsgetränk Bier

Wein und Bier zählen zu den am häufigsten bestellten alkoholischen Getränken in Gaststätten. Bier wird gerne zu eher herzhaften oder kalten Gerichten bestellt. Je nach Region gibt es neben den Standardbiersorten Helles und Pils u. a. auch Dunkles, Weißbier und Kölsch. Bier wird meist gleich im vom Hersteller entworfenen Glas serviert.

Welcher Wein zu welcher Speise?

Es gibt unendlich viele Weinsorten. Oft fragt man sich, welcher Wein am ehesten zur bestellten Speise passen könnte. Als Faustregel kann man sagen, dass Weißwein am besten zu Speisen mit heller Soße, Fisch oder hellem Fleisch passt. Rotwein harmoniert meist mit dunklen oder roten Soßen, dunklem Fleisch, Käse und herzhaften Gerichten. Roséwein im Zweifel zu beiden, aber tendenziell eher zu leichteren Speisen, Fisch und Pastagerichten.

dies beim Weißwein der Fall wäre. In Champagnerflöten oder schmalen Sektgläsern hingegen entfaltet sich das filigrane Perlenspiel des Schaumweins und er schmeckt prickelnd und frisch. Als weniger geeignet haben sich sogenannte Champagnerschalen bzw. Sektschalen erwiesen. In ihnen schmecken die prickelnden Getränke schnell lasch und abgestanden.

Sekt und Champagner – Trinktemperatur

Die ideale Trinktemperatur von Sekt und Champagner lässt sich sogar physikalisch belegen. Ziel ist ein kontinuierlicher Aufstieg der Bläschen (filigranes Perlenspiel). Die Geschwindigkeit, mit der diese freigesetzt werden, hängt von der Temperatur ab. Wer einen Schaumwein bei Zimmertemperatur öffnet, läuft Gefahr, dass er explosionsartig aus der Flasche schäumt. Dadurch geht nicht nur Flüssigkeit verloren, sondern was davon verbleibt, wird schnell schal. Ziel ist eine langsam ansteigende Moussebildung, die sich bei 4,5 bis 7 Grad Celsius ergibt. Allerdings sollte man die Sekt- oder Champagnerflaschen nie länger als einen Tag im Kühlschrank lagern. Auch dies hat einen physikalischen Grund: Durch die Kälte kann der Korken an der Flasche festfrieren. Zudem beginnt er zu schrumpfen, da ihm Feuchtigkeit entzogen wird. Bei Plastikverschlüssen ist dies nicht der Fall, diese findet man jedoch auf Champagnerflaschen oder Qualitätsschaumweinen nicht.

Gläser richtig behandeln

Gläser sollten stets absolut frei von Spülmittelresten sein. Die Glasränder sollten mit einem sauberen und trockenen Tuch abgewischt werden, denn selbst der leichteste Schmutzfilm droht die Mousse zu ruinieren. Die Tücher, mit denen Gläser geputzt werden, dürfen nicht mit Weichspüler gewaschen werden. Gefährlich ist es, Gläser direkt vor dem Servieren zu polieren. Nur wenn sie mindestens vier Stunden zuvor poliert werden, kann man davon ausgehen, dass sich die elektrostatische Ladung verflüchtigt. Eine solche Aufladung schadet der Moussebil-

dung gleichermaßen. Im schlimmsten Fall unterdrückt man sie dadurch sogar völlig.

Kleine Sektkunde

Sekt unterscheidet man in verschiedene Kategorien von trocken bis süßlich. Dies liegt daran, dass sich im Sekt nach dem Gärungsprozess kein Zucker mehr befindet. Den hat die Hefe nämlich umgewandelt. Je nach Gärungsstadium ist also noch mehr oder weniger Zucker enthalten. Dennoch ist es nicht nur der Restzucker, der über Trockenheit oder Süße des Sekts entscheidet, sondern auch die sogenannte Dosage. Sie besteht beispielsweise aus Süßweinen desselben Anbaugebiets oder aus einer Zuckerlösung und wird dem Sekt während des Herstellungsprozesses zugesetzt. Bei über 50 Gramm Zucker pro Liter spricht man von „mild“. „Halbtrocken“ weist auf 33 bis 50 Gramm Zucker hin. „Extra trocken“ reicht von 12 bis 20 Gramm, wobei sich dies manchmal mit „herb“ („brut“) überschneidet, was bei einer Zuckermenge von weniger als 15 Gramm vorliegt. „Naturherbe“ Sorten oder „brut nature“ hingegen weisen einen Anteil von maximal drei Gramm Zucker pro Liter auf.

Manieren während des Essens

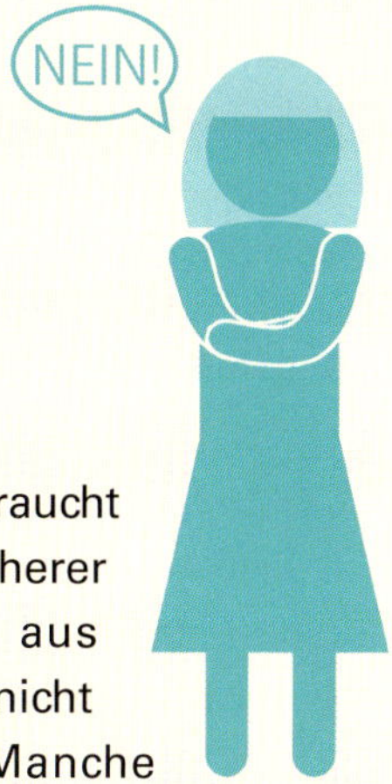

Man darf auch mal Nein sagen!

Zunächst einmal braucht man, entgegen früherer Anstandsregeln, aus reiner Höflichkeit nicht alles zu essen. Manche Menschen dürfen bereits aus religiösen Gründen nicht alles essen, beispielsweise kein Schweinefleisch oder Fleisch, das mit Milch (wie etwa bei Rahmschnitzel der Fall) in Berührung kam. Vegetarier möchten aus Überzeugung kein Fleisch essen. Wieder andere würden gerne etwas essen, dürfen es aus gesundheitlichen Gründen aber nicht – etwa gluten- oder laktosehaltige Speisen. Und der einfachste aller Gründe, weshalb man bestimm-

TIPP

Wem das Essen serviert wird, der kann unbedenklich einen Rest übriglassen. Wer sich jedoch selbst nachlegt, der sollte auch aufessen. Es macht einen schlechten Eindruck, wenn man unmäßig viel auf den Teller häuft und es dann nicht isst.

te Speisen nicht essen möchte, ist schlichtweg, dass sie einem nicht schmecken.

Bei privaten Einladungen hat der Gastgeber Verständnis dafür. Bei offiziellen Geschäftsessen, für die der Gastgeber ein Menü für alle bestellt hat, gibt es verschiedene Möglichkeiten, die unliebsamen Speisen diskret zu umgehen. Man lässt sie beispielsweise einfach auf dem Teller und isst nur das, was man möchte. Dies bietet sich an, wenn es gut trennbar ist, wie Zwiebelringe, Eier, Kartoffelsalat oder Tomatensalat etc. auf einem Salatteller. Für außenstehende Betrachter wirkt dies dann einfach so, als ob einem die Portion zu groß war.

„Anstandsrestchen" abgeschafft

Sollte man bestimmte Beilagen, z. B. Pommes Frites, nicht mögen, dann lehnt man sie diskret ab. Einfach ist dies, wenn die Kellner Beilagenplatten auf dem Tisch verteilen und die Gäste diese untereinander weiterreichen. Dann reicht man die entsprechende Platte eben selbst weiter und nimmt sich nur von den Beilagen, die man möchte. Sollte das Personal neu auflegen wollen, dann lehnt man unerwünschte Beilagen einfach ab.

Zeitweise war es auch üblich, einen „Anstandshappen" oder ein „Anstandsrestchen" auf dem Teller übrig zu lassen. Dies ist hinfällig. Wem es schmeckt, der darf natürlich alles aufessen. Wer es nicht schafft oder wem es nicht schmeckt, der lässt einfach einen Rest auf seinem Teller übrig.

Suppe gibt es nur einmal

Vorspeisen und Suppen werden nur einmal serviert. Es wirkt unhöflich, wenn man zweimal eine Vorspeise bestellt, um den Hauptgang auszulassen. Daher darf man auch nur einmal davon essen. Anders sieht es

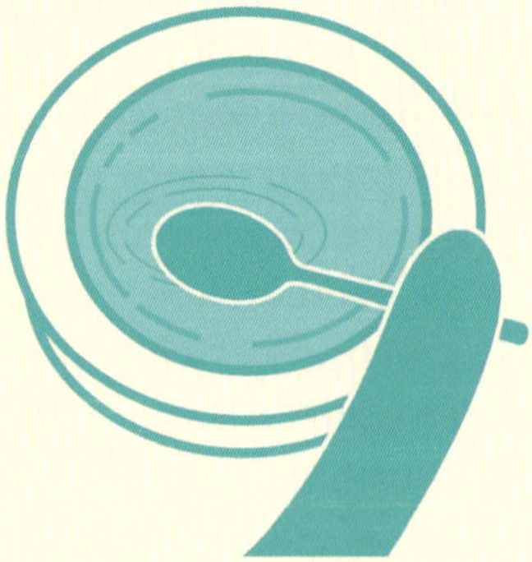

beim Hauptgang aus. Aufgetragen wird hier zunächst Fleisch/Fisch und Soßen. Gemüse und weitere Beilagen (Nudeln, Kartoffeln etc.) folgen.

Am Brotessen erkennt man den Profi

Wer sein Brot einfach mit Butter oder einem anderen Aufstrich bestreicht, in die Hand nimmt und – nichts Böses dabei denkend – davon abbeißt, hat schon den ersten gravierenden Fehler begangen. Wer sich eine Scheibe Brot aus dem (in der Regel mit einer Serviette bedeckten) Körbchen auf seinen Brotteller legt und ein mundgerechtes Stück davon abbricht, unter Zuhilfenahme des kleinen Brotmesserchens bestreicht und in den Mund nimmt, demonstriert bereits an dieser Stelle große Souveränität. Laut Knigge gilt es, nur mundgerechte Stücke vorzubereiten und ganz in den Mund zu führen. Die Regel hat den Vorteil, dass man sich nebenher besser unterhalten kann. Natürlich nie mit vollem Mund.

Beim Bestreichen hält man das Brotstück über den kleinen Teller, damit anderswo keine Krümel fallen. Das kleine Messer erfüllt somit ausschließlich die Funktion, Brot damit zu bestreichen. Auch hier wieder eine Ausnahme: Pumpernickel.

Das körnige Vollkornbrot lässt sich nur schwer, ohne zu sehr zu bröseln, in kleine Stücke brechen. Daher darf die ganze Scheibe bestrichen und davon abgebissen werden.

Streitfall Kartoffel

Beim Thema Kartoffeln scheiden sich die Geister. Während die Erdäpfel früher bei Tisch niemals mit dem Messer geschnitten werden durften, ist dies heutzutage akzeptiert. Allerdings behalten viele die ursprüngliche Regel, die besagt, dass Kartoffeln nur mit der Gabel zu zerteilen sind, bei. Nicht ohne Grund: Wer mit der Gabel ein Stück Kartoffel abtrennt, der erzielt eine ungleichmäßige Oberflächenstruktur. Genau dies ist der Vorteil für Genießer. Die ungleichmäßige Oberflächenstruktur erhöht nämlich die Aufnahmefähigkeit dieses Soßenträgers. Eine feine Rahmsoße bei-

spielsweise findet viel mehr Halt auf der rauen Struktur als auf einer glatt abgeschnittenen Scheibe. Wer diese ursprüngliche Regel beibehält, macht nichts falsch. Zerschneiden ist jedoch auch erlaubt.

Eines ist jedoch nicht gestattet, nämlich die Kartoffel mit der Gabel zu Brei zu zerquetschen. Dadurch fühlen sich andere Gäste akustisch und optisch belästigt. Schlimmstenfalls landen Kartoffelteilchen auf der Tischdecke oder treffen andere Gäste. Wer Kartoffelpüree möchte, der erkundigt sich bei der Bestellung, ob dies angeboten wird.

Salz und gute Manieren beim Essen

Salz hat nicht nur mit (gutem) Geschmack, sondern auch mit (guten) Manieren zu tun. Abgesehen davon spielt es nicht nur beim Kochen, sondern auch in der Ernährung eine wichtige Rolle. Kartoffeln schmecken vielen erst mit einer Prise Salz. Ab einer bestimmten Menge gilt es jedoch als ungesund.

Menschen mit guten Manieren, insbesondere Feinschmecker (Gourmets), unterscheiden sich von anderen auf den ersten Blick anhand eines sensiblen Umgangs mit Salz! Zunächst beleidigt jemand, der sofort, also bevor er die Speisen überhaupt gekostet hat, zum Salzstreuer greift und „nachsalzt", den Koch. Nonverbal drückt der Gast dadurch nämlich aus, dass es für ihn reinste Zeitverschwendung wäre, die Speise erst zu kosten, da sie ohnehin fad schmeckt und erst durch das Nachsalzen essbar wird.

Gute Köche gehen aber vorsichtig mit Salz um, denn ist eine Speise erst versalzen, dann gilt sie als ungenießbar. Wer ein Essen serviert bekommt, das sowieso bereits sehr stark gesalzen ist und – ohne vorher zu probieren – einfach salzt, läuft Gefahr, dass es selbst für ihn zu salzig ist.

Feinschmecker konzentrieren sich ohnehin auf die verschiedenen Gewürze und Geschmacksrichtungen. Zu viel Salz lenkt davon ab. Zudem haben es gute Köche auch nicht nötig, übermäßig viel Salz zu verwenden. Salz gilt als unkreativ und verdrängt meist den Geschmack anderer Gewürze wie Petersilie, Kresse, Thymian, Basilikum, Rosmarin, Kümmel, Anis, Oregano, Safran, Liebstöckel, Muskat, Lorbeer etc.

Wem es, nachdem er die Speise probiert hat, dennoch nach einer Prise Salz zumute ist, der kann immer noch „nachsalzen". Bei Geschäftsessen im Restaurant gilt dies als relativ unproblematisch, wenngleich sich einige Restaurants zieren, Salzstreuer auf den Tischen aufzustellen. Wenn überhaupt, dann eher Salzmühlen. Ähnlich wie Pfeffermühlen wird grob gekörntes Salz (meist in durchsichtigen Streuern) gemahlen. Da dies längere Zeit beansprucht als bei feinem Salz aus Salzstreuern, sinkt auch die Gefahr, dass jemand sein Essen durch eine Überdosis des Geschmacksverstärkers versalzt. Bei Privateinladungen, bei denen kein Salzstreuer auf dem Tisch steht, sollte man stets bedenken, ob man die Gastgeber durch die Frage nach Salz nicht in Verlegenheit bringt. Die Taktik jener Diplomaten, die nicht auf Salz verzichten können, läuft darauf hinaus, dass sie das Essen zuerst loben und dann gestehen, dass es ihnen noch nach einer „kleinen Prise" Salz zumute sei.

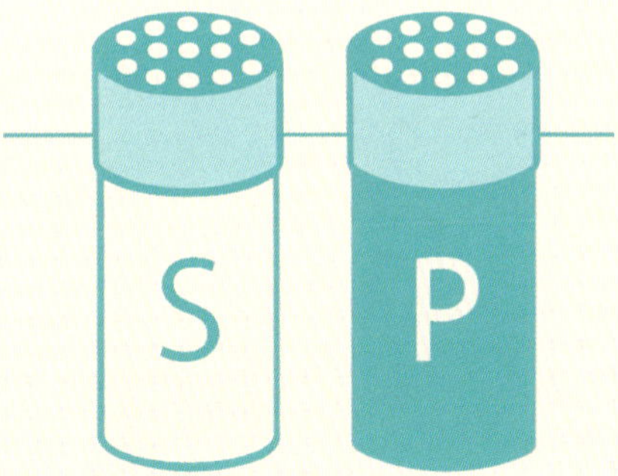

Souverän am Buffet

Durch das Verhalten am kalten oder warmen Buffet lässt sich Parkettsicherheit beweisen – eine Chance, die man unbedingt nutzen sollte! Buffets sind sehr beliebt, da sie eine große Auswahl an Speisen bieten. Hier lauern aber auch tückische „Stolperfallen", die sich umgehen lassen, wenn ein paar wesentliche Dinge beachtet werden. Zunächst drängt man sich nicht vor, sondern stellt sich am Ende der Reihe an.

Bei manchen Gästen sind die Augen größer als der Appetit. Sie häufen Unmengen von verschiedenen Speisen kreuz und quer auf ihr Teller (womöglich kalte Lachshäppchen mit heißem Rostbraten). Dies muss nicht sein. Man kann mehrmals zum Buffet gehen und sich neue Speisen holen. Es ist, anders als bei mehrgängigen Menüs in Restaurants, sogar möglich, dass man sich mehrmals Suppe holt.

Das Personal trägt das benutzte Geschirr automatisch ab. Meist liegt am Anfang oder Ende des Buffets zusätzliches Besteck aus. Wer sich beispielsweise zweimal Suppe holt, der findet dort saubere Löffel.

Naschen am Buffet ist absolut verpönt! Wer dies tut, dem drohen nicht nur böse Blicke, sondern auch ein schlechter Ruf.

INFO

TO-DO

- Serviette auf Schoß legen, wenn Essen beginnt
- Beim Besteck immer mit dem äußeren anfangen und nach innen vorarbeiten
- Lippen abtupfen, um Fettflecken am Glas vorzubeugen
- Mundgerechte Portionen abschneiden
- Besteck zum Mund führen und nicht umgekehrt
- Langsam essen
- Anstellen am Buffet
- Aufrecht sitzen
- Bei Unsicherheit Kellner zurate ziehen
- Torte mit einer Tortengabel essen

TABU

- Trinken, bevor der Gastgeber zugeprostet hat
- Mit vollem Mund sprechen
- Aufstoßen
- Ellbogen auf Tisch abstützen
- Nachsalzen oder pfeffern, bevor Essen probiert wurde
- Besteck am Tellerrand mit auf dem Tisch liegenden Griffen „parken“
- Brötchen/Brot beschmieren und abbeißen (nur beim Frühstück erlaubt)
- Essen, bevor das Buffet eröffnet ist
- Zu viel Essen auf den Teller häufen
- Unangenehme Themen ansprechen (z. B. Krankheiten, Katastrophen oder Krieg)
- Weißweingläser oberhalb des Stiels anfassen
- Sektgläser oberhalb des Stiels anfassen
- Am kalten oder warmen Buffet naschen
- Spaghetti mit dem Messer zerschneiden
- Würfelzuckerstückchen, die bereits berührt wurden, in die Zuckerschale zurücklegen
- Essen kaltpusten
- Schmatzen
- Kartoffeln mit der Gabel zu Brei zerdrücken

Kleines ABC der Speisen

Manche Gerichte bereiten Kopfzerbrechen. Oft ist unklar, ob sie mit Messer und Gabel gegessen werden, und wenn ja, wie. Anbei einige Gerichte, die immer wieder Fragen aufwerfen.

Äpfel
Äpfel schält man mit dem Messer, schneidet sie in mundgerechte Stücke und isst sie (ohne Kerngehäuse) entweder mit den Fingern oder mit dem Obstbesteck.

Artischocken
Artischocken hält man mit einer Hand fest und löst die Blätter mit der anderen Hand von außen nach innen. Das dickere Blattende wird in die Sauce Vinaigrette gedippt und mit den Zähnen abgezogen. Der beiliegende Teller dient dazu, die abgezogenen Blätter abzulegen. Allerdings ist das Innere der Pflanze nicht zum Verzehr geeignet. Das Herzstück der Artischocke ist ihr Boden. Dieser wird mit Messer und Gabel abgetrennt und gegessen.

Austern
Austern werden meist verzehrfertig, also geöffnet, serviert. Verzehrfertig sind beispielsweise mit einer Soße überbackene Austern. Sie lassen sich unproblematisch verspeisen, denn die Schale nimmt lediglich die Funktion eines Drapiertellerchens ein. Meistens werden Austern allerdings in ihrem Urzustand, aber bereits geöffnet serviert. Nun kann der Gast die Austernschale zum Mund führen, eventuell mit etwas Zitronensaft beträufeln und (geräuschvoll) ausschlürfen. Das Wasser, in dem die Auster schwimmt, ist reines Meerwasser. Zusätzliches Salz ist daher nicht erforderlich.

Avocado
Avocado wird oft ungeschält und halbiert serviert. Sie zählt zu den Lorbeergewächsen, wenngleich die Früchte eigentlich Steinfrüchte sind. Man hält sie in der linken Hand, um mit einem Löffel das Fruchtfleisch aus der Schale zu lösen. In mexikanischen Restaurants wird sie meist püriert als Dip serviert.

Bananen

Bananen lassen sich auf zweifache Art und Weise essen. Neuerdings ist es gestattet, sie zur Hälfte zu schälen, um Stück für Stück abzubeißen. Anschließend kann man sie bis zum Ansatz schälen, um den Rest zu essen. Ursprünglich galt es, zunächst den Kopf abzuschneiden und die Schale abzuziehen, um sie anschließend in eine „Tischabfallschüssel" zu legen. Die geschälte Banane wurde dann mit Messer und Gabel gegessen.

Birnen

Birnen werden in jedem Fall mit dem Obstbesteck verzehrt. Oft werden sie im Restaurant schon geschält und in Spalten geschnitten serviert, dann sind sie leicht zu genießen. Wenn man sich jedoch eine ganze Birne aus dem Obstkorb nimmt, muss man beim Zerteilen oder evtl. Schälen besonders vorsichtig sein, da dieses Obst oft sehr saftig ist.

Creme und Mousse

Cremes (z. B. Crème Caramel) und Mousse (Mousse au Chocolat) isst man einfach mit einem Dessertlöffel. Diese werden normalerweise eingedeckt. Sind Creme oder Mousse mit Obststückchen oder Gebäck verziert, benötigt man zusätzlich eine Dessertgabel.

Diätessen

Nicht nur für jene, die strikte Diät einhalten möchten oder müssen, ist eine Essenseinladung oft mit Problemen verbunden. Sogar der Gastgeber selbst leidet unter Umständen darunter. Dies kann der Fall sein, wenn sich der Gast rücksichtslos verhält und in den Mittelpunkt stellt. Solche Gäste jammern beispielsweise darüber, dass sie bestimmte Speisen aus bestimmten Gründen (hohe Cholesterinwerte,

Bluthochdruck, Milchallergie) nicht essen dürfen oder werfen den anderen Gästen vor, welchen Kalorien sie sich aussetzen, wenn sie bestimmte Gerichte essen. Hier helfen zwei Regeln. Wer Diät hält, sagt gegebenenfalls ab oder erscheint (nach Absprache) erst später, z. B. zum Espresso. Zweitens: Wer bestimmte Speisen aus gesundheitlichen, religiösen oder persönlichen Gründen nicht essen darf, der informiert den Gastgeber vorab darüber. Dieser kann dann ein Gericht anbieten (z. B. Gemüseauflauf), das der entsprechende Gast essen darf.

Ente

Ente und anderes Geflügel (z. B. Gans oder Truthahn) wird meist bereits so serviert, dass sich jeder Gast eine Portion (z. B. Brust oder Schenkel) davon nehmen kann. Das Brustfleisch der Ente wird mit Messer und Gabel gegessen. Die Schenkel hingegen dürfen in die Hand genommen werden (s. auch unter „Geflügel").

Feigen

Frische Feigen werden in der Mitte mit dem Obstmesser auseinandergeschnitten und dann ausgelöffelt. Im privaten Kreis (und nur dort!) können sie auch mit der Hand auseinandergebrochen und dann direkt aus der Schale gegessen werden.

Fisch

Fisch wird mit einem speziellen Fischbesteck zerlegt. Sollte dies fehlen, dann nimmt man zwei Gabeln. Meist filetiert der Kellner den Fisch vor den Augen des Gastes. Tut er dies nicht, dann wird er der Bitte des Gastes, ihm die Speise zu filetieren, gerne nachkommen.

Allerdings wird nicht jedes Fischgericht mit dem Fischbesteck gegessen. Ausnahmen bilden Rollmöpse, Matjeshering, aber auch Räucherlachs und Räucheraal. Diese werden aufgrund ihrer Festigkeit mit dem gewöhnlichen Essbesteck verzehrt. Bei der aus den USA stammenden Spezialität der „Surf and Turf"-Gerichte wird ebenfalls auf das Fischbesteck verzichtet. „Surf and Turf" steht für „ein Stück aus dem Meer" („Surf") und „ein Stück vom Land" („Turf"); beliebt ist die Kombination aus Lachs und Steak.

Folienkartoffeln

Folienkartoffeln sind große Kartoffeln, die in Aluminiumfolie gegart wurden. Diese wird oben geöffnet, mit einer dickflüssigen Soße übergossen und dem Gast mit einem Löffel serviert. Der Gast kann die heiße Kartoffel mit dem Löffel aus der Schale schaben.

Fondue

Fondue gilt als ein „Gesellschaftsspiel". Gerade an Silvesterabenden lässt sich die Zeit bis Mitternacht in geselligem Kreis genießen. Der Vorteil: Zumindest bei den Soßen des Fleischfondues ist für jeden Geschmack etwas dabei. Beim Käsefondue entstehen keine Probleme mit Gästen, die kein Fleisch essen möchten, und beim Schokoladenfondue kann jeder die Obststückchen eintauchen, die ihm schmecken. Die Fonduegabel dient nicht dazu, in den Mund genommen zu werden. Hierfür benutzt man normale Gabeln. Dies liegt u. a. daran, dass sich das Metall stark im heißen Fett oder kochender Brühe bzw. in der warmen Käse- oder Schokoladensoße erhitzt. Dann könnte man sich den Mund daran verbrennen. Es hat jedoch auch noch einen anderen Grund. Es erregt Ekel bei anderen Gästen, wenn jemand etwas in den Fonduetopf hält, das er zuvor in den Mund genommen hat.

Frühstückseier

Frühstückseier durften früher nie mit dem Messer geköpft werden, da sich die Metalllegierung bei der Berührung mit Eiweiß hässlich verfärbte. Bei den heutigen Materialien ist dies kaum der Fall. Daher darf das Ei ruhig geköpft werden und es ist auch nicht mehr nötig, einen Plastiklöffel zu verwenden. Wer Probleme mit dem Köpfen hat, für den ist das Abklopfen der Spitze mit dem Löffel und Ablösen der winzigen Schalensplitter nicht verboten.

Geflügel

Geflügel wird – von wenigen Ausnahmen wie Chickenwings abgesehen – möglichst mit Messer und Gabel gegessen. Bei den Hähnchenschlegeln oder Flügeln ist es erlaubt, sie mit den Fingern zu essen, aber die restlichen Teile werden mit Messer und Gabel verzehrt. Im Zweifel isst man Geflügel im Restaurant immer mit Messer und Gabel. Auch vom Geflügel schneidet man sich – wie bei allen Speisen – immer nur ein Stück ab. Nur in den USA ist es üblich, alles, was auf dem Teller liegt, vorab in verzehrfähige Häppchen zu zerteilen.

Grapefruits

Grapefruits halbiert man als erstes mit dem Messer. Je nach Geschmack streut man Zucker darauf, um die Säure etwas zu mildern. Es gibt spezielle Löffel für Grapefruits. Diese erkennt man daran, dass sie an einer Seite gezähnt sind. Zwischen den Grapefruithäutchen entfernt man vorsichtig (nach und nach) das Fruchtfleisch. Allerdings lässt es sich oft kaum vermeiden, dass der Grapefruitsaft aus dem Fruchtfleisch herausspritzt. In vornehmen Hotels werden die Grapefruits, beispielsweise am Frühstücksbuffet, bereits fachmännisch zerlegt serviert. Dies ist für den Gast besonders angenehm, da er sich viel Zeit erspart.

Hähnchen

Hähnchen lassen sich immer mit Messer und Gabel essen. Zumindest die Hähnchenbrust. Allerdings gibt es auch hier Ausnahmen. Angenommen, die Hähnchen werden im Bierzelt bestellt, so entspricht es den Umständen, dass alles mit den Fingern gegessen werden darf. Zudem liegen meist auch kleine Erfrischungstücher mit Zitrone bei, um anschließend die Finger von Fett zu befreien und die Hände zu erfrischen. Ansonsten darf man auch im Restaurant das Hähnchenfleisch von Schenkel oder Flügel abnagen.

Hummer

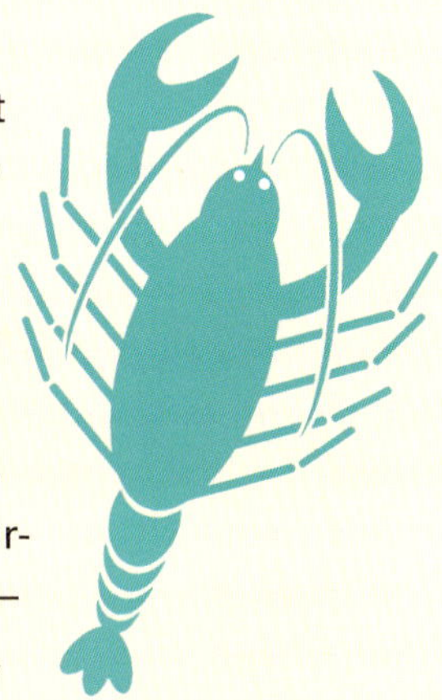

Hummer lässt sich auf unterschiedliche Arten essen. Es hängt davon ab, ob es sich um ein klassisches Hummeressen handelt – also ein Essen, bei dem der Hummer der Hauptgang ist – oder um ein Essen, bei dem u. a. auch Hummer angeboten wird.

Klassisches Hummeressen zeichnet sich bereits dadurch aus, dass rote Servietten vorliegen. Rot deshalb, da sich eventuelle Flecken äußerst schlecht aus weißen Stoffen entfernen lassen. Hummerservietten dürfen sogar in den Hemdkragen gesteckt werden. Beim klassischen Hummeressen darf man Scheren und Beinchen in die Hand nehmen. Es ist sogar erlaubt, sie geräuschvoll auszusaugen.

Normalerweise wird Hummer bereits längs halbiert serviert. Das Aufschneiden des Hummers erfordert nämlich nicht nur ein gewisses Maß an Kraft und Übung, sondern es gibt auch Spritzer. Diese führen oft zu hässlichen Flecken auf der Tischdecke. Klassischerweise löst man das Fleisch aus Scheren und Beinchen mit einer speziellen Gabel, der sogenannten Hummergabel. Diese ist sehr lang und schmal. An der Gabelspitze befinden sich zwei greiferähnliche Zinken, mit der man das Fleisch aus Schere und Beinchen ziehen kann. Manchmal liegt vorsichtshalber noch eine metallene Hummerzange bereit. Mit ihr lassen sich bei Bedarf die eigentlichen Zangen des Hummers knacken. Normalerweise hat der Koch diese jedoch bereits in der Küche aufgeschlagen, damit sie sich bei Tisch leicht öffnen lassen. Während das Fleisch aus Schere und Beinchen mit der Hummergabel gelöst wird, löst man das Fleisch aus dem halbierten Schwanz mit Messer und Gabel und zerteilt es. Beim Hummeressen empfiehlt sich diese Reihenfolge:

1. Bewegliche Greifer abbrechen
2. Alle Scheren vorsichtig mit der Hummerzange knacken, damit das Fleisch nicht unnötig zerquetscht wird. Das Fleisch in den Scheren entweder mit der Hummergabel oder mit den Fingern essen
4. Beine an den Gelenken in Stücke brechen
5. Längliche Hummergabel in die rechte Hand nehmen und mit den Zinken das Fleisch herausziehen

Hummer wird stets mit einem Extrateller für die gelösten Schalen des Krustentiers serviert. In aller Regel erhält jeder Gast noch ein Schälchen mit Wasser (und einer Zitronenscheibe), um sich die Finger zu säubern.

Johannisbeeren

Gerne werden Johannisbeeren als Dekoration neben das Dessert drapiert. Sie brauchen nicht gegessen zu werden. Dies bedeutet jedoch nicht, dass sie nicht gegessen werden dürfen. Allerdings muss man es schaffen, den Stiel so durch die Gabel zu ziehen, dass die Beeren sich lösen, ohne vom Teller zu rollen. Dies erfordert eine gewisse Übung.

Käse

Käse schließt bekanntlich den Magen. Dies irritiert, denn er zählt als klassischer Zwischengang zwischen Hauptspeise und Dessert. Keinesfalls sollte man ihn als Vorspeise bestellen. In Restaurants erhält der Gast meist verschiedene Brotsorten zum Käse. Wahre Feinschmecker probieren den mildesten Käse zuerst und lassen die pikanteren Sorten folgen. Edle Blauschimmelkäse wie z. B. Roquefort werden also eher am Ende gegessen.

Kaviar

Kaviar schmeckt am besten, wenn er mit kleinen Löffelchen aus Perlmutt verzehrt wird. Metallbesteck dagegen kann den Geschmack der Störeier unvorteilhaft verändern.

Kirschen

Kirschen werden leider oft mit Kern serviert – sowohl frische als auch eingekochte Früchte. In diesem Fall schiebt man den Kern vorsichtig mit der Zunge aus dem Mund auf einen Dessertlöffel und legt ihn dann diskret auf einen kleinen Teller.

Kiwis

Kiwis werden nicht umständlich geschält, sondern einfach in der Mitte mit dem Messer halbiert. Anschließend lassen sie sich problemlos mit einem Teelöffel aushöhlen.

Knoblauch

Knoblauch ist insbesondere in der mediterranen Küche beliebt. Weniger beliebt sind die Folgen, nämlich Mundgeruch. Dies macht nicht nur Kollegen, die im selben Büroraum arbeiten, sondern auch sonstigen Dritten (z. B. Menschen, die das Zugabteil oder den Aufzug mit dem Knoblauchesser teilen) zu schaffen. Vor wichtigen Terminen sollte man Knoblauchgerichte (mindestens 24 Stunden) meiden. Zahnärzte etwa konsumieren Knoblauch vorwiegend freitags oder samstags.

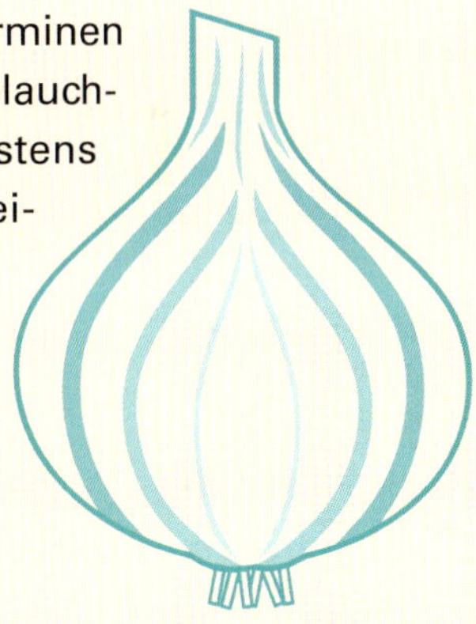

Langusten

Langusten werden so ähnlich wie Hummer gegessen. Es ist jedoch bedeutend einfacher, da sie keine Scheren haben. Außerdem sind die Beine sind ohne Fleisch und daher nicht zum Verzehr geeignet.

Maiskolben

Maiskolben werden typischerweise mit zwei kleinen Dreizackgäbelchen serviert. Diese steckt man rechts und links an den Enden in den Maiskolben. (Die Gabelzinken sind normalerweise besonders drahtig, um den Maiskolben gut zu fixieren.) Nun darf man den Kolben drehend rundum abnagen.

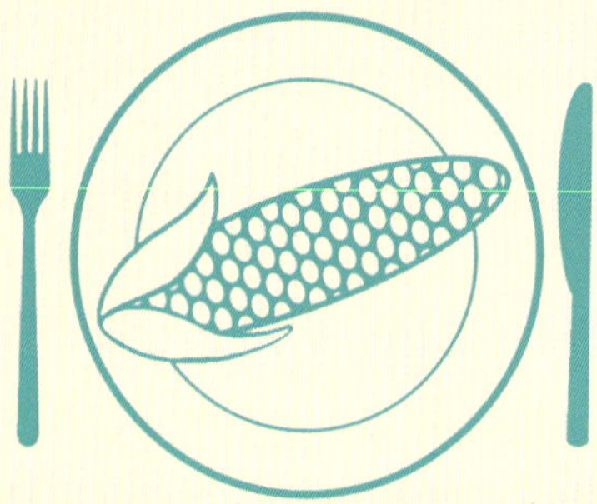

Melonen

Melonen werden meist halbiert, zerschnitten und entkernt auf einer Platte oder einem Teller serviert. Sollte das Melonenfleisch noch nicht zerkleinert sein, schneidet der Gast mit dem Messer zwischen der Schale und dem Fruchtfleisch hindurch. Das ausgelöste Fleisch lässt sich dann in mundgerechte Stücke aufteilen. Kleine (Honig-) Melonen werden oft lediglich halbiert. Die entkernten Hälften kann der Gast mit einem mittelgroßen Löffel essen.

Muscheln

Muscheln werden meistens in einer Brühe, in einer Suppe oder einem Sud serviert. Man nimmt eine der Muscheln in die Hand und holt mit der Gabel das Fleisch aus der Schale heraus. Alle weiteren Muscheln werden von nun an mit den beiden leeren Schalenhälften der ersten Muschel, die dann an als Besteck dienen, aus den Schalen gelöst. Serviert man Muscheln, sollte man an Fingerschalen und Servietten denken.

Nüsse

Nüsse knackt man gegebenenfalls mit einer Nusszange, löst die Schale, wirft die Splitter in einen Tischabfallteller und isst sie.

Orangen

Orangen ritzt man mit dem Obstmesser mehrfach an, entfernt die Schale, teilt sie und isst die Spalten mit der Hand.

Pasteten

Pasteten gelten als beliebte Vorspeise. Meist sind sie schon in Scheiben geschnitten. Sie dürfen keinesfalls mit dem Messer geschnitten werden. Im Idealfall sind sie daher nicht zu fest, damit sie sich einfach mit der Gabel zerteilen lassen.

Reis

Reis wird im asiatischen Raum mit Stäbchen gegessen. Die Reisschälchen werden mit einer Hand zum Mund geführt, mit der anderen Hand ergreift man die Stäbchen. Das untere Stäbchen liegt starr in der Mitte des oberen Drittels zwischen Daumen und Zeigefinger. Es soll unbeweglich bleiben. Das obere Stäbchen soll hin und her bewegt werden können. Daher nimmt man es wie einen Stift zwischen Daumen und Zeigefinger. Die Enden beider Stäbchen liegen nebeneinander auf gleicher Höhe. Nun kann das Ende des oberen Stäbchens gegen das Ende des unteren Stäbchens bewegt werden. Die Funktion ähnelt einer Pinzette, denn die Reisklumpen lassen sich „klemmen". Ansonsten lässt sich Reis auch auf die unteren Enden (wie auf einen Löffel) „häufen". Wer ungeübt ist, kann den Kellner auch in Asien durchaus um Messer und Gabel bitten.

Salat

Salat durfte früher nicht zerschnitten werden. Mittlerweile kann man große Blattsalate getrost schneiden. Dies verhindert nämlich zugleich, dass unangenehme Essig- und Ölflecken entstehen beim Versuch, ein Salatblatt zu zerreißen oder ganz zu essen. Allerdings ist eines zu beachten: Salat wird Biss für Biss geschnitten. Es ist unschicklich, wenn man als erstes mit Messer und Gabel den ganzen Salatberg auf einem Teller „querschneidet".

Spaghetti

Spaghetti werden von Kennern mit der Gabel gegessen. Man wickelt sie drehend um die Gabel. Der Tellerrand eignet sich zum Aufwickeln besonders gut. Gleichermaßen geduldet ist es, in der linken Hand einen Suppenlöffel zu halten und die

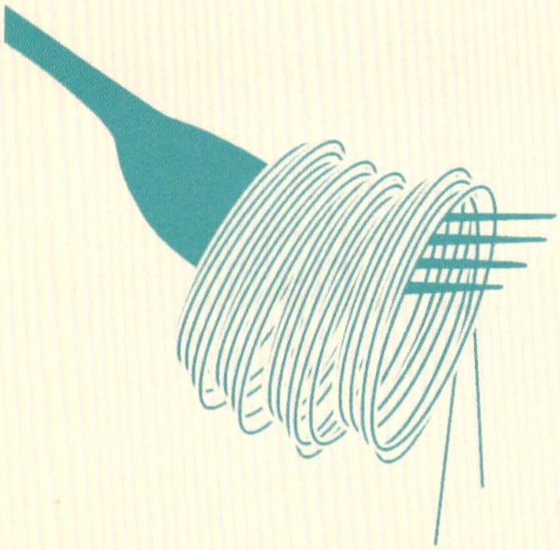

Gabelspitze mit den Nudeln im rechten Winkel zum Löffel zu drehen. Dies wird selbst in Italien akzeptiert. Das Zerschneiden der Spaghetti mit dem Messer sollte jedoch tunlichst unterbleiben, obwohl es in Deutschland in der Vergangenheit geduldet wurde.

Spareribs

Spareribs sind nicht nur in Amerika beliebt. Man darf sie mit den Fingern essen – zumindest dann, wenn die Rippen bereits zerteilt sind. Ansonsten gibt es spezielle Steakmesser.

TIPP

Spaghetti lassen sich besonders einfach mit der Gabel aufdrehen, wenn man Parmesan darauf streut, da dieser der Pasta zusätzlichen Halt gibt. Doch egal, wie sie verzehrt werden: Spaghettienden, die von der Gabel herunterhängen, dürfen nicht einfach abgebissen werden. Aufrollen ist unverzichtbar.

Mit diesen lassen sich die Rippchen trennen. Meist wird eine Soße dazu serviert, in die man die Spareribs tauchen kann. In den meisten Fällen wird (ähnlich wie bei Hähnchen) ein Erfrischungstuch dazu gereicht, um das Fett (zumindest im Groben) von den Händen entfernen zu können.

Spargel

Spargel gilt als besonders edles Gemüse. Es stammt ursprünglich aus Persien. Hierzulande gibt es weißen (unterirdisch gewachsenen) und grünen Spargel. Kenner servieren Spargel so, dass er auf dem Teller mit dem Kopf nach links zeigt. Natürlich nicht ohne Grund. Er wird stets mit dem Kopf zuerst gegessen. Während dies früher umständlich mit Gabeln, die die Spargelstangen gekonnt zum Mund balancierten, erfolgte, darf er heutzutage mit Messer und Gabel geschnitten werden. Allerdings isst man – früher wie heute – den Kopf stets zuerst.

Spargel wird bevorzugt mit Sauce Hollandaise oder warmer, flüssiger Butter serviert. (Hier sind die Kartoffeln ein Musterbeispiel dafür, dass es sich lohnt, die alte Regel, wonach sie nicht mit dem Messer zerschnitten werden dürfen, sondern mit der Gabel zerteilt werden, beizubehalten. Dann nimmt die unebene Ober-

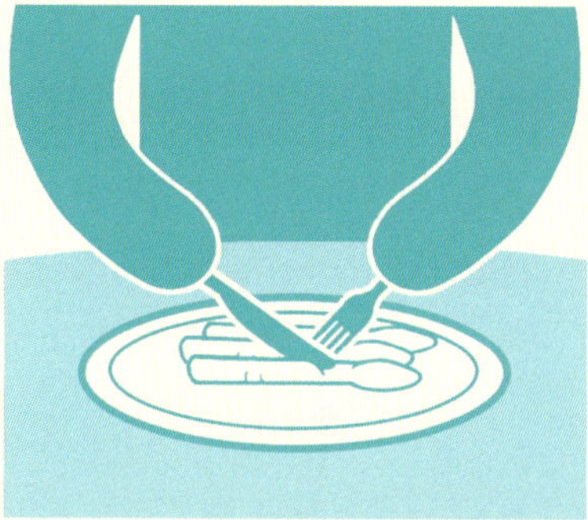

fläche mehr Butter oder Sauce Hollandaise auf.) Ein trockener, leichter Weißwein, z. B. Pinot Grigio oder fruchtig-trockener Riesling, harmonieren mit Spargel besonders gut.

Steinobst

Steinobst wird mit einem Obstmesser serviert. Zur Gattung von Steinobst zählen beispielsweise Zwetschgen, Pfirsiche, Aprikosen, Nektarinen etc. Dieses Obst zeichnet sich dadurch aus, dass es in die Hand genommen werden muss. Am einfachsten nimmt man das Obst in die linke Hand und ritzt es bis zum Stein ein. Dann wird es mit dem Messer umkreist, um anschließend halbiert werden zu können. Die noch am Stein haftenden Hälften lösen sich vom Stein, wenn man sie gegeneinander dreht. Nun können die Hälften entweder mit der Hand in den Mund geführt werden oder aber mit dem Besteck. Beides ist zulässig.

Suppe

Suppe soll weder geschlürft noch kaltgepustet werden. Der Suppenlöffel wird nach dem Verzehr mit abgeräumt. Der Suppenlöffel liegt entweder ganz oben über dem Platzteller oder wird, gleichzeitig mit der Suppe, vorgelegt.

Kompliziert wird es bei der Frage, ob Suppe „getrunken" werden darf. Dies hängt wiederum von der Tellerart und der Suppenart ab. Cremesuppen und Suppen mit viel Inhalt (Nudelsuppe, Flädlesuppe) isst man mit dem Löffel. Bei Suppentassen, bei denen (nur) noch Brühe übrig ist, darf man den Rest trinken. Bei einer reinen Brühe, die in einer Tasse serviert wird, darf man sogar, nachdem man zuerst einen Löffel davon gekostet hat, um die Temperatur zu überprüfen, alles trinken. Allerdings jeweils in kleinen Schlucken. Vorsicht: Suppenteller sollten möglichst nicht schräg gekippt werden, um den Rest besser auslöffeln zu können. Dies bleibt nach wie vor unschicklich!

Sushi

Sushi bestehen hauptsächlich aus rohem Fisch und Reis. Sie sehen meist sehr hübsch aus – kreativ und aufwendig arrangiert. Dies spricht vor allem das Auge an. Die Fischfilets sind hauchdünn geschnitten und stammen hauptsächlich von Lachs, Thunfisch, Makrelen, Zander und anderen Fischen. Sie werden meist in Rotalgenblätter gehüllt und in handliche Röllchen geschnitten zusammen mit Wasabi (grünem Meerrettich) und Sojasoße serviert. Essen kann man Sushi sowohl mit den Fingern als auch mit Stäbchen. Man verrührt etwas Wasabi in der in einem Schälchen gereichten Sojasoße und dippt die Sushi ein.

Torte

Torte isst man mit einer Kuchengabel und (trotz Creme- oder Sahnefüllung) nicht mit dem Kaffeelöffel. Sahne als solche wird nie auf, sondern immer neben der Torte oder dem Kuchen serviert.

Wachteln

Wachteln werden meist halbiert serviert. In diesem Fall sollten sie zunächst mit Messer und Gabel verzehrt werden. Erst wenn sich keine weiteren Bestandteile lösen lassen, ist es angebracht, die Finger einzusetzen. Anders verhält es sich bei filetiertem Wachtelfleisch. Es lässt sich einfach mit Messer und Gabel essen.

Weinbergschnecken

Weinbergschnecken werden manchmal mit, manchmal ohne Schneckenhaus in einer speziellen Schneckenschale serviert. Meistens stehen sechs Schnecken als Portion auf der Speisekarte. Im Gegensatz zur allgemeinen Regel, dass man Brot nicht tunken darf, ist dies beim Schneckenessen erlaubt. Für Schnecken gibt es spezielle Bestecke, nämlich eine Zange und eine kleine zweizinkige Gabel. Die Zange dient dazu, nach dem Gehäuse zu greifen und es auf den Teller (oder einen großen Löffel) legen zu können. Die kleine Gabel eignet sich besonders gut dazu, das Fleisch herauszuziehen.

Weintrauben

Weintrauben lassen sich elegant essen, indem man mit der speziellen Schere eine Traube (z. B. mit zehn Stück) davon abschneidet und auf den eigenen Teller legt. Nun darf man Stück für Stück von Hand abzupfen und essen.

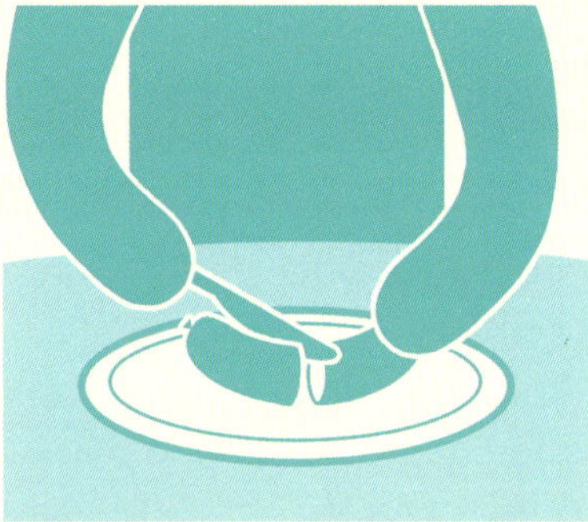

Weißwurst

Weißwurst ist nicht nur eine Münchner Spezialität, sondern auch eine Einstellung. Es gibt sogar bereits spezielle Abhandlungen zum Thema „Weißwurst-Knigge". Wer eine Weißwurst nicht fachgerecht isst, der erntet leicht böse Blicke von Einheimischen, Kellnern und anderen Kennern.

Bereits der Bestellvorgang ist eine Philosophie für sich. Zunächst gilt es, eine ungerade Zahl zu bestellen. Die Zahl eins ist zwar ungerade, aber auch „ungültig". Unter keinen Umständen darf man Weißwürste nach 12 Uhr mittags bestellen. Ein alter Münchner Spruch besagt nämlich, dass Weißwürste das Mittagsläuten (der Kirchen) nicht hören dürfen.

Dazu schmeckt ein Weißbier oder Helles, Brezen und zur Krönung Weißwurstsenf. Weißwurstsenf gewinnt seinen süßen Geschmack hauptsächlich durch karamellisierten Zucker. Sauerkraut oder Ketchup gelten als böser Fauxpas.

Methoden, um die Wurstspezialität zu essen, gibt es viele. Die klassische Art sieht vor, dass man sie aussaugt. Hier wird das kleine Ende abgebissen und auf dem Tellerrand abgelegt. Der Inhalt wird ausgesaugt, wobei Schmatzgeräusche meist unvermeidbar sind, aber akzeptiert werden. Manche halbieren die Wurst zuerst, um sie dann auszusaugen. Andere schneiden die Wurst horizontal mit einem scharfen Messer auf und pellen die Haut mit der Gabel seitlich so ab, dass sie stückchenweise davon abtrennen können. Als eher verpönt gilt es, scheibchenweise davon abzuschneiden. Nicht ohne Grund: Spritzer treffen unter Umständen die Tischnachbarn. Wer den eher komplizierten „Kreuzschnitt" beherrscht, schneidet 45-Grad-winklige Dreiecke in die Wurst, ohne die untere Haut zu zertrennen. Doch egal welche Methode angewandt wird: Verpönt ist, wenn unsachgemäß Hautreste mit viel Brät am Tellerrand liegen.

Zucker

Zucker ist für viele Menschen im Kaffee oder Tee unabdingbar. Sollte bei Würfelzucker eine kleine Zuckerzan-

ge dabei liegen, dann gehört es sich, diese zu benutzen. Fehlt sie, dann greift man mit den Fingern nach den Stücken. Allerdings darf kein Zuckerstück, das berührt ist, in die Schüssel zurückgelegt werden.

Tischgespräche

Gespräche bei Tisch sind durchaus angebracht und auch erwünscht. Allerdings sind hier einige (heikle) Themen absolut tabu. Dazu zählen Politik, Krieg, Krankheit und schwerwiegende persönliche oder sonstige Probleme. Es empfehlen sich unverbindliche und „nette" Themen, z. B. Urlaub, Mode oder Film. Als besonders guter Einstieg bieten sich das Essen, die Tischdekoration oder die Getränke etc. an. Beliebt bei privaten Anlässen ist auch die Frage, woher man den Gastgeber kennt. Auch hier gilt – wie bei Small Talk generell – dass man die Themen Politik und Religion außen vor lassen sollte. Wird man jedoch zu einem bestimmten politischen Ereignis befragt, kann man die eigene Meinung durchblicken lassen, aber nicht radikal vertreten.

BENIMMPROFIS PRIVAT

„Wer im Verkehr mit Menschen die Manieren einhält, lebt von seinen Zinsen, wer sich aber über sie hinwegsetzt, greift sein Kapital an.“ (Hugo von Hofmannsthal, 1874–1929)

Im Privatleben lauern allerhand Fettnäpfchen. Da ist z. B. die Kleiderordnung, die man bei Partys beachten sollte. Im Sport sind Fairness und Respekt gegenüber anderen Sportlern unbedingt zu beachten. Bei Hotelaufenthalten ergeben sich Fragen, z. B. ob man seine Koffer selbst trägt. Und bei einem Besuch im Krankenhaus, bei Trauerfällen oder anderen formalen Anlässen ist Fingerspitzengefühl gefragt. Aber selbst für die allerprivatesten Dinge, etwa beim Flirten und beim Dating, sind gewisse Regeln einzuhalten, wenn man zu Erfolg kommen will.

Überhaupt ändert sich im privaten Umgang miteinander derzeit sehr viel, da ständig neue mobile und digitale Möglichkeiten der Kontaktaufnahme und -pflege entstehen. Zunehmend fließend werden die Übergänge zwischen Beruf und Privatleben, da über soziale Medien wie beispielsweise Facebook oft parallel in beiden Bereichen kommuniziert wird. Insbesondere bei Postings in sozialen Netzwerken lauern sehr viele Gefahren.

Und wie bei allem gilt: Früh übt sich! Kinder, die bereits frühzeitig wesentliche Grundlagen guten Benehmens lernen, können sich als Erwachsene beruflich und gesellschaftlich besser behaupten.

„Prosit!" – Party-Benimm für Gastgeber und Gäste

Auf Partys geht es meist lustig und eher locker zu. Allerdings sollten sowohl bei betrieblichen als auch bei privaten Einladungen gewisse Benimmregeln nicht völlig außer Acht gelassen werden. Schließlich möchte jeder gerne ein zweites Mal eingeladen werden. Während auf privaten Partys vieles weniger eng gesehen wird, sollte man bei Betriebsfeiern immer daran denken, dass es sich bei den anwesenden Gästen um Kolleginnen und Kollegen handelt.

Die lieben Nachbarn

Auch wenn die Party noch so schön ist, sollten Sie auch an die Nachbarn denken. Am besten ist es, sie schon ein paar Tage vor dem Fest zu informieren und um Verständnis zu bitten. Machen Sie einen Aushang im Eingang des gemeinsamen Wohnhauses oder werfen Sie Flugblätter bei den Betroffenen ein. Darauf könnte z. B. stehen: „Wir feiern am Samstag ab 20 Uhr meinen 40. Geburtstag. Wir werden uns bemühen, nicht zu laut zu sein. Sollten Sie sich dennoch gestört fühlen, kommen Sie einfach vorbei und feiern mit." Bei Gartenpartys sollten Sie auf jeden Fall ab 22 Uhr die Musik leiser machen und die Gäste nach und nach ins Haus bitten.

Eine private Party ausrichten

Gastgeber und Gastgeberinnen haben auch bei privaten Einladungen nicht nur Pflichten. Ihnen stehen auch Rechte zu. Zunächst dürfen alle Personen eingeladen werden, die erwünscht sind. Unerwünschte Personen brauchen nicht höflichkeitshalber eingeladen zu werden. Allerdings schadet es nicht, derartige Personen anstandshalber einzuladen, wenn man ganz sicher weiß, dass sich diese zum maßgeblichen Zeitpunkt nicht in der Nähe des Veranstaltungsorts aufhalten oder aus zwingenden Gründen verhindert sind. Dies erspart sowohl der unerwünschten Person als auch dem Gastgeber unangenehme Fragen, weshalb die „persona non grata" nicht da sei.

Per E-Mail oder formal?

Dem Gastgeber einer Party obliegen jedoch auch gewisse gesellschaftliche Pflichten. Zunächst sollte er alle Gäste per Einladung darüber in Kenntnis setzen, wann und wo das Ereignis stattfindet. Heute ist es nicht unüblich, dass eine solche Einladung per E-Mail ausgesprochen wird. Trotz des formlosen Rahmens ist auch hier eine Antwort gefragt: Wer sich nicht rückmeldet, ob er teilnimmt, aber dennoch erscheint, bringt den Gastgeber womöglich in Planungsnöte – oder bekommt nicht mitgeteilt, wenn die Party kurzfristig abgesagt wurde, da beispielsweise der Gastgeber erkrankte.

Trotz aller Digitalisierung: Zu sehr edlen und wichtigen Anlässen, z. B. einem 80. Geburtstag im Burgrestaurant, wird weiterhin mit einer individuell gedruckten Karte eingeladen. Man sollte solche Karten grundsätzlich mit dem Vermerk u.A.w.g. (um Antwort wird gebeten) und einer Frist versehen, in der man sich anmelden muss.

Bewirtung

Einladungen mit dem Vermerk „u.A.w.g." sind übrigens auch bei weniger festlichen Anlässen praktisch. Denn die Frage, ob z. B. Salat oder Kuchen mitgebracht werden sollen und wer dies übernimmt, kann dann gleich (z. B. telefonisch oder per E-Mail) geklärt werden. Der Gastgeber muss dann dafür sorgen, dass Dopplungen vermieden werden. Solche Probleme entfallen, wenn ein Catering-Service für die Verpflegung sorgt bzw. wenn man alles selbst organisiert.

Im Zweifel gilt: Lieber etwas mehr servieren als zu wenig. Es müssen auch genügend Getränke auf den Tischen stehen (auch alkoholfreie!). Um vorzubeugen, dass zu wenig Getränke gekauft wurden, und um zu verhindern, dass viele Flaschen übrig bleiben, kann man auch auf Kommission kaufen. Fast alle Getränkehändler bieten diesen Service an. Was übrigbleibt, geht nach der Feier an den Händler zurück.

Zudem sollten ausreichend Sitz- oder Stehplätze für alle Gäste bereitstehen.

TIPP

Immer auch verschiedene alkoholfreie Getränke anbieten. Betrunkenen Gästen ein Taxi rufen und ihnen sagen, dass sie ihr Auto gerne stehen lassen und am nächsten Tag abholen dürfen.

Raucher
Falls im Gebäude (z. B. laut Mietvertrag) ein Rauchverbot besteht bzw. man keinen Rauch in der Wohnung duldet, dann bieten Balkone oder Gärten Platz, einen Aschenbecher aufzustellen. Raucher können gegebenenfalls nach draußen gehen. Dieses Angebot nehmen die meisten gerne an.

Der Gast und seine Pflichten

Die Einladungskarte sollte mindestens einen Tag vor der Feier nochmals genau durchgelesen werden. Bei Unsicherheiten fragt man den Gastgeber um Rat, was den Dresscode anbelangt. Gäste, die eine private Einladung erhielten, sollten dem Gastgeber ein kleines Gastgeschenk mitbringen. Über eine kleine Aufmerksamkeit freut sich jeder. Dies gilt ganz besonders, wenn man sich als Übernachtungsgast einquartiert.

Übernachtungsgäste
Übernachtungsgäste, die nicht einmal einen Blumenstrauß oder einen Wein mitbringen, gelten als unhöflich. Auch wenn es nur ein Geschenk von geringem Wert ist, es gilt als Zeichen des Dankes für den Gastgeber, dem durch den Übernachtungsgast zusätzliche Arbeit entsteht. Übernachtungsgäste sollten vorab klären, ob Gästebett oder Schlafsofa etc. vorhanden sind, bzw. ob sie eigenes Bettzeug oder eine Isomatte mitbringen sollen.

Zu Gast auf Mottopartys
Mottopartys sind nach wie vor sehr in Mode. Als Gast sollte man unbedingt versuchen, das Motto mitzutra-

TIPP

Was tun, wenn das Gastgeschenk vergessen wurde? Notfalls kann man auch hinterher eine kleine Aufmerksamkeit, z. B einen Blumenstrauß, zusammen mit ein paar Dankesworten für die Einladung zusenden.

TO-DO
- Kleines Gastgeschenk mitbringen
- Den Gastgeber nach Übernachtungsmodalitäten fragen
- Grundausstattung an Handtüchern und Mitteln zur Körperpflege mitnehmen

TABU
- Ohne Gastgeschenk eintreffen
- Sich darauf verlassen, dass beim Gastgeber alle für eine Übernachtung nötigen Utensilien vorrätig sind

INFO

gen und sich entsprechend kleiden. „Bad-Taste-Partys" erfreuen sich großer Beliebtheit. „Bad Taste" bedeutet „schlechter Geschmack" – dies darf jedoch nicht mit schlechten Manieren verwechselt werden! Es geht vielmehr darum, möglichst schlecht gekleidet zu erscheinen, beispielsweise mit alten, unmodischen Kleidungsstücken oder mit Kleidungsstücken, die in keiner Weise miteinander harmonieren. Geschäftsleute, die täglich in Anzug und Krawatte auftreten, genießen es durchaus, einmal „aus der Rolle zu fallen", was die Kleidung anbelangt.

Generell sind der Kreativität bei Mottoparty keine Grenzen gesetzt. Allerdings sollte man nicht den Fehler begehen, ganz normal gekleidet zu erscheinen. Dies könnte schnell missverstanden und als Arroganz interpretiert werden. Abgesehen davon ist es ziemlich peinlich, wenn jemand nur deshalb auffällt, weil er „normal" gekleidet ist.

Der Gast und seine Kinder

Gäste mit jungem Nachwuchs sollten rechtzeitig überlegen, ob sie ihre Kinder mitnehmen möchten oder besser einen Babysitter beauftragen, der daheim auf die Kleinen aufpasst. Letzteres bringt den großen Vorteil mit sich, dass sich die Erwachsenen in aller Ruhe mit den Gastgebern und anderen Gästen unterhalten können, ohne dass die Kinder ständig ihre Aufmerksamkeit beanspruchen. Die Kinder brauchen sich dann auch nicht unter all den Erwachsenen zu langweilen.

Gäste, die ihre Kinder mitbringen, sollten darauf achten, dass diese sich gut benehmen. Dazu zählt vor allem, dass sie sich nicht ständig in den Mittelpunkt der Aufmerksamkeit drängen. Letztlich sollte dem Kind vorab bewusst gemacht werden, dass es als Gast eingeladen ist und insbesondere nichts kaputt machen darf, da es fremdes Eigentum ist. Kinder verstehen das am besten, wenn ein schlüssiger Grund genannt wird, z. B., dass man auch ein zweites Mal eingeladen werden möchte (mehr dazu s. unter „Früh übt sich ..." – Kleiner Kinder-Knigge). Außerdem sollte man nicht zu spät nach Hause gehen, da Kinder, wenn sie müde werden, gerne anfangen zu quengeln.

Allgemeine Tipps für Gäste

- Nicht unentschuldigt von der Feier fernbleiben
- Kleidung dem Anlass entsprechend auswählen
- Gegebenenfalls erkundigen, ob Kinder anwesend sein werden
- Gegebenenfalls fragen, ob man einen Hund mitbringen darf (und eine Wasserschüssel für den Hund mitbringen)
- Kontakt zu anderen Gästen suchen
- Small Talk führen
- Kleine Aufmerksamkeit als Gastgeschenk mitbringen
- Fragen, ob man etwas Essbares mitbringen soll
- Fragen, ob Unterstützung in der Küche gewünscht wird
- Dem Gastgeber gegebenenfalls behilflich sein oder zumindest Hilfe anbieten, was Tischdecken, Küchenarbeit etc. anbelangt
- Nicht mehr Alkohol konsumieren, als man verträgt
- Streit mit anderen Gästen vermeiden
- Hitzige Diskussionen zu heiklen Themen wie Politik oder Wirtschaft vermeiden
- Sich nicht selbst ständig in den Mittelpunkt stellen (also z. B. nicht permanent Monologe halten)
- Höflich zu allen Gästen sein

Partygepäck für Kinder

Gegebenenfalls sollte genug Spielzeug eingepackt werden (besser zu viel als zu wenig), damit sich das Kind bzw. die Kinder nicht langweilen. Vorsichtshalber sollte man den Gastgeber auch fragen, ob noch mehr Gäste mit Kindern erscheinen und wie alt deren Kinder in etwa sind. Wenn nämlich mehrere Kinder erwartet werden, dann liegt die Wahrscheinlichkeit hoch, dass diese sich gegenseitig unterhalten. Weiterhin bietet sich die Frage an, ob das Kind gegebenenfalls ab einer gewissen Uhrzeit an einer ruhigen Stelle (z. B. im Arbeitszimmer der Gastgeber) schlafen darf. Ein spezieller Kinderschlafsack gehört dann ebenfalls ins Gepäck der Gäste.

„Darf ich bitten?" – Tanzen gehen

Es gibt Anlässe, wie beispielsweise einen Silvesterball, aus deren Namen bereits hervorgeht, dass getanzt wird. Auf der Tanzfläche sind alle Menschen gleich. Ob Professor oder Hausmeister – allein gutes Benehmen und gekonntes Auftreten entscheidet.

Im Gegensatz zu früher hat sich bei Tanzveranstaltungen allerdings viel geändert. Dazu zählt unter anderem die Abschaffung der sogenannten Pflichttänze. Nicht geändert hat sich hingegen die Regel, dass das Jackett beim Tanzen immer geschlossen sein muss.

Da Frauen laut Statistik lieber tanzen als Männer, sollten Gastgeber vorsichtshalber noch ein paar zusätzliche männliche Gäste auf die Einladungsliste setzen. Keine möchte als Mauerblümchen am Tisch sitzen, während alle anderen fröhlich tanzen.

Die Aufforderung zum Tanz

Deutsche Tanzlehrer gehen davon aus, dass bei öffentlichen Tanzveranstaltungen ein Herr eine Dame zum Tanz auffordern kann, ohne sich vorstellen zu müssen. Allein die Anwesenheit einer Person in einem Tanzlokal signalisiert, dass eine

Früher	Heute
Pflichttänze – jeder Herr musste mit jeder am Tisch sitzenden Dame einmal getanzt haben.	Pflichttänze mit allen am Tisch sitzenden Damen sind abgeschafft.
Sechs Verbeugungen des Mannes waren für einen einzigen Tanz notwendig.	Viele Verbeugungen macht man nur noch gegenüber der älteren Generation (ein „Grußnicken" genügt).
Bei Damenwahl durfte eine Frau nur Bekannte, Verwandte oder Freunde zum Tanz auffordern.	Dame darf bei Damenwahl auffordern, wen sie möchte.

grundsätzliche Bereitschaft zum Tanzen besteht.

Nicht jede Frau möchte mit jedem Mann tanzen und nicht jeder Herr mit jeder Dame – das ist ganz selbstverständlich. Wer eine freundliche Bitte um einen Tanz ablehnt, der verteilt einen sogenannten Korb. Aus den Augen- und Mundwinkeln unbeteiligter Beobachter lässt sich dann oft ein schadenfrohes Grinsen wahrnehmen. Bereits deshalb gilt er als „gefürchtet", zumal sich der oder die Fragende blamiert fühlen könnte. Ein höflicher Mensch wird die Ablehnung deshalb immer so taktvoll wie möglich vermitteln. Keinesfalls sollte man die Ausrede benutzen, man tanze gar nicht, und kurz darauf mit einer anderen Person tanzen. Höfliche Männer widmen den ersten Tanz ihrer Begleiterin bzw. ihrer Tischdame und fordern im Laufe des Abends auch die Gastgeberin auf.

Damenwahl

Früher räumte die Etikette Frauen kein volles Wahlrecht im Rahmen der Damenwahl ein. Die Auswahl beschränkte sich auf Männer, die zum Bekanntenkreis zählten. Heute fragen Frauen jene Männer, mit denen sie gerne einmal tanzen möchten, ganz ungezwungen: „Wollen wir tanzen?" Meist machen sich ein paar nette Worte zur Begleiterin des Mannes gut (z. B. „Sie haben doch sicher nichts dagegen einzuwenden, wenn ich Ihren Begleiter auf einen Foxtrott entführe?"). Auch hier darf ein Mann freundlich einen Korb geben.

INFO

TO-DO

- Der männliche Tänzer führt.
- Beim Tanzen muss das Jackett zugeknöpft bleiben.
- Freundliche Worte oder zumindest ein freundliches Nicken zur Begleitperson der zum Tanz aufgeforderten Person sollten selbstverständlich sein.
- Einen Tanzwunsch gegebenenfalls möglichst höflich und diplomatisch ablehnen

TABU

- Die Tanzkenntnisse einer anderen Person ignorieren
- Die Tanzwünsche (welche Tanzart auf welche Musik) der anderen Person missachten
- Einen Nichttänzer öffentlich auffordern, endlich einen Tanzkurs zu machen

„Kleider machen Leute" – Kleidung für besondere Anlässe

Manche Einladungen enthalten eine „Kleidungsempfehlung". Dies ist recht praktisch, da sich der Gast daran orientieren kann. Auf diese Art vermeidet er „under-" oder „overdressed" (also zu leger oder zu vornehm gekleidet) zu erscheinen.

TIPP

Es gibt Anlässe, die eine besondere Kleidung verdienen, und es gibt Kleidung, die (vom Fasching abgesehen) nur zu bestimmten Anlässen getragen werden kann. Dazu zählen neben Ballkleidern u. a. Smoking, Frack und Stresemann.

Für Damen

Ballkleider

Insbesondere auf großen Silvesterbällen oder ähnlichen Veranstaltungen bietet sich das Tragen eines Ballkleides an – eines meist bodenlangen Kleides aus edlen Stoffen und mit eleganten Schnitten. Secondhandshops bieten oft günstigere Exemplare an. Ballkleider können auch beim Kostümverleih geliehen werden. Sie sollte gut sitzen (keine „Wurstpelle") und nicht zu viel nackte Haut zeigen.

Dirndl

Dirndl und Trachtenmode erfreuen sich bei Frauen zunehmender Beliebtheit. Es gibt bereits günstige „Spaß-Dirndl" für 20 Euro, aber auch sehr hochwertige aus edlen Materialien, die über 1000 Euro kosten. Dazwischen gibt es Kleidung im mittleren Preissegment. Für 100 Euro gibt es Dirndl, die sich eignen, wenn Festzelte besucht werden oder private Tische reserviert wurden. Die hochwertigen empfehlen sich zu Business-Einladungen. Viele Firmen reservieren in den Loungen der Volksfeste Tische, da dies insbesondere für ausländische Kunden höchst interessant ist. Manche

Dirndl lassen sich auch in Kostümverleihen mieten.
Frauen, die sehr viel Dekolletee zeigen, dürfen sich jedoch nicht darüber wundern, dass Männer einen Blick darauf werfen und Komplimente machen. Gleiches gilt für zu kurze Dirndlröcke. Mit einer Rocklänge, die etwa eine Hand breit unter dem Knie endet, kann man nichts falsch machen, und Dirndlblusen gibt es auch in höher und hochgeschlossen. Zu Dirndln empfiehlt sich ein Schuh mit flachem (z. B. Ballerina) oder etwa 3,5 cm hohem, breitem Absatz, da bei Volksfesten gern auf den Bänken getanzt wird – auch in den VIP-Lounges.

Für Herren

Frack

Der Frack gilt als einer der festlichsten Gesellschaftsanzüge. Klassische Frackfarben sind Schwarz und Nachtblau. Vorne ist die Frackjacke kurz und tailliert. Hinten reicht sie bis etwa zu den Kniekehlen. Die Jacke ist offen, damit Hemd, weiße Frackschleife und die (ein oder zweireihige) weiße Pikeeweste und deren glänzenden Knöpfe besser zur Geltung kommen. Eine elegante Taschenuhr und ein Zylinder bieten sich an. Dunkle Lacklederschuhe gelten als selbstverständlich. Dünne, knielange Strümpfe aus schwarzer Seide runden das vornehme Erscheinungsbild ab.

Der Smoking

Der Smoking besteht aus einer dunkelblauen, nachtblauen oder schwarzen Hose mit Seidenborte (auch Galon genannt) an den Außenseiten. Die Hose hat keinen Aufschlag. Die nahtlosen Schuhe sind nicht geschnürt. Das Jackett stimmt farblich mit der Hose überein und

Die Fliege

Die klassische Fliege ist schwarz. Es gibt aber auch elegante bunte Fliegen, die man zur Smokingjacke (bzw. dem Spenzer) oder dem Kummerbund tragen kann. Diese schwarze Fliege heißt in Frankreich „cravatte noir" und in England „black tie". Daher sollte man dies niemals wörtlich nehmen und mit schwarzen Krawatten verwechseln.

zeichnet sich durch einen seidenen Schalkragen oder ein seidenes Revers aus. Einreihige Revers erfordern einen „Kummerbund“ oder eine Weste. Zudem sollte das Einstecktuch dieselbe Farbe haben wie die Fliege. Diese ist klassischerweise schwarz. Das weiße Hemd hat oft dezente Verzierungen.

Der Cut

Der Cutaway, umgangssprachlich Cut genannt, hat sich aus dem Gehrock entwickelt. Er wirkt lässig und edel zugleich. Zur grauschwarz gestreiften Hose trägt man eine einreihig geknöpfte graue Jacke mit Schwalbenschwanz. Allerdings fallen die langen Enden beim Cut schräg von vorne nach hinten. Dies erklärt auch, weshalb man ihn Cut nennt. „Cut away“ heißt nämlich „abgeschnitten“. Ein weißes Frackhemd und eine silbergraue Weste gelten als obligatorisch. Eine Krawatte ist nicht zwingend vorgeschrieben, aber wer sich für eine entscheidet, sollte eine Krawattennadel dazu tragen. Ansonsten kann man auch zum breiten Seidenschal mit Perlennadel greifen. Wer einen Mantel dazu trägt, muss darauf achten, dass er erstens schwarz und zweitens einreihig ist. Der Cut gilt als Festausgabe des Stresemanns.

Der Stresemann

Der Stresemann sieht aus wie ein Cut ohne Schwalbenschwänze. Diese waren dem einstigen Außenmi-

TO-DO

- Einen Smoking anziehen, wenn auf der Einladung „Gesellschaftsanzug“ oder „kleiner Gesellschaftsanzug“ steht
- Wer zum Cut gerne einen Mantel tragen möchte, muss darauf achten, dass der Mantel schwarz und einreihig ist
- Schwarze, knielange Seidenstrümpfe zum Frack tragen
- Die Frackjacke offen tragen

TABU

- Smoking ohne Kummerbund
- Schnürschuhe zum Smoking
- Zweireiher offen tragen
- Socken, die so kurz sind, dass beim Sitzen das entblößte Bein zu sehen ist
- Tennissocken oder bunte Socken
- Schwarze Krawatte tragen, wenn auf Einladung „black tie“ oder „cravatte noir“ steht
- Kleidungsempfehlung auf Einladung ignorieren
- Brauner Anzug bei offiziellen oder abendlichen Anlässen

INFO

nister der Weimarer Republik, Gustav Stresemann, dem dieser Anzug seinen Namen verdankt, zu umständlich. Es gelang ihm, eine einfachere Version in die hohen Reihen der Politik einzuführen. Man trägt ihn in dunklen Farben. Die gestreifte Hose unterscheidet ihn vom Anzug.

Der dunkle Anzug

Mit einem dunklen Anzug liegt man fast immer richtig. Sofern in der Einladung nicht ausdrücklich ein Gesellschaftsanzug oder Ähnliches steht, eignet er sich als Musteranzug zu allen Anlässen. Modisch gesehen ist er relativ zeitlos. Von dunkelblau über mittelgrau, dunkelgrau bis schwarz lässt sich alles unter „dunkler Anzug" subsumieren. Allerdings sollten die Strümpfe den allgemeinen Kriterien entsprechen – also einfarbig, ohne Motive und lang genug, dass das Bein auch beim Sitzen bedeckt ist.

Lederhose & Co.

Männer können bei Volksfesten und vor allem in den dortigen Loungen das richtige Schuhwerk (möglichst Lederschuhe, die über den Knöchel reichen), eine Krachlederne, lange Wollsocken und ein traditionelles, festliches Trachtenhemd tragen. Wer nur zum Spaß dort ist kann auch ein Holzfällerhemd (in der Regel rot-weiß oder blau-weiß kariert) und Wanderschuhe tragen. Wer nichts parat hat, der sollte zumindest in Jeans und kariertem Hemd auftauchen. Abgerundet wird das Outfit durch einen Trachtenhut.

„Sie haben Post!" – Moderne Kommunikationsregeln

E-Mail, Smartphone, Internet: Bei der Nutzung unserer modernen Kommunikationsmittel herrscht eine besondere Unsicherheit in Bezug auf die Regeln, die hier gelten. Manche sind sogar der Meinung, dass hier jegliche Regeln über Bord geworfen werden können. Aber dem ist nicht so – schließlich geht es auch hier um einen respektvollen

Umgang mit anderen. Zudem kann man schnell Nachteile zu spüren bekommen, wenn man beispielsweise in sozialen Netzwerken problematische Kommentare hinterlässt oder zu persönliche Dinge postet.

Persönliche Daten im Internet

Laut einer repräsentativen Umfrage im Auftrag des Digitalverbands Bytom im August 2015 verzichten 85 % aller Nutzer aus Datenschutzgründen bewusst auf die Veröffentlichung von persönlichen Informationen oder Meinungen. Zudem gelten Aussagen zu politischen oder religiösen Themen für viele als tabu. 63 % verzichten auf Angaben zu ihrer sexuellen Orientierung, 45 % auf Fotos, auf denen sie selbst zu sehen sind, und 43 % sind in den Netzwerken nicht unter ihrem formaljuristisch echten Namen unterwegs.

E-Mail

Bei einer E-Mail sind ein vertrauenerweckender Absendername sowie ein seriöser Betreff entscheidend. Denn weshalb sollte jemand, der täglich 100 E-Mails erhält, ausgerechnet die von einer unbekannten Person mit einer seltsamen E-Mail-Adresse oder Betreffzeile öffnen?

E-Mail-Adresse und Betreff

Als Beispiel für eine seriöse E-Mail-Adresse ist eine Kombination aus Vornamen, Nachnamen und Firmennamen oder E-Mail-Anbieter geeignet. Namen wie „Skihasi21" oder „Michl66" wirken unseriös und sollten höchstens privat genutzt werden. Sind Name und Vorname schon vergeben, schlagen die Anbieter Alternativnamen vor, z. B. michaelmeier, michael-meier oder m.meier. Klingt der Absendername seriös, entscheidet der Betreff, ob die E-Mail geöffnet wird. Dieser sollte kurz und informativ sein: z. B. „Mietvertrag unterzeichnet", „Auto repariert", „Ihre Anfrage vom (Datum)" etc.

Aber was tun, wenn eine neue Bekanntschaft nach der E-Mail-Adresse fragt? Dann sollte man abwägen, in welcher Situation man sich gerade befindet. Wer sich z. B. auf einer Karnevalsveranstaltung als Cowboy verkleidet und irgendwann eine Indianerin küsst, sollte danach doch lieber eine Phantasie-E-Mail-Adresse parat haben und auch regelmäßig abrufen, bzw. eine „Catch-Them-All-Umleitung" auf seinen privaten Account legen, mit der Nachrichten be-

Der Aufbau einer E-Mail

E-Mails werden wie ein Brief aufgebaut: Kopf (Header), Inhalt (Body) und Signatur (Adresse des Absenders).

Header, also die Kopfzeilen, informieren den Leser über den Weg, den die Mail zurücklegte: Absender, Empfänger, Datum und Betreff.
Der Body (Textkörper) enthält den Inhalt. Technisch geht es um Zeichensätze, praktisch um Nachrichten, Mitteilungen, Fragen etc.
Der Anwender sollte darauf achten, dass deutsche Umlaute „ä, ö, ü" oft verzerrt dargestellt werden, was sich aber kodieren lässt. Wer vom Ausland schreibt, umgeht dieses Problem ganz einfach, indem er „ae", „oe" oder „ue" verwendet; also Mueller, statt Müller und statt „ß" einfach „ss" tippt.
Die Signatur (Unterschrift) ist freiwillig. Sie gibt z. B. Auskunft über den Namen, den Arbeitsplatz, die Adresse, die Telefonnummer etc. des Verfassers. Sie kann automatisch an jede E-Mail angehängt werden.

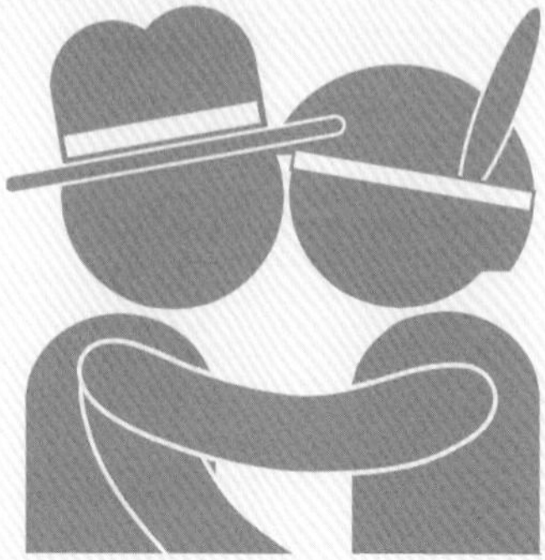

quem empfangen werden können. Ein Prof. Dr. Hans Klein von der XY-Universität mit der beruflichen E-Mail h.klein@Uni-XY.de könnte sich neben seiner gängigen Privat-E-Mail-Adresse z. B. haenschenklein@hotmail.com ausdenken. Die Indianerin vom Karneval könnte nämlich eine seiner Studentinnen, Kolleginnen oder sogar eine für seine wissenschaftlichen Projekte verantwortliche Entscheidungsträgerin sein.

E-Mail-Text

Von privater Post abgesehen, sollten E-Mails nicht zu lang sein. Der Empfänger kann nämlich ein „Zeichenlimit" setzen, das die Annahme zu langer Nachrichten verweigert. Der Lesefluss lässt sich durch deutliche Absätze, z. B. nach fünf bis sieben Zeilen, erleichtern. Zudem sollte man bedenken, dass Tablets oder Smartphones die Nachrichten aufgrund des kleineren Monitors auch kleiner darstellen. Dann lieber weniger Buchstaben pro Zeile schreiben!

Digitale Nachrichtendienste

Mittlerweile scheint es kaum noch vorstellbar, dass die Menschen zu Knigges Zeiten ohne Internet und

Mobiltelefon kommunizieren konnten. Aber es gab ja auch noch keine Computer – allenfalls Telegramme und Brieftauben.

TIPP

Bei allen Instant Messengern besteht die Möglichkeit, Kontakte zu blockieren. Sie können einem dann keine Nachrichten mehr schreiben. Wer sich belästigt fühlt, sollte dies einfach tun. Höflichkeit ist hier fehl am Platze.

Instant Messenger

Mittlerweile zählen Instant-Messenger-Dienste wie WhatsApp und Co. zum individuellen Kommunikationsalltag und haben die schon als klassisch geltende SMS beinahe überflüssig gemacht – denn im Gegensatz zur SMS ist Instant Messaging abgesehen vom grundlegenden Internettarif kostenlos.

WhatsApp gilt mit 800 Millionen Nutzern pro Monat als erfolgreichster Dienst. Die Smartphone-App gleicht bei der Anmeldung das Adressbuch mit den angemeldeten Nutzern ab und zeigt an, welche „Freunde" per WhatsApp erreichbar sind. Allerdings können dies auch Kollegen, Vorgesetzte oder Kunden sein, die man gespeichert hat, dies sollte man bei der Wahl von Profilfoto und Status berücksichtigen, denn sie sind für alle Kontakte sichtbar.

Neben Zwiegesprächen, in denen man auch Fotos und Videos austauschen kann, sind auch Gruppengespräche möglich. Sie bieten sich z. B. an, wenn man ein Treffen auf dem Weihnachtsmarkt plant und abspricht, wer mitkommt.

Problematisch ist, dass die Datenübertragung bei Instant Messengern nicht immer verschlüsselt erfolgt. Wenn es darum geht, wann man sich vor welchem Schuhgeschäft trifft,

Warnung: Keine Kinderfotos

Keinesfalls sollte man auf WhatsApp und Co. Fotos von seinen kleinen Kindern als Profilbild einstellen! Manche Manager tun dies absichtlich, da sie sympathischer auf Kunden oder Geschäftspartner wirken möchten. Bei Kinderfotos besteht stets überall die Gefahr, dass kriminelle und/oder pädophile Personen sie für kriminelle Zwecke missbrauchen. Selbst falls dies keine direkte Gefahr für die fotografierten Kinder darstellt – es ebnet dem Verbrechen an Kindern den Weg.

scheint dies unbedenklich. Empfindliche Daten sollte man jedoch besser telefonisch oder persönlich austauschen.
Dienste wie Threema oder Telegram gelten nach herrschender Meinung als datenfreundlicher als WhatsApp. Junge Leute chatten oft bevorzugt über den Messenger Jott. Dies ist sicherer, denn die App zerstört gesendete Nachrichten und erkennt, falls jemand einen Screenshot (ein Foto von dem, was auf dem Mobiltelefon sichtbar ist) davon macht.

Abkürzungen und Emoticons

In einer SMS sollten 160 Zeichen nicht überschritten werden. Beim Instant Messaging ist diese Begrenzung mittlerweile obsolet geworden, aber in der Zeit des massenhaften SMS-Versand haben sich zahlreiche Abkürzungen eingebürgert, die sich natürlich auch schneller tippen lassen und deshalb nach wie vor beliebt sind. Allerdings gibt es mittlerweile so viele Abkürzungen, dass man

sich gut überlegen muss, ob man sich unmissverständlich ausdrückt. „GN8“ steht z. B. für „gute Nacht“. Diese Abkürzung sollte aber nur in einem vertrauteren Rahmen verwendet werden. Zum Verabschieden kann man „cu“ schreiben was „see you“ ausgesprochen wird und so viel wie „Man sieht sich“ oder „Bis bald“ bedeutet. Zudem bieten sich Smileys an, um seine Gefühle auszudrücken: Freude, Trauer, Ironie, für jede Emotion gibt es einen passenden Smiley. Diese gelten als optimale Kommunikationsform zwischen verschiedenen Nationen. Übersetzungsprobleme lassen sich schnell lösen. Aber auch in deutschen Privatgesprächen sparen sie Zeit, Textmenge und sind ausdrucksstark. Aber Vorsicht: Auch hier kann es mitunter zu Missverständnissen kommen, da nicht jeder Smiley von allen Menschen gleich interpretiert wird. Auch vorgefertigte Standardtexte erleichtern das Schreiben von Nachrichten, z. B. „Bin in Besprechung, rufe zurück.“

TIPP

Wer Nachrichten auf seinem Smartphone in der Öffentlichkeit liest, Bilder betrachtet oder Videos anschaut, sollte stets bedenken, dass ihm jemand über die Schulter schauen könnte.

Foren und soziale Medien

Wer sich im Internet und dort speziell in sozialen Netzwerken, Webforen und Chatrooms bewegt, muss sich an so manche Regel halten. Einige sind mindestens so alt wie Knigge selbst und ergeben sich aus dem Bestreben nach einem guten Miteinander, andere sind eher neu und speziell an die digitale Umgebung angepasst.

Webforen

Wenn Artikel eingestellt werden, sollten die Rechtschreib- und Grammatikregeln befolgt werden. Niemand liest gerne einen Beitrag, der durch seine vielen Rechtschreibfehler auffällt, anstatt durch Inhalt zu überzeugen. Ansonsten gilt das Gesetz der Höflichkeit. Man sollte niemals unüberlegt schreiben oder gar

TIPP

Eine spezielle Vergrößerungssoftware erleichtert die Lesbarkeit von Texten und Grafiken insbesondere für Menschen mit Sehbehinderungen. Wer beruflich oder privat mit beeinträchtigten Menschen kommuniziert und sich schwer tut, die derzeit auf dem Markt angebotenen Kommunikationsmittel und deren Software zu nutzen, findet Rat und Hilfe unter der Webadresse: www.barrierefrei-kommunizieren.de.

zu Beschimpfungen greifen. Sonst vergrault man potentielle Leser und wird leicht als „troll" (jemand der absichtlich Beschimpfungen verteilt und diese provoziert) abgestempelt. Dann wird niemand auf das Geschriebene reagieren.

Wenn man sich auf einen vorherigen Artikel beziehen möchte, sollte man die relevanten Absätze wiederholen, jedoch niemals den ganzen Artikel. Mit Vorsicht sind Bilder, Programme, Liedtexte oder Zeitungsartikel zu zitieren. Dabei verletzt man eventuell Urheberrechte, was strafrechtlich verfolgt werden kann. Insgesamt ist darauf zu achten, dass man sich kurz fasst und die anderen User nicht durch Wiederholungen und Links zu Werbung oder seiner eigenen Homepage nervt, wenn dies nicht angebracht ist.

Facebook & Co.

Online-Netzwerke sind eine feine Sache, wenn man weiß, wie man damit umgehen muss. Natürlich ist es schön, alte Freunde wiederzufinden, Nachrichten zu versenden und Urlaubserlebnisse mit anderen zu teilen. Trotzdem sollte man sich im Klaren darüber sein, dass auch fremde Personen auf die Profile zugreifen können und man regelrecht ausspioniert werden kann, je nachdem was man für Sicherungseinstellungen gewählt hat. Deshalb ist es wichtig, sich vorher zu überlegen, welche Informationen man preisgeben will und was Dritte nichts angeht. Einem Fremden auf der Straße erzählt man ja auch nicht sofort seine ganze Lebensgeschichte ausführlich.

TIPP

Weniger ist mehr. Wissenschaftliche Studien ergeben, dass FB enormen psychischen Stress verursacht, da jeder meint, dass er etwas posten muss, um als erfolgreich, interessant und begehrenswert zu gelten.

Facebook, abgekürzt FB, gilt international als bekanntester Datendienst. Vorteilhaft ist, dass man weltweit kommunizieren und Daten (z. B. Fotos, Videos) austauschen kann. Genau dies ist jedoch der Schwachpunkt, denn FB gibt Daten weiter. Deutsche Datenschützer halten die Nutzungsregeln für rechtswidrig. Selbst Nichtnutzer müssen fürchten, dass allein beim Besuch der FB-Seite Daten gespeichert und in die USA weitergegeben werden. Die Voreinstellungen sind so programmiert, dass fast überall bereits ein Häkchen gesetzt ist. Daher sollte man die Einwilligung sorgfältig lesen und, falls möglich, Häkchen entfernen. Weltweit laufen verschiedene Klagen gegen FB. Zu beachten ist auch die Tatsache, dass FB seine Nutzungsregeln 2015 drastisch verschärft hat. Vermutlich zählt FB zu den problematischsten Portalen überhaupt, wenn es um Beruf und Karriere geht. Es wird zwar privat genutzt, durch falsche Einstellungen hat aber schnell auch der (potenzielle) Arbeitgeber Zugriff auf die preisgegebenen Informationen. Wer zu offen ist, kann seinem eigenen guten

Was weiß Facebook über mich?

Um ansatzweise herauszufinden was FB über einen weiß, sollte man den Link unter Einstellungen, Allgemein, „Lade eine Kopie deiner Facebook-Daten herunter“ anklicken. Dann wird man auf eine neue Seite geleitet, auf der die Zusammenstellung des persönlichen Archivs einleitbar ist. Nach Passwort-Eingabe erscheint kurz darauf ein Link im Posteingang. Die Informationen „unter der bei FB hinterlegten E-Mail-Adresse“ können sehr informativ sein.

Ruf schaden. Aber selbst wenn jeder peinlich genau darauf achtet, über sich selbst keine anstößigen Informationen oder unvorteilhafte Fotos online zu stellen, dann muss stets damit gerechnet werden, dass jemand seiner Kontakte (egal ob enger Freundeskreis oder Bekannte) etwas über ihn postet. Es ist so ähnlich, wie wenn man eine Postkarte schreibt. Der Briefträger kann alles lesen – und falls es versehentlich im falschen Briefkasten landet, dann können Nachbarn es auch lesen.

Xing & Co.

Xing zählt in Deutschland zu den wichtigsten Datenportalen. Es gibt die kostenlose Version und die kostenpflichtige. Letztere eignet sich insbesondere dann, wenn man wissen will, wer wann weshalb auf sein Profil geklickt hat. Xing ist zwar hauptsächlich ein Portal für die Geschäftswelt, wird aber zunehmend auch privat genutzt.

Selbstständige geben ihr Berufsprofil zwecks Kundenaquise oder Suche nach Geschäfts- oder Projektpartnern ein. Festangestellte ebenfalls, insbesondere für den Fall, dass ein anderer Arbeitgeber oder Headhunter auf sie aufmerksam wird und ein besseres Jobangebot unterbreitet. Allerdings wäre das unvorteilhaft, falls der aktuelle Arbeitgeber ebenfalls auf Xing ist und einen Blick auf dessen Profil wirft. Zudem kann dieser über einen (befreundeten) Dritten Einsicht in sein Profil nehmen.

Bei beruflichen Treffen kann man an-

Smartphone-Tabu

- Kein Tippen auf dem Smartphone in Krankenhäusern oder Wartezimmern, wenn ein Handyverbot ausgeschrieben steht.
- Unbedingt zu vermeiden ist, während eines Besuchs oder Gesprächs Nachrichten zu lesen oder Postings zu erstellen (außer, man tut dies gemeinsam). Verständlicherweise reagieren Gastgeber enttäuscht, wenn der Gast seine Aufmerksamkeit dem Handy widmet und nicht dem Gegenüber.

dere fragen, ob sie auf Xing sind. Dies erspart viel Zeit für Erklärungen. Man tauscht Visitenkarten aus und verweist darauf, dass ausführliche Informationen auf Xing ersichtlich seien. Manche setzten ihre Xing-Adresse gleich auf die Visitenkarte. Der Empfänger kann sich näher informieren – muss es aber nicht. Ist man jedoch auf Xing miteinander vernetzt, erfährt jeder von jedem (in oft unregelmäßigen Abständen) etwas, das ihn vielleicht interessiert. Man bleibt in Erinnerung.

LinkedIn gilt international als bekanntestes Internetportal für berufliche Informationen. Im Prinzip ist ähnlich es Xing. Allerdings ist es internationaler ausgerichtet. Problematisch jedoch wird es, wenn verschiedene Unternehmen, die mit FB kooperieren oder zu FB gehören, Daten sammeln. Dann kann es durchaus vorkommen, dass einem über FB ein Berufskollege oder Geschäftspartner unter der Rubrik „Leute, die Sie kennen könnten", vorgeschlagen wird. Auch hier kann es zu Peinlichkeiten kommen, z. B. wenn der Vorgesetzte sieht, wie man sich auf FB präsentiert.

Twitter

Viele lieben Twitter, denn damit lassen sich spontane Aufnahmen, plötzliche Einfälle oder Fragen online stellen und einem interessierten Kreis verfügbar machen. Kurz und knapp, denn mehr als 140 Zeichen pro Zeile sind nicht möglich – das ist leserfreundlich. Nutzer können anderen „folgen". Ihren Anhängern („Followern") können sie wiederum folgen, müssen es aber nicht. Veranstaltungs-

termine von Firmen oder Vereinen ankündigen ist kein Problem und jeder darf spontan seine Meinung (z. B. dass die Farbe braun für Autolackierungen selbst für einen Maybach unvertretbar sei) mitteilen oder etwas (z. B. einen Film) kritisieren. Allerdings darf niemand die Grenze zur Beleidigung überschreiten. Zudem lassen sich fremde Tweets kommentieren, loben oder an eigene Follower weiterleiten. Allerdings müssen alle stets damit rechnen, dass die ganze Welt, also auch Vorgesetzte, dies lesen können. Wer z. B. wegen Erkältung krank gemeldet ist, aber ein Foto vom Rosenmontagsumzug in Köln postet oder kommentiert, der muss mit Abmahnung oder Kündigung am Aschermittwoch rechnen.

Spezielle Bilderdienste

Der Bilderdienst Instagram boomt. Über 80 Millionen Fotos werden täglich online gestellt. Allerdings gehört Instagram zu Facebook, das den Dienst gekauft hat. Vorwiegend Leute unter 20 Jahren nutzen Instagram. Sie stellen sich gerne selbst dar und teilen Selfies und Schnappschüsse aus ihrem Alltag. Fraglich ist allerdings, ob damit Bildrechte verletzt werden. Bilder von Fremden ohne Einwilligung online zu stellen, hat weltweit ohnehin unterschiedliche Konsequenzen. Wer sich jedoch freiwillig fotografieren lässt (und z. B. mit fremden Leuten in Kamera lächelt), der willigt im Zweifel konkludent ein.

Der Foto-Dienst Snapchat kommt insbesondere bei sehr jungen Menschen an. Vorteilhaft ist, dass die als Privatnachrichten versendeten Schnappschüsse (Snaps) nach zehn Sekunden automatisch gelöscht werden. Die Kurzlebigkeit erschwert arbeitsrechtliche oder private Nachteile durch peinliche Fotos oder Texte.

TIPP

In sozialen Medien sollte man immer darauf achten, dass niemand negativen Dinge über einen behauptet, die andere Personen lesen können. Tritt der Fall ein, ist Eile geboten: Man sollte sofort den Kundensupport informieren, damit technische und/oder juristische Maßnahmen ergriffen werden.

Telefonieren in der Öffentlichkeit

Wie jeder weiß, spielt das Mobiltelefon oder Smartphone nicht nur im privaten, sondern auch im beruflichen Alltag eine wichtige Rolle. Viele Regeln überschneiden sich. Angesichts der rasanten technischen Fortschritte im mobilen Kommunikationsbereich, ergeben sich ständig neue Verhaltenskonstellationen. Doch während man im privaten Umfeld eher nachsichtig ist, sollte man insbesondere im beruflichen Umfeld darauf achten, Fettnäpfchen zu umgehen.

Beim Telefonieren in der Öffentlichkeit sollte man die Lautstärke seiner Umgebung nie überschreien. Die Gesprächspartner hören zwar die Hintergrundgeräusche, aber das Mikrofon übermittelt die eigene Stimme in normaler Lautstärke. Zur Unterstützung kann man eine Hand um Mund und Mikrofon legen. In einer sehr lauten Umgebung, in der ein Gespräch aussichtslos ist, sollte das Mobiltelefon generell ausgeschaltet sein oder man teilt dem Anrufer kurz mit, dass man später zurückruft.

Rechtliche Tabuzonen

- Krankenhäuser und Passagierflugzeuge: Die Funkwellen eines Mobiltelefons können sowohl die Elektronik in medizinischen Geräten wie auch in Bordinstrumenten irritieren und Störungen auslösen.
- das Steuer eines Kraftfahrzeugs: Hier darf nur über eine Freisprechanlage telefoniert werden.

Gesellschaftliche Tabuzonen

- Veranstaltungen wie Theater, Kino, Gottesdienst und Beerdigungen: Besondere Anlässe gebieten, das Mobiltelefon auf jeden Fall ausgeschaltet zu lassen. In Kino und Museum sollte zumindest der Klingelton ausgeschaltet sein. Zum Telefonieren unbedingt nach draußen gehen!

Auf dem Tisch

Generell gilt immer, ob bei einer wichtigen beruflichen Besprechung oder mit Freunden bei einem Restaurantbesuch: Ein Mobiltelefon auf dem Tisch signalisiert dem Gegenüber stets, dass der Anruf oder die eingehende Nachricht wichtiger ist als das Treffen.

- Besprechungen, Kongresse, Seminare oder Vorträge: Klingelnde Telefone sind eine störende Belästigung. Hier sollte das Telefon aus- oder lautlos gestellt werden. Der Vibrationsalarm informiert über Anrufe und ggf. verlässt man zum Telefonieren den Raum.
- Im Restaurant: Hier gilt das Telefonieren generell als unhöflich. Erwartet man einen wichtigen Anruf, sollte höchstens der Vibrationsalarm eingestellt sein. Zum Telefonieren entschuldigt man sich kurz und verlässt den Raum.

Sprechlautstärke

Im Alltag passt man sich meist instinktiv der Atmosphäre an. Das ist grundsätzlich korrekt. Wo es geräuschvoll zugeht, stört es keinen, wenn man laut telefoniert. Doch sollte man bedenken, dass sich der Gesprächspartner angebrüllt fühlen kann. Deshalb lieber in einer ruhigeren Minute anrufen. Auch die Funktion der Lautsprechertaste sollte nur gezielt eingesetzt werden. Wichtig ist, dass man den Gesprächspartner vorab darüber informiert, dass die Lautsprecherfunktion aktiviert ist. Das gebietet der Anstand und das eigene Interesse. Denn private oder betriebsinterne Dinge sind häufig nicht für fremde Ohren bestimmt. Es könnte ja jemand von der Konkurrenz mithören!

Der Klingelton

Ebenso sollte man sich darüber bewusst sein, dass der Klingelton einem akustischen Identifikationsmerkmal entspricht. Den „Klostertaler-Partymix" als Rufton auf einem dienstlichen Telefon sollte man eher vermeiden.

Es ist auch möglich, Personen mit bestimmten Klingeltönen zu verknüpfen und damit kenntlich zu machen. Beispielsweise gibt man Freunden meist andere Klingeltö-

ne als Vorgesetzten oder Geschäftspartnern. Wer auf Nummer sicher gehen möchte, vermeidet fragwürdige Klingeltöne. Denn auch wenn es eine gute Merkhilfe ist, die Nummer des Chefs mit einem bekannten Stück in Verbindung zu bringen, könnte es sich herumsprechen und ihn beleidigen. Etwa, wenn der Chef Anton Berger heißt und als Klingelton „Anton aus Tirol" oder „Von den blauen Bergen kommen wir" von Heino ertönt – selbst wenn der Vorgesetzte dies vielleicht mit Humor nimmt.

Kunden könnten keinen Spaß verstehen und Zweifel an der Kompetenz und Seriosität des Gesprächspartners und der Firma, die dieser vertritt, hegen und von Auftragserteilungen absehen. Sicherlich ist es besser, gemäßigte Klingeltöne zu wählen.

Smartphone und Musik

Handys sind höchst praktische Begleiter, um sich in öffentlichen Verkehrsmitteln oder Warteräumen die Zeit zu vertreiben, indem man Musik hört. Allerdings sollte man auf die Lautstärke achten, um Mitreisende oder das nähere Umfeld nicht mit seiner Musik zu belästigen! Tastentöne sind zu deaktivieren und beim Spielen ein Kopfhörer zu verwenden oder auf „lautlos" zu stellen.

Rufnummernunterdrückung

Per Mobiltelefon ist es möglich, „anonym" anzurufen, indem man die Funktion der Rufnummernunterdrückung einstellt. Es ist zwar unhöflich, aber manchmal kann es hilfreich sein. Etwa, wenn man vermeiden möchte, dass der Angerufene die Telefonnummer an Dritte weitergibt. Oder wenn man den Verdacht hegt, dass der Angerufene nur deshalb nicht ans Telefon geht, weil er die Nummer erkennt und nicht mit einem reden will, da er Ärger oder auch Kritik erwartet.

Grundsätzlich sollte man aber zeigen, dass man nichts zu verbergen hat, indem man die eigene Rufnummer auf dem Display erscheinen lässt. Dies wirkt immer seriös und professionell.

Mailbox-Ansage

Wer den Ansagetext seiner Mailbox selbst spricht, sollte sich vorher überlegen, ob das Gerät für priva-

Achtung, Fettnäpfchen!

Wer mehrere Leute mit identischem Vor- oder Nachnamen in seinem Adressbuch hat, sollte eine Merkhilfe eingeben, um peinliche Verwechslungen zu vermeiden, z. B.: Michael Schmidt (Musikverein) und Michael Schmidt (Arbeitgeber).

te oder berufliche Zwecke genutzt werden soll. Auf dem beruflich verwendeten sollte der Text möglichst praktisch, sachlich und hilfreich sein: Beispielsweise ein neutraler Gruß am Anfang, dass man gerade nicht erreichbar ist, man auf Wunsch aber zurückruft, wenn der Anrufer seine Telefonnummer hinterlässt, ein Dank für den Anruf und eine passende Verabschiedung wie „Auf Wiederhören". Unpassend wäre eine Mitteilung wie: „Hey Alter, habe gerade keine Lust, ans Telefon zu gehen. Ruf halt später nochmal an!" Selbst privat sind solche Aussagen grenzwertig, da vielleicht nicht alle Freunde diesen Spaß verstehen.

Rückruf ja oder nein?

Falls man einmal keine Zeit zu telefonieren hat, kann man das Handy entweder ausschalten oder auf lautlos stellen. So sieht man ggf., ob der Anruf doch wichtig ist. Dann entscheidet man, ob man den Anruf annimmt und dem Anrufer mitteilt, dass er zurückgerufen wird.

Internettelefonie

Anbieter wie Skype bieten die Möglichkeit, vom eigenen Rechner aus mit anderen zu kommunizieren und sie dabei zu sehen. Beruflich kann das z. B. mit ausländischen Gesprächspartnern praktisch sein, dann wird man sich sowieso im Büro befinden. Privat sollte man darauf achten, dass keine peinlichen Dinge im Bild zu sehen sind. Problematisch wird die Internettelefonie mit Personen, die einen aus Ländern mit enormer Zeitverschiebung kontaktieren. Wer will schon im Schlafanzug und ungestyled kommunizieren.

Zudem ist die Frage der Datensicherheit umstritten. Für maximalen Schutz vor Datenmissbrauch sollte jeder seinen Rechner mit Virenschutzprogrammen schützen.

„Ich schau dir in die Augen, Kleines" – Flirt- und Dating-Regeln

Liebeswerben, schäkern, buhlen, kokettieren sind alles Synonyme zu dem Begriff „flirten". Als „eine Liebelei, ein harmloses, kokettes Spiel mit der Liebe" beschreibt der Duden den Flirt. Man könnte es aber auch aus der französischen Sprache ableiten. Dort stand das alte französische Wort „fleurter" für „blühen, sich entfalten". Bei einem Flirt blühen manche Menschen tatsächlich auf und entfalten sich auf ihre eigene Art. Andere zerbrechen daran, da sie alles zu ernst nehmen und sich bereits Gedanken über die Zukunft machen.

Körpersignale

Die „Body Language" spielt eine große Rolle, schließlich machen Körpersignale einen Großteil (Wissenschaftler gehen von 60 % aus) der Botschaften aus, die zwischen den Menschen ausgetauscht werden. Ein kurzes Lächeln, ein Blick in funkelnde Augen, eine nette Geste oder ein paar freundliche Worte – entweder der Funke springt über oder alles bleibt wie es ist. Es gibt jedoch auch hier einige Regeln zu beachten, um Peinlichkeiten zu vermeiden und niemanden vor den Kopf zu stoßen. Forscher fanden heraus, dass sich Frauen einen potenziellen Flirtpartner bereits ausgesucht haben, bevor dieser überhaupt die ersten Eroberungsversuche gestartet hat. Die Initiative wird aber oft den Männern überlassen, die sich gerne als Eroberer sehen und als Sieger dastehen wollen. Deshalb führt eine erste Abfuhr nicht unbedingt dazu, dass der Mann seine Flirtversuche einstellt. Manche fühlen sich dann erst recht motiviert und herausgefordert. Dies liegt nicht unbedingt daran, dass er in den Augen seiner männlichen Begleiter als Verlierer dastehen könnte, sondern es scheint ein Instinkt aus vergangenen Zeiten zu sein. Manche Männer verfügen zudem über einen ausgeprägten „Beschützerinstinkt". Dies lässt sich positiv nutzen, indem man sich als Frau beispielsweise die Tür aufhalten

oder schwere Gegenstände (z. B. Einkaufstüten auf der Treppe oder Monitore im Büro) tragen lässt.
Wie auch immer ein Flirt oder Flirtversuch verläuft – es gibt gewisse Spielregeln, die beachtet werden sollten, damit sich die andere Person nicht belästigt fühlt. Zudem sollten gewisse Höflichkeitsregeln eingehalten werden, damit sich die andere Person nicht beleidigt oder bedroht fühlt. Flirts zeichnen sich grundsätzlich durch Höflichkeit aus und sind durch gegenseitige Rücksichtnahme geprägt. Allerdings gibt es grenzwertige Ausnahmen. Dazu zählt der „Dirty Talk", der im weitesten Sinne mit Flirten zu tun hat.

Der Flirt-Beginn

Ein Flirt hat viele Gesichter. Voraussetzung ist zunächst, dass sich nach der Begrüßung ein lockeres Gespräch entwickelt oder der Kontakt später wieder aufgenommen werden kann. Durch ein nettes Lächeln und Blickkontakte wird eine eventuelle anfängliche Schüchternheit überwunden. Beim Flirten zeigt man anderen, dass man sie interessant findet und näher kennenlernen möchte. Man gibt ein wenig, ist aber nicht so einfach verfügbar. Der andere kann dies als Signal auffassen, ebenfalls etwas von sich zu geben, z. B. ein Lächeln oder ein Kompliment. Das Zauberwort heißt Lächeln. Lächeln kann man sowohl mit den Lippen als auch mit den Augen.

Lächeln kann Berge versetzen

Egal welche Sprache man spricht – Lächeln ist international verständlich. Es sollte aber echt wirken. Unter Politikern, Filmstars oder Personen des öffentlichen Lebens beobachtet man manchmal ein Lächeln, das irgendwie verzerrt, falsch, heimtückisch oder heuchlerisch wirkt. Dies liegt daran, dass die „Lächler" versuchen, ein Gefühl auszustrahlen, das sie nicht wirklich empfinden. Ein aufrichtiges Lächeln zeichnet sich dadurch aus, dass es spontan kommt. Es ist, von körperlichen Unregelmäßigkeiten abgesehen, relativ symmetrisch. Daher brauchen höfliche Menschen nicht permanent zu lächeln, wenn ihnen gar nicht danach zumute ist – so etwas wirkt schnell unglaubwürdig. Andererseits kann ein echtes, herzliches Lächeln manchmal tatsächlich Berge versetzen und Türen öffnen.

Woran erkennt man einen Flirtversuch?

Nicht immer ist ein Flirt als solcher erkennbar. Manche Menschen flirten sehr subtil. Andere ziemlich offensichtlich. Manche strahlen unbeabsichtigt Signale aus, die andere fehl interpretieren und missverstehen. Ähnlich wie nicht hinter jedem Nie-

sen gleich ein Schnupfen steckt, darf nicht in jedem Lächeln oder in jedem Blinzeln ein Flirt vermutet werden. Bei den folgenden Signalen können Sie von einem Flirtversuch ausgehen und entsprechend reagieren.

Indizien für einen Flirt oder Flirtversuch:

- freundliches Lächeln
- freundlicher Blick
- Kopfnicken
- Blinzeln
- Wimpernaufschlag plus schnelles Wegschauen
- Spielen mit einer um den Finger gewickelten Haarlocke
- Spielen mit der Krawatte
- Spielen mit Schmuck (z. B. mit dem Anhänger einer Halskette)
- Erhobene Augenbrauen
- Schief gelegter Kopf
- Auffordernde Geste, sich mit an den Tisch zu setzen
- Schmeichelhafte Äußerungen in Anwesenheit Dritter (Beispiel: Ein 70-jähriger Mann lädt zwei etwa 55-jährige Frauen ein, sich zu ihm und seinen Gästen an den Tisch zu setzen und bestellt beim Kellner ein Glas Sekt für „die beiden Mädchen".)
- Komplimente z. B. über die Lippenstiftfarbe der Frau oder die Krawatte des Mannes
- Scheinbar zufällige leichte Berührung (z. B. des Arms oder der Schulter)
- Dem anderen etwas zuflüstern

Indizien, die eher gegen einen Flirtversuch sprechen:

- Nur flüchtiger Blickkontakt
- Der Blick richtet sich auf eine andere Person (beispielsweise auf eine Person, die neben oder hinter einem steht)
- Sofortiges Wegschauen, wenn Blickkontakt gesucht wird
- Gelangweilter, desinteressierter Blick
- Wegdrehen des Körpers
- Ein Lächeln bleibt unerwidert.

Die VAKOG-Wahrnehmung

Gerade bei einem Flirt sollten die Repräsentationssysteme des Gegenübers beachtet werden. Analytiker sprechen von VAKOG. Gemeint ist damit visuell (sehen), auditiv (hören), kinästhetisch (fühlen und spüren), olfaktorisch (riechen), gustatorisch (schmecken).

Gerade bei einem Flirt verläuft die Wahrnehmung über verschiedene Kanäle. Die Augen nehmen Kleidung, Frisur, Gangart, Bewegung, Rhythmus, Erröten, Erbleichen etc. innerhalb von Sekunden wahr. Die Ohren registrieren über die Stimme Gefühlsschwankungen. Seufzen, räuspern, Stimmschwankungen, zögern, Versprecher etc. bleiben nicht ungehört. Unbewusste wie auch beabsichtigte Berührungen, wie beispielsweise Schulterklopfen, spielen eine ebenso wichtige Rolle wie Wahrnehmungen über die Nase.

Worauf Frauen und Männer beim anderen Geschlecht achten

Untersuchungen ergaben, dass attraktive Männer mindestens 12 bis 14 % mehr verdienen als weniger attraktive Männer. Auch im Privatleben und in zwischenmenschlichen Beziehungen verzeichnen attraktive Menschen mehr Erfolg.

Es gibt gewisse Merkmale, auf die Frauen bei einem ersten Zusammentreffen mit Männern besonders achten und umgekehrt. Frauen achten demzufolge besonders auf:

1. einen athletischen Körperbau
2. breite Schultern, eine breite Brust und muskulöse Arme
3. einen knackigen Hintern
4. volles Haar
5. einen sinnlichen Mund
6. freundliche Augen
7. eine ausgeprägte Nase und ein markantes Kinn

Untersuchungen ergaben jedoch auch, dass sie auf lange Sicht gesehen eher auf folgende Charaktereigenschaften ihres Partners Wert legen:

1. Persönlichkeit
2. Humor
3. Einfühlungsvermögen
4. Intelligenz

Und worauf achten Männer, wenn sie eine Frau sehen, besonders? Folgende Merkmale sind ihnen Umfragen zufolge wichtig:

1. ein athletischer Körper
2. ein sinnlicher Mund
3. Busen
4. Beine
5. eine schlanke Taille und runde Hüften
6. Hintern
7. Augen
8. Haare
9. Nase

Die Studien kommen zu dem Ergebnis, dass das Erscheinungsbild und der Körper einer Frau für die Mehrzahl der Männer wichtiger sind als Intelligenz oder Charakter. Forscher zogen sogar das Fazit, dass attraktive Frauen bei Männern die gleichen Bereiche des Gehirns aktivieren, die auch durch Kokain oder die Aussicht auf Geld stimuliert werden.

Auf lange Sicht ziehen Männer bei einer Partnerin folgende Eigenschaften vor:

1. Persönlichkeit
2. gutes Aussehen
3. Intelligenz
4. Humor

„Ich schau dir in die Augen, Kleines"

Oft verrät ein Blick in die Augen, ob jemand lügt oder die Wahrheit sagt. Beim ersten Date sind kleinere Übertreibungen vertretbar (in einer langfristigen Beziehung hingegen ist Ehrlichkeit geboten). Es ist auch nicht notwendig, dass man all seine Schwächen und Sorgen (berufliche Komplikationen, einstiger Karriere knick, familiäre Probleme etc.) offenbart.

In den deutschsprachigen Ländern gilt ein offener Blick in die Augen als Zeichen von Ehrlichkeit. Dies ist in anderen Ländern teilweise nicht üb-

lich, da ein direkter Augenkontakt als äußerst unhöflich empfunden wird. Wenn jemand beim ersten Date dem Blickkontakt nicht standhalten kann, dann kann dies schlicht ein Zeichen von Verlegenheit sein. Ein ständiges Blinzeln darf auch nicht überbewertet werden. Zum einen kann es durch Nervosität entstehen. Es kann aber auch simplere Ursachen haben, z. B. zu trockene Luft. Vielleicht trägt der andere zur „Feier des Tages" und entgegen seiner üblichen Gepflogenheiten auch Kontaktlinsen, um dem anderen besonders gut zu gefallen? Verengte Pupillen, die Spezialisten für Körpersprache teilweise als Indiz für wahrheitswidriges Verhalten werten, können ebenfalls eine natürliche Ursache (z. B. Schlafmangel, Übermüdung, Lichtverhältnisse) haben. Echtes Misstrauen, wenn der Mann oder die Frau den Blickkontakt nicht lange halten kann, ist daher unangebracht.

TIPP

Wer Probleme hat, anderen Menschen direkt in die Augen zu sehen, der kann seinen Blick auf die Nasenwurzel des Gegenübers konzentrieren. Dem anderen fällt dies normalerweise nicht auf.

INFO

TO-DO

- Pünktliches Erscheinen am vereinbarten Treffpunkt (bei einem Restaurantbesuch schon vorab einen Tisch reservieren. Bei Theaterbesuchen etc. vorab Karten besorgen)
- Gegenseitige Höflichkeit
- Lächeln
- Blickkontakt halten
- Komplimente (aber nicht übertreiben!)
- Kavaliermanieren (z. B. Türe aufhalten, anderen den Vortritt lassen, Frauen in den Mantel helfen)
- Kleine Anekdoten erzählen
- Kleine Schwächen gestehen

TABU

- Ungepflegtes Erscheinungsbild (schmutzige, nach kaltem Rauch oder Küche riechende Kleidung, abgetragene Kleidung, schmutzige Schuhe)
- Unzulängliche Körperhygiene (Schweißgeruch, Mundgeruch, fettige Haare)
- Aufdringlichkeit
- Neugieriges Aushorchen
- Beim ersten Date schon nach der Lebensplanung fragen (Kinderwunsch, Vereinbarkeit von Beruf und Familie, Umzugsbereitschaft etc.)
- Ausführliche Schilderungen über vorherige Beziehungen und deren Scheitern
- Vergleiche mit früheren Partnern ziehen

Dichterische Flirt-Freiheit

Die Kunst hat viele Seiten. Vor allem die Literatur. Wer einen großen Dichter zitiert oder eine bekannte Weisheit von sich gibt, die einen höchst sympathischen oder schmeichelhaften Inhalt in sich birgt, der schlägt gleich zwei Fliegen mit einer Klappe. Er bleibt einer seits seriös, verstößt nicht gegen allgemeine Anstandsregeln und gibt andere seits zwischen den Zeilen zu erkennen, dass ihm die andere Person sehr sympathisch ist. Wer einer anderen Person, sei es per Brief, SMS E-Mail oder WhatsApp etc. besonders tiefe Sympathie und Verehrung mitteilen möchte, der sollte dabei immer bedenken, dass das Dokument auch von anderen gelesen werden könnte. Daher sollte der „Flirtcharakter“ nicht verloren gehen. Anführungszeichen mildern bzw. tarnen viele Begriffe.

TIPP

Es gibt deutliche Unterschiede in der Wirkung, ob ein Brief mit vielen lieben Grüßen, mit lieben Grüßen, mit herzlichen Grüßen, mit freundlichen Grüßen oder lediglich hochachtungsvoll endet.

Liebesbriefe

Liebesbriefe haben auch im Zeitalter von E-Mail, SMS, WhatsApp & Co. noch etwas Aufregendes an sich. Sie können ein gewisses „Kribbeln im Bauch“ verursachen, das selbst dann wieder auftritt, wenn man den Brief viele Jahre später erneut entdeckt und liest. Wer nach einem Flirt noch immer Herz klopfen hat und sich entschließt, einen Brief zu schreiben, der sollte bedenken, dass dies sowohl Vor- als auch Nachteile mit sich bringen kann.

Vorteile:

- Kein Herumstammeln vor Aufregung oder Nervosität
- Sätze lassen sich, im Gegensatz zu einem Chat oder Telefonat, in Ruhe ausformulieren und abwägen
- starke Wirkung, da persönlicher als SMS oder E-Mail
- Handschriftlich verfasste Briefe wirken besonders individuell

Nachteile:

- Der Brief kann versehentlich in „falsche Hände“ gelangen.
- Der Empfänger kann den Brief absichtlich anderen zeigen.
- Ungeschickte Formulierungen bleiben „schwarz auf weiß“ bestehen.
- Geschriebene Worte wirken manch mal drastischer als gesprochene Worte, da Betonung, Gestik und Mimik entfällt.

INFO

TO-DO
- Handschriftlich, aber leserlich schreiben
- Rechtschreibfehler unbedingt vermeiden
- Ansprechendes, sauberes Papier
- Gesunde Selbstdarstellung (etwas Werbung ist erlaubt)

TABU
- Gedichte und Aphorismen anderer als eigenes Gedankengut ausgeben
- Sich verstellen oder Interesse heucheln an Themen, die einen nicht interessieren
- Den Empfänger unter Druck setzen
- Zweideutiger Inhalt

Flirt- und Datingportale

In unserer digitalisierten Welt werden Datingportale immer wichtiger. Viele Menschen knüpfen hier erste Kontakte zu potentiellen Partnern, führen erste schriftliche Flirtgespräche und verabreden sich.

Daten und persönliche Informationen

Es gibt ernsthafte Partnervermittler wie ElitePartner, eDarling oder Parship und zudem zahllose lockere Flirtbörsen, darunter Badoo, tinder und okcupid. Auch wenn es hier gewisse Abstufungen gibt, sollte man immer vorsichtig mit den Informationen und Daten sein, die man dort preisgibt. Man ist nie sicher, ob Vorgesetzte, Nachbarn, Schüler oder Kollegen ebenfalls dort angemeldet sind und einem – entweder im Internet oder bei einem Blind Date – begegnen. Man stelle sich vor, jemand bewirbt sich für einen Job, stellt aber im Vorstellungsgespräch fest, dass die Person identisch mit der ist, mit der er seit Wochen flirtet und private Fotos ausgetauscht hat ... Generell gilt also: Auch im Internet sollte man nichts tun, das einem im wirklichen Leben übermäßig peinlich ist oder sogar schaden kann.

Besondere Vorsicht ist beim Einstellen privater Fotos geboten. Sie können nicht nur peinlich sein, sondern auch von sogenannten Scammern geklaut und missbraucht werden. Sie nutzen fremde Fotos, um beispielsweise an anderer Stelle arglose Singles finanziell auszunutzen, indem sie sich Internetprofile ausdenken und wegen angeblicher gesundheitlicher oder sonstiger Probleme um Geld bitten.

TIPP

Im Zweifel so wenig persönliche Informationen wie möglich und nur so viel wie nötig preisgeben. Keine peinlichen oder übermäßig erotischen Fotos einstellen.

Falsche Identitäten

Besonders bei den informellen Partnerbörsen sollte man sich immer darüber bewusst sein, dass der Flirtpartner eventuell nicht der ist, für den er sich ausgibt. Man kann sich dort nämlich beliebige Nicknames aussuchen, fremde Fotos einstellen oder das Alter beliebig nach oben oder nach unten korrigieren. Ob ein Foto echt oder zumindest aktuell ist, lässt sich gegebenenfalls schlecht nachweisen, falls jemand alle Daten (wie Aufnahmedatum) gelöscht oder manipuliert hat (z. B. Aufnahmedatum Januar 2016, aber in Wirklichkeit wurde es im Dezember 1996 aufgenommen). Überhaupt gibt es viele Möglichkeiten, dass man sich vorteilhafter präsentiert als man in Wirklichkeit ist. Die Buchhalterin aus Frankfurt an der Oder kann sich als Pilotin aus Frankfurt am Main ausgeben. Der Millionär aus Mainz kann sich (z. B. aus Angst vor Personen, die sich nur für seine Millionen interessieren) als Müllmann aus Madrid ausgeben, der derzeit auf der Suche nach einem Job als Hausmeister in München ist.

TIPP

Wer einen Flirt aus dem Internet schließlich im realen Leben treffen möchte, der sollte dafür einen neutralen Ort wählen, an dem sich auch andere Personen befinden. Vorteilhaft kann es auch sein, den Termin nicht zu spät zu legen, denn dann kann jeder (z. B. weil er angeblich noch einen Termin hat) schnell und diplomatisch „flüchten".

Flirten via Internet

Das Verfassen von E-Mails oder von Nachrichten über die Datingportale kann auch als digitaler Liebesbrief interpretiert werden. Wer sich auf solche Kommunikationsformen einlässt, muss sich darüber bewusst sein, dass auch sexuelle Themen kommuniziert werden. Dies wird als „Dirty-Talk" (sinngemäß „schmutziges Gespräch") bezeichnet. Dirty-Talks gelten als grenzwertig und falls sie einem zu weit gehen, sollte man sie schnell und bestimmt beenden.

Sportsmen sind Gentlemen – Benimm beim Sport

In vielen Sportarten kann es recht ruppig zugehen – nicht nur in Kampfsportarten wie Aikido, Boxen oder Karate, sondern auch in Mannschaftssportarten wie Fußball, Handball oder Hockey. Aber man muss auch verlieren können, ohne dabei unfair zu werden. Sport und sportliche Fairness gehören nämlich zusammen. Fairness steht auch als Synonym für Aufrichtigkeit, Anstand, Redlichkeit und Offenheit. Dazu zählt im Sport beispielsweise, dass man dem Gewinner zu seinem Sieg gratuliert. Selbst schwer getroffene Boxer beglückwünschen den Sieger.

In manchen Sportarten wird gutes Benehmen besonders groß geschrieben. Es gehört geradezu zu den Spielregeln. So muss man z. B. bei asiatischen Kampfsportarten beim Betreten des Dojo (Halle) normalerweise eine leichte Verbeugung andeuten. Ebenso beim Auffordern eines anderen zum Zweikampf. Dann müssen sich beide – als Zeichen des gegenseitigen Respekts – voreinander verbeugen. In manchen Sportarten, beispielsweise beim Golf, gibt es sogar ein ganzes Regelwerk voller Benimmregeln. Auch in fast allen anderen Sporteinrichtungen hängen „Spielregeln" bzw. „Hausordnungen" (z. B., dass man die Halle nicht mit Straßenschuhen betreten darf) aus, an denen sich die Besucher orientieren können und müssen.

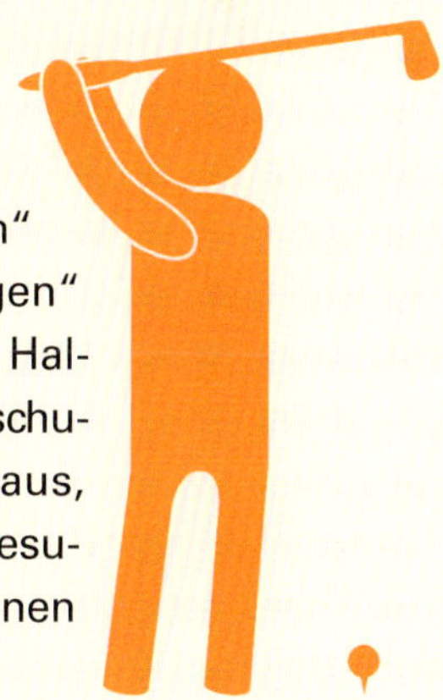

Verlieren können

Viele Sportarten können als Wettkampf ausgetragen werden, daher gibt es auch Gewinner und Verlierer. Kinder, die zu behütet aufwachsen, bleiben oft davor verschont, beim „Mensch ärgere dich nicht"-Spiel oder beim „Family-Tennis" als Verlierer dastehen zu müssen. Wer jedoch andere immer gewinnen lässt, um Konflikte zu vermeiden, tut weder sich noch dem anderen langfristig einen Gefallen. Dies kann sich nämlich irgendwann bitter rächen, wenn der Betreffende feststellen muss, dass auch verlieren gelernt sein will. Merke: Wer bereits im Kindesalter lernt, dass man im Sport auch verlieren können muss, tut sich als Erwachsener beruflich und gesellschaftlich in Sachen „soziale Kompetenz" leichter.

Auch im Sport: Erwachsene als Vorbilder

Eigentlich gelten Eltern als Vorbilder für die Kinder. Um ihren Kindern ein gutes Vorbild zu sein, müssen Erwachsene sich auch im Sport so verhalten, wie sie es sich von ihren Kindern wünschen. Man darf nicht erwarten, dass Kinder Verbote und Regeln einhalten, die man selbst bricht.

Angenommen, ein Vater flucht beim Tennisspiel vor sich hin und schlägt den Tennisschläger wütend auf den Boden, da er das Spiel verloren hat. Mit größter Wahrscheinlichkeit werden seine Kinder dieses Verhalten imitieren.

Mit der Körperhygiene ist es ebenso. Erwachsene, die ungeduscht im Schwimmbad ins Becken gehen, werden sich schwer tun, ihren Kindern beizubringen, dass man sich erst duschen muss, bevor man schwimmen geht. Abgesehen vom hygienischen Aspekt ist dann die Überwindung geringer, zumal das Wasser recht kühl sein kann. Für Herz und Kreislauf ist es zudem nicht gerade ungefährlich, wenn man erhitzt und ohne Abkühlung ins Wasser springt. Gleiches gilt

Die Sprache der Sportarten

Jede Sportart verfügt über Ausdrücke, die in den Ohren unbeteiligter Dritter merkwürdig klingen. Manche Wörter hören sich deshalb merkwürdig an, weil sie in einer anderen Sprache gesprochen werden (z. B. japanische Befehle in Kampfsportarten) oder weil es Wörter sind, unter denen sich Unbeteiligte nichts vorstellen können. Beispielsweise beim Golf unter einem Albatros, einem Pitch oder einem Tee. (Tee bezeichnet den Abschlag bzw. den Stift, auf den der Ball am Abschlag gelegt wird. Pitch ist ein Annäherungsschlag und ein Albatros ist ein Spieler, dem es gelingt, drei Schläge unter der für das Loch durchschnittlich erforderlichen Schlagzahl zu liegen.) Dies kann zu enormen Missverständnissen führen. Daher gebietet es sich für jeden Sportler, dass er die entsprechenden „Vokabeln“ lernt und anwendet. Dies führt auch zu einem besseren Verständnis untereinander.

für nach dem Sport. Nach dem Sport ist auf Körperhygiene und saubere Kleidung zu achten. Dies sollte man sowohl sich selbst als auch seinen Mitmenschen wert sein.

Sport und Schwitzen

Typischerweise fließt beim Sport Schweiß. Squashspieler mit nass geschwitzten, am Rücken klebenden T-Shirts sind keine Seltenheit, sondern eher der Normalfall. Verschwitzte Socken, nasse Haare oder schlecht riechende Schuhe sind ebenfalls üblich. Es macht allerdings einen Unterschied, ob jemand frische Kleidung trug, bevor er zum Sport antrat, oder ob diese bereits getragen (und weder frisch noch sauber) war. Am natürlichen Schweiß auf bei Spielbeginn sauberer Kleidung stört sich keiner. Wenn es sich jedoch um sogenannten reaktivierten Schweiß handelt, der dann entsteht, wenn man ein bereits verschwitztes, aber trockenes Kleidungsstück trägt und dieses durch Körperwärme erhitzt, sodass sich die ursprünglichen Körperausdünstungen reaktivieren, dann liegt ein schwerer Verstoß gegen gutes Benehmen beim Sport vor. Tückischerweise bemerkt man den eigenen Geruch oft nicht, da man ihm täglich ausgesetzt ist, aber fremde Gerüche fallen sofort auf.

Sauna und Schwitzen

Beliebt ist auch der Saunagang nach dem Sport. Viele Fitnessstudios bieten ihren Besuchern eine Sauna ohne zusätzliche Kosten an. Dies wird von vielen gerne genutzt. Allerdings sollten insbesondere Saunabesucher Rücksicht auf die ande-

ren Gäste nehmen. Wie fast überall gibt es auch in den meisten Saunen einen Aushang, der auf die „Saunaregeln“ hinweist. Unabhängig hiervon gibt es gewisse Grundsätze, die für jeden Saunabesucher zum guten Ton zählen sollten:

1. Zunächst gründlich reinigen (duschen). Dies fördert die Fähigkeit zu schwitzen und vermeidet die Ausbreitung von schlechten Gerüchen in der ganzen Sauna.

2. Badeschuhe tragen, um Fußpilz vorzubeugen. Am Eingang der Sauna werden sie jedoch abgestellt.
3. Zwei Handtücher mitnehmen (ein Handtuch, um sich darauf zu setzen oder zu legen und ein anderes, um sich nach dem Kaltguss damit abzutrocknen).
4. Sich nie nackt auf das Holz setzen oder legen (dies ist sehr unhygienisch und eine Zumutung für die anderen Saunabesucher).
5. Andere Saunabesucher nicht anstarren.
6. Der Ruheraum dient der Ruhe und Entspannung. Lebhafte Gespräche sind dort störend und unangebracht.

Sportler untereinander

Es gibt nicht nur viele verschiedene Sportarten, sondern auch ganz unterschiedliche Anhänger dieser Sportarten. Oft verstehen diese sich untereinander nicht gerade bestens. Jeder hält seine Sportart für wichtiger, besser, anspruchsvoller und interessanter etc. So sind Skifahrer und Snowboarder nicht immer ein Herz und eine Seele. Badmintonspieler

sind manchmal wenig begeistert von Squash und den Sportlern, die diese Ballsportart ausüben. Gleiches gilt für Jogger und Walker bzw. Nordic Walker. Manchmal fallen auch unschöne Worte und unpassende Vergleiche werden gezogen. Dies ist aber kein sonderlich sportliches und faires Verhalten. Denn man sollte andere Sportler akzeptieren, auch wenn einem die Sportart, die sie betreiben, nicht gefällt.

TIPP

Lernen Sie die wichtigsten Fachausdrücke und die grundsätzlichen Spiel- und Verhaltensregeln, bevor Sie mit einer neuen Sportart beginnen. Wer einen Einführungskurs (mit gemieteter Sportausrüstung) besucht, bevor er eine neue Sportart beginnt, wird nicht nur sicherer, sondern kann auch abwägen, ob diese Sportart tatsächlich für ihn geeignet ist und ob es sich lohnt, eine Ausrüstung zu kaufen.

Regeln einhalten, um andere nicht zu gefährden

Unabhängig von jeder Sportart gehört es sich, dass man sowohl die sportartspezifischen als auch allgemeine Regeln zur öffentlichen Sicherheit und Ordnung beachtet und einhält. So haben Inlineskater nichts auf der Straße zu suchen, sondern nur auf dem Gehweg. Gleichzeitig müssen sie wichtige Grundlagen wie z. B. das Bremsen beherrschen, um andere Verkehrsteilnehmer nicht zu gefährden. Hierfür gibt es jedoch für fast alle Sportarten Einführungskurse oder spezielle Plätze, an denen man gefahrlos üben kann.

INFO

TO-DO
- Sportlich fair bleiben
- Den Gegner/Spielgewinner zum Sieg beglückwünschen
- Allgemeine und sportartspezifische Regeln beachten und einhalten
- Hallen- bzw. Hausordnungen beachten
- Körperpflege und Hygiene vor und nach dem Sport
- Sportkleidung nach dem Sport immer in die Wäsche geben

TABU
- Fluchen beim und nach dem Spiel
- Den Gegner nicht respektieren
- Ausfallend werden
- Gegen allgemeine Spielregeln verstoßen und dies womöglich auch noch bestreiten
- Mit schmutziger, bereits vorher verschwitzter Wäsche zum Sporttraining antreten
- Straßensportschuhe auch in der Halle tragen

Fair Play am Beispiel von Golf

Da es eine so große Anzahl unterschiedlicher Sportarten gibt, können hier nicht alle behandelt werden. Alle haben jedoch geschriebene und ungeschriebene Regeln, die es zu beachten gilt. Exemplarisch für den guten Ton und kniggekonformes Benehmen beim Sport wird nun eine Sportart beschrieben, bei der allergrößter Wert auf Fair Play gelegt wird, nämlich Golf. Bei dieser Sportart wird auf Eigenschaften geachtet, die auch jenseits des Sportplatzes oft schmerzlich vermisst werden. Dazu zählen z. B. Pünktlichkeit, gegenseitige Rücksichtnahme, Grüßen, Respekt, Small Talk sowie das Lernen der Fachsprache bzw. der sportartspezifischen Begriffe.

Pünktlichkeit

Pünktlichkeit ist eine Tugend, die in allen Sportarten groß geschrieben wird. Zehn bis 15 Minuten vor der vereinbarten Startzeit finden sich die Golfpartner am ersten Abschlag ein. Wer verhindert ist, der sollte sowohl denjenigen, mit denen er verabredet war, als auch im Sekretariat des Vereins oder Klubs telefonisch Bescheid geben, um unnötige Wartezeiten zu vermeiden.

Gegenseitige Rücksichtnahme

Ein umsichtiger Golfer fährt Mitspieler, die ihm im Wege stehen, nicht giftig an, sondern bittet sie höflich darum, einen Schritt beiseite zu gehen. Wenn sein Ball kurz vor dem Loch liegen bleibt, sollte dem Golfer der Wunsch, beenden zu dürfen, nicht verwehrt werden. Schließlich kann man selbst in dieselbe Situation geraten. Rein technisch sollte man vor jedem Schwung prüfen, ob niemand „im Weg", also innerhalb des Schwungradius steht. Fliegende Golfbälle können zu gefährlichen Wurfgeschossen werden. Dem sollte sich der verantwortliche Spieler stets bewusst sein. Daher sind die entsprechenden Ge- und Verbotsschilder zu beachten. An besonders unübersichtlichen Stellen sollte vorsichtshalber ein Mitspieler vorausgeschickt werden, damit dieser die Lage „ausspäht". Der internationale Warnruf in der Golfersprache lautet „Fore". Besser man ruft es zu oft, als zu selten. Golfbälle können eine enorme Geschwindigkeit entwickeln und andere verletzen, die nicht rechtzeitig ausweichen oder sich ducken. Aus Schüchternheit braucht dieser Ruf nicht vermieden zu werden. Daher sind Rügen, wenn jemand „Fore“ rief, obwohl eigentlich keine wirkliche Gefahr bestand, unangebracht.

Gegenseitig grüßen

Viele Sportarten verfügen über eine eigene „Grußformel", beispielsweise „Ski Heil", „Waidmanns Heil", „Petri Heil“ und viele andere mehr. Golfspieler grüßen sich in der Regel lautlos, indem sie die Hand heben. Das macht keinen unnötigen Lärm, stört niemanden und der gegrüßte Kollege kann den Gruß ohne Problem erwidern.

Hanseatisches Du

Spielt man in einer Runde, in der sich alle duzen und mit Vornamen ansprechen, sollte man seine Mitspieler zunächst mit dem hanseatischen Du ansprechen (Vorname und siezen).

Allerdings gilt dies nicht zu Spielbeginn und am Spielende bzw. am ersten und am letzten Abschlag.

Respekt und heikle Fragen

Heikle Fragen gibt es immer und überall. So ziemlich die heikelste Frage beim Golf ist die Frage nach dem Handicap. Es drückt die Spielstärke eines Golfers aus. Ein einstelliges Handicap ehrt jeden Spieler. Es gibt Plätze, die man erst betreten darf, wenn man ein Handicap von 28 und niedriger hat. Dies ist natürlich peinlich für diejenigen, die sich bereits deshalb nicht mit anderen auf einem bestimmten Platz verabreden können. Bei der Frage nach dem Handicap ist daher Vorsicht geboten, da es dem Gefragten peinlich sein könnte.

Die Platzreife ist mehr als nur eine Bescheinigung. Sie ist erforderlich, um selbstständig auf einem 18-Loch-Platz spielen zu dürfen. Die Voraussetzung sind je nach Platz unterschiedlich.

Der Small Talk

Beim Golf direkt bieten sich nicht besonders viele Gesprächsmöglichkeiten über komplizierte oder komplexe Themen, da die Konzentration der Spieler darunter leidet. Zudem „flüchten“ viele Leute gerade deshalb auf den Golfplatz, um für ein paar Momente dem Alltag zu entrinnen und neue Kraft zu schöpfen. Doch nicht nur das. Auch andere Sportarten lassen umfangreiche Gespräche oft nicht zu. So bleibt höchstens ein SmallTalk. Dieser kann sich etwa auf sportartenspezifische Neuheiten (z. B. Ausrüstungen) oder allgemein verbindliche Themen wie das Wetter beziehen. Wie so oft gibt es aber auch hier Themen, die unbedingt zu vermeiden sind. Darunter fällt beispielsweise das Lästern über die Handicaps anderer Spieler.

Tabuthema Arbeit

Die „Golfregel“, wonach es sich nicht gehört, auf dem Platz über geschäftliche Angelegenheiten zu reden (allenfalls hinterher im Klubrestaurant), wird zwar nicht immer eingehalten, gilt prinzipiell aber für alle Sportarten. Dies liegt daran, dass Sport dazu dient, sich vom Alltagsstress zu erholen, abzuschalten und neue Kraft zu schöpfen. Wer aus der Hektik des Alltags ausbrechen und sich bei einer Sportart ablenken kann, arbeitet arbeitspsychologischen Studien zu Folge deutlich effektiver. Auf dem Rasen sind Handys unerwünscht. Diese Regel lässt sich ebenfalls auf andere Sportarten übertragen.

INFO

TO-DO
- Gegenseitige Rücksichtnahme üben
- Möglichst lautlos grüßen
- Pünktlich sein
- Bei Verhinderung rechtzeitig absagen
- Höflichkeit gegenüber anderen Mitspielern wahren
- Vor Gefahrsituationen warnen („Fore“ rufen)

TABU
- Stören durch unpassende Geräusche, wenn sich Mitspieler auf den Abschlag vorbereitet
- Dem anderen den Wunsch, „beenden zu dürfen“ verwehren
- Andere wegen eines „Fore“-Rufs, der aufgrund einer vermeintlichen Gefahrensituation erfolgte, rügen
- Telefonieren
- Über geschäftliche Angelegenheiten sprechen

Nach dem Sport gemeinsam einkehren?
Gerade bei Mannschaftssportarten oder Sportarten, die man nicht allein betreibt, treffen sich Sportler anschließend gerne im Vereinsheim, um noch etwas zu essen und/oder zu trinken. In geselliger Runde kann man sich dann unterhalten. Beim Golf spricht man auch vom „19. Loch", da das Klubrestaurant am Ende des Golf Course (also nach dem 18. Loch) steht. Hier werden auch gerne Visitenkarten ausgetauscht und Kontakte geknüpft. Viele Sportler schätzen dieses gemeinsame Einkehren. Sie erwarten meistens auch von ihren Mitspielern, dass sie sich dazugesellen. Tatsächlich sollen sich auf diese Art auch viele geschäftliche Kontakte anbahnen, die zu späteren Vertragsabschlüssen führen.

Familienfeste leicht gemacht – Konfirmation, Kommunion und Jugendweihe

Zu den bedeutendsten Familienfesten zählen die Konfirmation und die Kommunion, wobei sich auch die Jugendweihe nach wie vor großer Beliebtheit erfreut. Sie fand ihren Ursprung Ende des 19. Jahrhunderts. Im Christentum spielen Konfirmation bei evangelischen und Kommunion bei katholischen Christen eine sehr große Rolle, was ihr Glaubensbekenntnis und Glaubensverständnis anbelangt. Im evangelischen Glauben dürfen erst Konfirmierte am Abendmahl teilnehmen. Im katholischen Glauben teilt sich das Ereignis in Erstkommunion und Firmung auf. Die Planung dieser Familienfeiern ist oft sehr aufwendig.

Die Konfirmation

Die Konfirmation weist viele Gemeinsamkeiten mit der Kommunion auf. Allerdings sind Konfirmanden deutlich älter. Das Durchschnittsalter beträgt 14 Jahre. Das Ereignis entspricht im übertragenen Sinn dem Übergang von der Kindheit in die Welt der Erwachsenen. In der Vorbereitungszeit haben die Kinder viel zu tun. Schließlich ist neben dem Schulunterricht und den Hausaufgaben regelmäßiger, meist wöchentlicher Konfirmationsunterricht angesagt. Dieser wiederum zeichnet sich durch aktive Mitarbeit und Hausaufgaben aus. Psalmen, Gebete und Liedverse werden auswendig gelernt und am Tag der Konfirmation in der Kirche vorgesprochen. Konfirmanden erhalten nach Abschluss der Feier ein Zertifikat mit einem Vers aus der Bibel. Auf dem Dokument ist der Name des Konfirmanden, sein Geburtsdatum, das Datum der Taufe und das Konfirmationsdatum mit Konfirmationsort vermerkt. Die eigentliche Konfirmation ist ein großes Familienfest, das mitunter sehr aufwendig sein kann. Während das kirchliche Zeremoniell streng geregelt ist, kann der private Teil individuell gefeiert werden. Da die Gästezahl meist sehr groß ist, bietet sich ein Lokal an.

Fakten zur Konfirmation

- Bekenntnis evangelischer Christen zu Jesus Christus
- Berechtigung zur Teilnahme am christlichen Abendmahl
- Konfirmationsunterricht ist Aufgabe der Kirche
- Durchschnittsalter der Konfirmanden: ca. 14 Jahre
- Große Familienfeier nach dem Gottesdienst

Konfirmation und Kleidung

Schwarz und vor allem dunkelblau zählen zu den typischen Farben für Konfirmationsbekleidung. Weiße Hemden und Blusen galten früher als ein absolutes Muss. Die Blusen zeichneten sich meist durch auffällige Kragen (Rüschen) oder Stickereien aus. Der Nachteil jedoch war, dass sie weder im Alltag noch an allgemeinen Sonntagen getragen werden konnten, da sie einfach zu festlich wirkten. In ländlichen Gegenden sprach der Pfarrer oder Pastor eine allgemeine Bekleidungsempfehlung aus, was auch heute vielerorts noch der Fall ist. Diese Empfehlung tendiert meist in Richtung gediegener Anzug, Kombination, konservatives Kostüm, Kleid oder Hosenanzug. Mittlerweile wird dies vielerorts lockerer gehandhabt, aber die Kleidung muss auf jeden Fall sauber, ordentlich und gepflegt sein.

Konfirmationskleidung

Konfirmationskleidung ist meist teuer und oft nicht lange tragbar, da die Konfirmanden noch wachsen. Eine gute Möglichkeit, Geld zu sparen ist es daher, die Kleidung nach dem Ereignis über einen Secondhandladen weiterzuverkaufen.

Geldgeschenke zur Konfirmation

Die Durchführung einer Feier zur Konfirmation kann mitunter sehr viel Geld kosten. Die festliche Kleidung ist oft schon sehr teuer. Hinzu kommen die Kosten für Blumenschmuck, Räumlichkeiten, Bewirtung etc. Wer also als Gast eingeladen ist, sollte bedenken, dass sein Geschenk zum einen die Kosten deckt, die er selbst verursacht, und zusätzlich noch eine Zuwendung für die Hauptperson, nämlich das Konfirmationskind, darstellt. Mit einer vergoldeten Armbanduhr oder einem versilberten Halskettchen (Geschenke, die früher zu diesem Anlass üblich waren) macht man heutigen Konfirmanden nicht unbedingt eine Freude.

Um Enttäuschungen zu vermeiden, empfiehlt es sich, den Gastgeber nach Erhalt der Einladung zu fragen, ob etwas ganz Spezielles zur Konfirmation gewünscht wird oder ein Geldgeschenk angebracht ist.

Restaurant rechtzeitig reservieren

Sobald der Konfirmationstermin feststeht, sollte sofort in einem wohnortnahen Lokal ein Nebenraum für eine „geschlossene Gesellschaft" reserviert werden. Meist sind die im näheren Umkreis der Kirche liegenden Speiserestaurants

recht schnell ausgebucht. Man sollte dies alles bedenken, da man seinen Gästen, die oft lange Anfahrtswege zurücklegen, zusätzliche Fahrtzeit ersparen möchte.

Vorab sollte man das gewünschte Lokal natürlich einmal getestet haben. Wenn Speisen und Service stimmen, dann bietet sich eine Menübesprechung an. Man regelt mit dem Restaurant seine Wünsche bezüglich des Essens und des Raumes und lässt sich ein Angebot unterbreiten. Hier besteht viel Verhandlungs- und Gestaltungsspielraum. Man kann Mittagessen, Kaffee und Kuchen sowie das Abendessen komplett bestellen, aber oft auch nur Mittagessen und Kaffee. Unter den Gästen, Nachbarn und Verwandten finden sich oft viele Spender, die gerne einen Kuchen oder eine Torte mitbringen. Es ist vielerorts sogar Brauch, dass man selbst dann einen Kuchen spendiert, wenn man gar nicht zu den geladenen Gästen zählt. Im Gegenzug darf man dann natürlich mit Unterstützung für den Tag rechnen, an dem im eigenen Haus eine Konfirmation ansteht.

Alle Gäste, die man zu diesem Anlass einladen möchte, sollten eine Einladung mit genauer Wegbeschreibung sowohl zur Kirche als auch zum Lokal bekommen.

Vor- und Nachbereitung einer Konfirmation

- Gute Vorbereitung auf den Konfirmationsgottesdienst
- Gepflegte (vorzugsweise dunkle) Kleidung des Konfirmanden
- Schriftliche Einladung für alle Verwandten
- Das Restaurant rechtzeitig aussuchen und reservieren
- Eine konkrete Wegbeschreibung zur Kirche und zum Lokal, insbesondere für auswärtige Gäste, sollte in der Einladung enthalten sein.
- Das Menü rechtzeitig mit dem Restaurant besprechen und den Preis aushandeln
- Die Tischdekoration absprechen
- Gegebenenfalls Verwandte und Freunde um eine „Kuchenspende" bitten
- Fotos vom Konfirmanden anfertigen
- Für Geschenke schriftlich bedanken (eventuell mit einem beiliegenden Konfirmationsfoto zur Erinnerung)

Schriftliches Dankeschön

Nach all den Festvorbereitungen und Anstrengungen der Konfirmation darf der Konfirmand nicht vergessen, sich für die Geschenke zu bedanken. Hier ist ein kleines Schreiben angemessen, in dem man sich sowohl für den Besuch als auch für das Geschenk bedankt. Neuerdings ist dies auch per E-Mail machbar. Allerdings wirkt ein Foto mit echter Karte wertvoller – gegebenenfalls auch mit vorgedrucktem Text, den man nur noch unterzeichnen braucht. Falls man weiß, dass bestimmte Personen (z. B. die Urgroßtante) über keinen PC verfügen, dann muss dieser Dank persönlich oder per Karte erfolgen. Ein Foto von der Feierlichkeit sollte dann persönlich oder per Post ausgehändigt werden.

Bedeutung und Ablauf einer Kommunion

- Bekenntnis katholischer Christen zu Jesus Christus
- Ausführliche Vorbereitung der Kinder auf den Kommunionsgottesdienst
- Starke Einbindung der Eltern in die Vorbereitung auf den Kommunionsgottesdienst
- Typisches Symbol: Kommunionskerze
- Meist im Rahmen einer großen Familienfeier

Kommunion

Die Erstkommunion ähnelt der Konfirmation. Auch hier wird meist die gesamte Verwandtschaft eingeladen. Kommunionskinder sind deutlich jünger als Konfirmanden, daher können sie noch nicht so viel Verantwortung übernehmen, was den Umgang mit den Gästen anbelangt.

Sie sind auch oft noch nicht in der Lage, sich allein schriftlich für ihre Geschenke und Glückwünsche zu bedanken. Daher übernehmen deren Eltern diese Aufgabe oder leisten zumindest Hilfe.

Die Kommunion selbst findet an einem Sonn- oder Feiertag statt. Typisches Symbol für die Kommunion ist die Kommunionskerze. Jedes Kind erhält eine dieser Kerzen. Die Kirche regelt den Ablauf der Kommunion.

Ähnlich wie bei Konfirmanden geht auch der Kommunion eine umfassende Vorbereitungszeit voraus. Diese beläuft sich im Durchschnitt auf sechs Monate. Vielerorts werden die Eltern auf Elternabenden vorab über den Ablauf informiert und anschließend in die Vorbereitungsstunden für die Kinder miteinbezogen.

Kommunion und Kleidung
Ähnlich wie bei Konfirmanden gelten auch für die Kommunion gewisse Kleiderregeln. Diese beinhalten genaue Vorgaben. Mädchen tragen ein weißes Kleid und weiße Schuhe. Hinzu kommt ein kleiner weißer Blütenkranz oder ein ähnlicher Haarschmuck. Die Jungen tragen meist einen dunklen Anzug. Auch hier besteht dasselbe Problem wie bei Konfirmationskleidung: Die Kleidung ist nicht ganz billig und kann oft nur zu dieser einen Gelegenheit getragen werden. In manchen Gemeinden wird deshalb auf die festliche Kleidung verzichtet und alle Kommunionkinder tragen eine Art Kutte ähnlich der der Ministranten.

Firmung und Firmling

Die Feier der Firmung verläuft weniger aufwendig als die der Konfirmation oder Erstkommunion. Dies zeigt sich bereits dadurch, dass sie auch an einem beliebigen Wochentag erfolgen kann. Im Vergleich zu einer Kon-

INFO

TO-DO
- An Elternabenden teilnehmen
- Sich in Eltern- bzw. Kindergruppen engagieren
- Die Kinder auf das Ereignis vorbereiten
- Festliche Kleidung organisieren
- Familienfeier (wie bei Konfirmation) gründlich vorbereiten
- Fotos vom Kommunionskind machen
- Schriftliches Dankeschön für Geschenke (möglichst mit Foto von der Kommunion) an die Gäste

TABU
- Einzelne Familienangehörige und Verwandte ausgrenzen
- Dankschreiben für Geschenke allein dem Kind überlassen

firmation wirkt eine Firmung eher unauffällig. Viele Familien feiern dieses Ereignis im kleinen Kreis. Größere Geschenke sind nicht üblich. Oftmals gestaltet der Firmpate zusammen mit seinem Patenkind den Firmungstag und lädt es z. B. zu einem Ausflug ein.

Fakten zur Jugendweihe

- Keine Erfindung der früheren DDR, sondern bereits Ende des 19. Jahrhunderts entstanden
- Zielgruppe: konfessionell ungebundene Jugendliche
- Gefeiert wird der Übergang von der Kindheit zum Jugendalter

Jugendweihe

Die Jugendweihe ist keine Erfindung der einstigen DDR, wie viele noch immer meinen. Sie existiert bereits seit Ende des 19. Jahrhunderts. Damals galt sie als Antwort von Freidenkern und der Arbeiterbewegung auf Konfirmation und Firmung bzw. Kommunion. Zielgruppe waren die nicht konfessionell gebundenen Jugendlichen. Heute erfreut sich die Jugendweihe noch immer großer Beliebtheit. Jugendweihefeiern finden meist etwa Anfang Mai statt. Gefeiert wird der Übergang von der Kindheit zur Jugend.

Feier im kleinen Kreis

Wer gerne daheim feiern möchte, sollte bedenken, dass dies mit einem hohen organisatorischen Aufwand verbunden ist. Die Hauptperson und ihre Eltern sollten dabei nicht ständig mit Kochen, Bedienen und Organisieren beschäftigt sein, sondern Zeit für die Gäste haben. Hier bietet sich beispielsweise ein kaltes Buffet an. Es lässt sich so vorbereiten, dass am Festtag alles nur noch arrangiert und dekoriert zu werden braucht. Zudem kann man auch Gäste vorab bitten, etwas Bestimmtes mitzubringen, z. B. Salat, Kuchen etc.
Andere – allerdings kostspieligere – Möglichkeiten sind das Engagieren von Personal, das z. B. beim Kochen oder Bedienen hilft, oder die Beauftragung eines Partyservice.

TIPP

Viel Stress und Geld lassen sich sparen, wenn man Kellner und Bedienungen über den Studentenservice der regionalen Arbeitsämter engagiert. Die Kosten sind in der Regel deutlich niedriger als die, die durch das Engagement eines professionellen Catering-Service entstehen.

Concierge, Page und Co. – Zu Gast im Hotel

Egal, ob im Inland oder im Ausland, ob Luxushotel oder Pension – gewisse Regeln gelten für alle Gäste. Diese sollten sowohl von Geschäftsreisenden als auch Urlaubern gewahrt werden. Wer zumindest die wichtigsten beachtet, wird nicht nur seitens der anderen Gäste, sondern auch vom Personal geachtet.

Wann trägt man seine Koffer selbst?

In eher vornehmen Hotels stellt man seine Koffer am Eingang ab bzw. lässt sie zunächst im eigenen Wagen, falls man mit dem Pkw anreist. Sollten dem Hotel weniger als vier Sterne verliehen worden sein, dann trägt der Gast seine Koffer i. d. R. selbst. Der Portier gibt ihm den Zimmerschlüssel, erklärt ihm den Weg zu seinem Zimmer und informiert ihn, ob bzw. wo es einen Aufzug gibt. Trotzdem fragen manche Portiers den Gast aus Höflichkeit, ob ihm jemand beim Gepäck behilflich sein soll. Ein „Nein" als Antwort ist durchaus normal. Falls das Angebot angenommen wird, dann erhält der Kofferträger höflicherweise ein kleines Trinkgeld.

Wer ist wer?

Gerade in großen Hotels und in Ferienhotels trifft man auf viel Personal: vom Hotelmanager, den die Gäste meist selten sehen, bis zum Hausdiener, der die Koffer der An- und Abreisenden trägt. Häufig hängen im Eingangsbereich Fotos mit Bildunterschriften, aus denen hervorgeht, welche Personen welche Positionen im Hotel einnehmen. Vorwiegend ist dies pyramidenförmig angeordnet, damit der Gast die Rangordnung auf den ersten Blick erkennt. Die Rangfolge lässt sich in etwa so einteilen, dass der Hotelpage für das Koffertragen zuständig ist und eine recht niedrige Position einnimmt. Über dem Pagen stehen der Portier, der Rezeptionist und der Concierge. Sie sind die zentrale Anlaufstelle für Gäste und organisieren und delegieren deren Anliegen. Dazu zählen Auskünfte aller Art (etwa Telefonnummern, Adressen, Platzreservierungen und Kartenbestellungen für Veranstaltungen, Geldwechsel etc.). Über ihnen steht der Empfangschef. Primär regelt er alles, was mit An- und Abreise der Gäste zu tun hat.

Oberkellner leiten und überwachen die Bedienung der Gäste im Restaurant. Sportchefs finden sich hauptsächlich in Fitnesshotels oder Ferienanlagen. Dort sind sie für Sportanlagen, Schwimmbad etc. zuständig. Die Hausdame leitet die Hauswirtschaft und kontrolliert, ob die Zimmermädchen ihre Arbeit ordentlich erledigt haben. Gegebenenfalls muss sie sich für deren Fehler verantworten.

Je nach Hotel gibt es noch weitere Verantwortungsbereiche, aber der Küchenchef und der Hotelmanager nehmen besonders wichtige Positionen ein. Der Küchenchef leitet das ganze Küchenteam und trägt die Verantwortung für das Essen. Dazu zählt u. a., dass er die einzelnen Köche überwacht und leitet, das Essen kontrolliert und die entsprechenden Tagesmenüs arrangiert. Die größte Aufgabe hat jedoch der Hotelmanager, da er für den reibungslosen Arbeitsablauf im gesamten Hotel und das Wohl aller Gäste verantwortlich ist. Daher hängt sein Foto meist an der Spitze der Pyramide.

Auto selbst einparken?

Manchmal sieht man in Filmen, dass reiche Gäste mit teuren Luxusautos vorfahren, die Wagenschlüssel herbeieilenden Pagen übergeben und allenfalls mit Handgepäck zur Rezeption schreiten. Dies ist aber in der Regel erst ab vier Sternen der Fall. Dann erhält der Gast seine Schlüssel unverzüglich wieder zurück und gibt dem Pagen ein kleines Trinkgeld.

Allgemeines Auftreten

Manche Gäste fallen immer und überall auf – und zwar unangenehm. Dazu zählen jene, die mit Badekleidung im Frühstücksraum erscheinen, Essensräume barfuß betreten, Handtücher, Aschenbecher etc. einstecken, Essensvorräte im Restaurant einpacken, ausfällig gegenüber anderen Gästen oder dem Personal werden oder so laut reden, dass sich alle anderen Gäste gestört fühlen. Manche (Urlaubs-)Reisende bringen eigene Mikrowellengeräte, Tauchsieder, Gasbrenner, Kaffeemaschinen, Wasserkocher und Fertiggerichte mit, die sie dann im Hotelzimmer zubereiten, um Geld zu sparen. Nächtlicher Lärm durch laute Unterhaltungen, Musik und laufende Fernsehgeräte runden das Bild ab. Auf einem Campingplatz würde dies eher toleriert. Im Hotel oder in der Pension fällt es unangenehm auf. Allerdings gibt es manche Hotels, die ihren Kunden extra kleine Wasserkocher auf dem Zimmer bereitstellen. Zudem erhalten sie verschiedene Teesorten, Kakao und Instantkaffee zur Auswahl, wobei der Zimmerservice täglich alles auffüllt und kleine Süßigkeiten dazu stellt. Dies steht meist im Reiseprospekt, sodass sich Gäste schon im Vorfeld darauf einstellen und dieses Angebot nutzen können.

Die Hotelbar

Fast jedes Hotel hat eine eigene Hotelbar. Diese ist nicht nur für männliche Gäste bestimmt. Viele Geschäftsfrauen schätzen es, wenn sie in einer fremden Stadt den Abend im Hotel ausklingen lassen können. Dennoch besteht die Wahrscheinlichkeit, dass eine allein reisende Frau von männlichen Gästen angesprochen oder auf ein Getränk eingeladen wird. Früher galten Frauen, die sich allein in einer Bar oder Kneipe aufhielten entweder als unseriös oder als „Männersuchende". Manche Männer meinen, dass die Kontaktaufnahme in Form von Fragen, ob man der Frau einen Drink anbieten dürfe, zum guten Ton zählen. Kein männlicher Gast ist verpflichtet, das Gespräch mit der Reisenden zu suchen. Genau so wenig umgekehrt. Andererseits ist es auch keinem Gast verwehrt, einen kurzen, höflichen Small Talk anzufangen. Der oder die Angesprochene kann darauf eingehen, muss aber nicht. Niemand braucht eine Einladung auf ein Getränk anzunehmen und niemand muss ein solches Angebot ablehnen. Jede Person kann selbst entscheiden, ob sie ein Gespräch führen oder höflich ablehnen möchte. Schimpfen und lästern, falls eine Einladung abgelehnt wird, ist

nicht nur unfair, sondern schlichtweg unverschämt. Und meistens verdienen höfliche Fragen auch höfliche Antworten.

Frühstücksraum und Restaurant

Morgens geht es in Hotels häufig hektisch zu. Gerade dann, wenn viele Geschäftsreisende frühstücken, entstehen oft räumliche Engpasssituationen, zumal viele pünktlich an bestimmten Orten sein müssen und noch rechtzeitig frühstücken möchten. Daher sollte der Gast entweder, sofern dies hotelüblich ist (siehe jeweilige Hausordnung), bereits am Vorabend ankündigen, wann er im Frühstücksraum erscheint. Dann kann er mit einem eigenen Tisch rechnen. Ansonsten geht man keinesfalls schnurstracks in den Frühstücksraum, sondern sucht zunächst den Blickkontakt zu der Person im Eingangsbereich, die für die Tischzuteilung zuständig ist. Meist erfolgt die Aufforderung, dass man sich einen beliebigen Platz aussuchen dürfe. Ansonsten sorgt das Personal dafür, dass z. B. zusätzliche Tische gedeckt werden. Eventuelle Wartezeiten lassen sich meist mit einem warmen Getränk (Kaffee oder Tee zur Frühstückszeit) oder einem kalten Getränk (mittags oder abends im Speisesaal) an der Bar innerhalb des Speiseraums überbrücken. In den USA ist es eine Selbstverständlichkeit, dass der Gast so lange wartet, bis ihn jemand an einen Tisch geleitet. Für den Fall, dass ein Besucher einfach das Restaurant betritt (Fast-Food- und Imbiss-Lokale ausgenommen) und sich an einen Tisch setzt, braucht er sich nicht zu wundern, wenn Kellner und Bedienungen einen Bogen um ihn machen bzw. wenn man ihn einfach ignoriert.

INFO

TO-DO
- Nach An- und Abreisemodalitäten fragen
- Gegebenenfalls rechtzeitig absagen, falls Reise nicht angetreten wird
- Falls sich Ankunft verschiebt, Hotel schnellstmöglichst informieren, um zu verhindern, dass das Zimmer anderweitig vermietet wird
- Hoteleigene Hausordnung (meist in Schrankinnenwand oder an Zimmertür befestigt) einhalten

TABU
- Fernbleiben ohne Absage
- Wasserkocher, Gasbrenner, Fertiggerichte oder Mikrowelle mitbringen
- Getränke aus der Minibar konsumieren, ohne zu bezahlen
- Unterschlagen von Handtüchern und sonstigen Gegenständen
- Nächtlicher Lärm und Radau (laute Musik, TV etc.)
- Mit Badekleidung im Frühstücksraum erscheinen
- Essensräume oder Bars und Kaffees innerhalb des Hotels ohne Schuhe betreten
- Strandschuhe oder schmutzige Freizeitschuhe innerhalb von Essens- und Aufenthaltsräumen im Hotel
- Essen oder Getränke offensichtlich vom Speiseraum ins Hotelzimmer mitnehmen
- Essen oder Getränke heimlich in mitgebrachte Behältnisse/Taschen einpacken und mitnehmen
- Übermäßiger Alkoholkonsum
- Beleidigungen gegenüber dem Dienstpersonal

„Vorhang auf" – Besuch von Konzert, Kino, Theater & Co.

Die Aura, die ein Konzertsaal oder Theater unmittelbar vor einer Aufführung ausstrahlt, deutet schon auf die Spannung hin, die sowohl die Gäste als auch die Darsteller ergreift. Letzteres entfällt zwar im Kinosaal, da die Darsteller nicht live auftreten, aber eine gespannte Neugier der Besucher ist trotzdem spürbar. Zunächst muss jeder erstmal seinen richtigen Sitzplatz finden. In abgedunkelten Räumen fällt die Suche meist schwerer. Bereits aus diesem Grund empfiehlt sich ein pünktliches Erscheinen. Da man nicht allein der Vorstellung beiwohnt, sondern mehrere Besucherinnen und Besucher die Darbietung sehen und hören möchten, sollten alle gewisse Regeln beachten.

Der Kinobesuch

Im Vergleich zu Theater, Oper, Operette, Musical oder Konzert, wo man sich eher festlich kleidet, gibt es im Kino prinzipiell keine Kleidungsordnung. Ein besonderer Unterschied in Kinos ist außerdem, dass man nebenher auch essen und trinken darf. Oft erscheint auch noch ein Bauchladenverkäufer im Saal und bietet Eis und Konfekt an. Daher zählen raschelnde Chips- und Popcorntüten sowie klappernde Getränkebecher und Flaschen bereits zu kinotypischen Hintergrundgeräuschen. Dass Leute, die in einer Gruppe erscheinen, Filme gerne kommentieren und gemeinsam laut lachen, gehört manchmal ebenso dazu. Allerdings sollten Besucher andere Besucher durch laute Unterhaltungen und permanente Eigenkommentare nicht vom eigentlichen Film ablenken. Man sollte nie verges-

Danke kann auch stören

Paradoxerweise wird ein „Danke“ von demjenigen, der an den bereits sitzenden Zuschauern vorbei gehen muss, dafür, dass sie aufstehen oder ihre Beine schräg zur Seite drehen, meist als störend empfunden. Es lenkt von der Darbietung (und sei es auch nur Kinowerbung oder eine Vorschau auf aktuelle Filme) ab. Daher ist ein freundliches Kopfnicken, vor allem dann, wenn die Vorführung gerade beginnt, angebrachter.

sen, dass man nicht der einzige Besucher im Saal ist. Bereits deshalb ist es unhöflich, seine Jacken und Mäntel einfach über den Vordersitz zu legen, wenn das Kino ausgebucht ist (kein Problem bei freien Vorder- oder Nachbarsitzplätzen) oder den Film ständig zu kommentieren. Besonders unverschämt ist es, wenn jemand einem ausländischen Gast den ganzen Film auf Englisch (oder einer anderen Fremdsprache) simultan übersetzen möchte. Dies mag zwar dem Fremden gegenüber nett gemeint sein, aber es ist eine Qual für alle anderen Kinobesucher. Der entsprechende Besucher muss sich vorab darüber im Klaren sein, dass er nicht alle Dialoge des Films verstehen wird und sich eventuell nur auf die abgespielten Bilder konzentrieren kann.

TIPP

Wer sich gestört fühlt, sollte dies deutlich sagen. Ein schlichtes „Psst“ in Richtung Störenfriede bewirkt oft das Gegenteil dessen, was man anstrebt. Die Gruppe fühlt sich dann im Mittelpunkt stehend und besonders wichtig.

Theater- und Konzertbesuche

Für Theater- und Konzertbesucher gelten im Wesentlichen dieselben Kriterien, allerdings verläuft alles noch etwas formeller. So ist es, im Gegensatz zum Kino, für Zuspätkommende meist nicht mehr möglich, den Raum noch vor der Pause zu betreten. Falls der Türsteher ihnen dennoch während der Vorstellung Einlass gewährt, dann gebietet es sich für den Besucher nicht, sich durch die Reihen durchzuschleichen, um seinen Platz zu erreichen. Dadurch fühlen sich alle Besucher gestört. Er kann derweil an der Seite stehen bleiben und seinen Sitzplatz nach der Pause einnehmen.

Oper, Operette und Musical

Auch für Oper und Operette bzw. Musical gelten die Regeln, die im Theater üblich sind, allerdings mit der Besonderheit, dass die Kleidung noch wesentlich festlicher ist. Als Faustregel gilt: „Je berühmter das Haus, desto vornehmer die Kleidung." Es gilt auch, dass Premieren, Uraufführungen oder gar Welturaufführungen eine festlichere Garderobe erfordern als gewöhnliche Darbietungen.

Lob und Tadel für die Künstler

Klatschen gilt stets als Lob. Allerdings kann auch hier zwischen sehr großem Lob und Lob aus reiner Höflichkeit unterschieden werden. Wenn das Publikum geradezu überwältigt ist, dann erheben sich die Leute und klatschen laut (stehende Ovationen oder auf Englisch „standing ovations"). Sogar kurze Bravorufe sind erlaubt. Lang anhaltender und lauter Applaus lässt auf große, verhaltener Applaus auf weniger große Zustimmung schließen. Pfiffe sind aber nur bedingt angebracht. Wer durch die Finger pfeifen kann, sollte dies höchstens nach Musicals tun, wo der Fan-Kult um die Darsteller größer ist. Allerdings können Pfiffe Missverständnisse bewirken, da sie sowohl Zustimmung als auch Protest signalisieren. Ein kurzer und zwei lange Töne stehen meist für Zustimmung und ein oder zwei lange

TO-DO
- Prüfen, ob Sitzplatz mit Sitzplatznummer übereinstimmt
- Rasch setzen, damit andere freie Sicht auf Leinwand oder Bühne haben
- Mit dem Gesicht zu den Sitzenden gewandt (eventuell freundlich nickend) an ihnen vorbei zum eigenen Platz gehen

TABU
- Simultanübersetzung der Vorführung in der Sprache des Sitznachbarn
- Laute Gespräche oder Selbstgespräche
- Auf falschem Sitzplatz sitzen und behaupten, dass es der eigene sei

INFO

Töne eher für Ablehnung. Allerdings entscheidet das Gesamtbild, wenn abwechselnd zum Klatschen gepfiffen wird, dann ist Zustimmung gemeint. Pfeifen plus Buhrufe bedeutet Tadel. In einer Oper, Operette, einem klassischen Konzert, Theaterspiel etc. gilt auch das Pfeifen aus Protest als verpönt. Während einer Aufführung gibt es gelegentlich Zwischenapplaus, z. B., wenn der lang ersehnte Hauptdarsteller oder ein sonstiger (Gast-)Star erstmals auf der Bühne erscheint. Man sollte jedoch bedenken, dass zu langes Klatschen sowohl die Künstler als auch die Zuschauer stört.

„Gute Besserung" – Richtiges Verhalten bei Krankenbesuchen

Dass Gesundheit zu den wichtigsten Dingen im Leben zählt, wird uns meist erst dann bewusst, wenn wir selbst, liebe Freunde oder Verwandte krank werden. Dann stellt sich oft die Frage, ob bzw. wann und wo man diese besuchen darf oder soll. Dies hängt zum Teil auch davon ab, ob die jeweiligen Personen im Krankenhaus, in einer Rehaklinik oder zu Hause sind. In den Hausordnungen von Krankenhäusern gelten oft strengere Besuchsregeln als in Rehakliniken. Dennoch gibt es wesentliche Gemeinsamkeiten, die es zu beachten gilt.

Private Krankenhausbesuche

Wer Freunde oder Bekannte im Krankenhaus besucht, der sollte ein paar wesentliche Dinge bedenken. Krankenhäuser sind nämlich eigene „Welten" mit eigenen (teilweise ungeschriebenen) Gesetzen. Man sollte nicht einfach spontan dort auftauchen, sondern zunächst bei den engsten Angehörigen anrufen und sich nach dem aktuellen Stand der Dinge erkundigen. So kann man klären, ob der Zustand des Patienten einen Besuch überhaupt zulässt und ob Besuch erwünscht ist. Hierbei ist oft viel Fingerspitzengefühl gefragt, zumal die Angehörigen emotional meist sehr betroffen sind.

Den Umständen entsprechend

Nach einer Operation wissen die Angehörigen oft selbst noch gar nicht Bescheid, wie es dem Patienten geht. Ärzte halten sich meistens bedeckt. Insgesamt machen sich die Angehörigen meist viele Gedanken und sorgen sich um das Wohlergehen des Patienten. Aufgrund dieser starken Anspannung ist ein taktvoller Umgang mit Angehörigen und Patienten geboten. Aufdringlichkeit z. B. in Form von wiederholtem Anrufen sollte unbedingt vermieden werden. Nach einer Operation sollten Sie unbedingt etliche Tage oder sogar eine ganze Woche verstreichen lassen, bevor Sie den Patienten besuchen.

Besuch erwünscht?

Die Frage, ob Besuch überhaupt erwünscht sei, ist durchaus berechtigt. In vielen Fällen fühlen sich Patienten sehr erschöpft, und selbst die kleinste Anstrengung macht ihnen zu schaffen. Besuch ist teilweise sehr belastend für sie. Sie empfangen oft am liebsten nur engste Angehörige oder Vertraute. Daher bietet es sich an, jene Personen zu fragen, ob der Patient besucht werden darf oder ob Anrufe erwünscht seien. Eine nette Geste ist es, wenn man zunächst „Liebe Grüße und gute Besserung“ ausrichten lässt. Gleichzeitig kann man den Angehörigen bitten, er möge einen informieren, wann man sich mit dem Kranken in Verbindung setzen dürfe.

Gute Besserung

Kolleginnen und Kollegen, aber auch Freunde können dem Kranken meist mit einer Genesungskarte eine kleine Freude machen. Dann weiß er, dass man an ihn denkt. Oft sammelt man im Kollegenkreis, um den Kranken mit einem Blumenstrauß oder einem schönen Buch aufzumuntern.

Keine Topfpflanzen!

Manche Besucher schenken – nichts Böses ahnend – Topfpflanzen. Diese sind in Krankenhäusern grundsätzlich verboten, da die Blumenerde Krankheitserreger oder Ungeziefer in sich bergen kann. Dies kann fatale Folgen für die ohnehin geschwächten Patienten haben. Schnittblumen gelten dagegen als unbedenklich.

Bunte Blumen oder Topfpflanzen?

Als typisches Geschenk gilt der klassische Blumenstrauß. Die Blumen sollten möglichst bunt sein, um die meist triste Krankenhausatmosphäre aufzuheitern. Ein intensiver Duft mag nett gemeint sein, aber Blumen, die zu stark duften, können unangenehm auf den Patienten und seine Mitpatienten wirken und z. B. Kopfschmerzen verursachen. Daher sollte man Kranken keine Freesien, Lilien oder Levkojen schenken.

Der erste Besuch im Krankenhaus

Wenn ein Besuchstermin ansteht, erkundigt man sich vorab nach der Zimmernummer und nach den offiziellen Besuchszeiten etc. Letztere kann man auch an der Zentrale des entsprechenden Krankenhauses erfragen. Dort gibt es auch Informationen über Arztvisiten, Schlafenszeiten, Essenszeiten und Therapietermine. Eine kleine Aufmerksamkeit, die über den Krankenhausaufenthalt hinwegtrösten soll, gilt als selbstverständlich. Auch wenn der Kranke meint, dass man nichts mitzubringen brauche – meist freut er sich trotzdem über eine Kleinigkeit.

Keine ungesunden Geschenke

Mit Geschenken möchte man den Kranken eine kleine Freude machen, aber es gibt Geschenke, die absolut ungeeignet sind. Alkohol beispielsweise eignet sich natürlich gar nicht als Krankengeschenk. Er steht als klassisches Synonym für „ungesund" und die Kranken möchten schließlich schnellstmöglichst wieder gesund werden und das Krankenhaus verlassen.

Ungesund und damit unerwünscht können aber auch diverse Lebensmittel sein. Für einen Kranken mit entferntem Blinddarm, der nichts essen und nichts trinken darf, ist es besonders bedauerlich, wenn vor ihm (verbotene) Süßigkeiten oder Fruchtsäfte stehen. Über neutrale Geschenke wie z. B. Bücher oder Zeitschriften freut sich der Kranke sicherlich. Schließlich kann man damit die Langeweile besser überbrücken. Dies gilt auch für Rätselhefte.

Sonstige Regeln für Besucher

Besucher sollten sich immer darüber im Klaren sein, dass ein Besuch den Kranken anstrengt, wenngleich er es sich nicht anmerken lässt. Vor Ort sollte man einige Regeln beachten. Dazu zählt zunächst, dass man anklopft und auf ein „Herein" wartet, bevor man die Tür öffnet. Gegebenenfalls kann man die Tür vorsichtig öffnen, da der Kranke das Klopfzeichen eventuell nicht hörte. Falls sich mehrere Patienten im Zimmer befinden, dann sollte man auch die anderen Patienten kurz begrüßen. Im Zimmer selbst, aber auch außerhalb (auf den Gängen) sollte nicht zu laut oder lebhaft geredet werden. Da sich die Mitpatienten unter Umständen von den Gesprächen gestört fühlen könnten,

INFO

TO-DO

Vor Ort sollte man folgende Punkte beachten:

- Anklopfen und auf ein „Herein" warten
- Kurzer Gruß an andere Patienten
- Mit Patient möglichst Zimmer verlassen
- Nach dem Befinden erkundigen
- Etwas vom Alltag erzählen
- Grüße von anderen ausrichten
- Zimmer verlassen, wenn Patient behandelt oder untersucht wird

TABU

- Lebensmittel als Mitbringsel für Patienten, die eine strenge Diät halten müssen
- Alkohol
- Laute Gespräche
- Gesprächsthemen, die Kranke mental belasten
- Handy anlassen

Stichwort Danksagung
Danksagungen für Beileidsbekundungen etc. gelten ebenfalls als üblich, entweder persönlich oder aber über eine öffentliche Anzeige. Diese sollte nach einigen Tagen, spätestens jedoch nach fünf Wochen veröffentlicht werden. Hier gelten dieselben Regeln wie für die Trauerkarten. Die meisten Menschen zeigen sich hierbei verständnisvoll. Schließlich kann man es von den trauernden Angehörigen nicht erwarten, dass sie sich bei jedem einzelnen persönlich für deren Anteilnahme bedanken.

Herzliches Beileid oder stille Anteilnahme?

Kolleginnen und Kollegen, aber auch Freunde können dem Verstorbenen mit Blumen oder einem Kranzgebinde mit einer Inschrift auf dem Trauerband die letzte Ehre erweisen. Auf den Trauerkarten wird handschriftlich nochmals Beileid ausgedrückt. Bei manchen Beerdigungen liegen Kondolenzbücher aus. Darin kann jeder Anwesende seiner Trauer in kurzen Worten Ausdruck verleihen. Teilweise steht in Todesanzeigen die Bitte, dass die Trauergäste von Beileidsbezeugungen am Grab Abstand nehmen mögen. Daran sollte man sich unbedingt halten. Oft findet sich auch der Hinweis, dass man auf Kranz- und Blumenspenden verzichten möge und lieber eine Spende zugunsten einer bestimmten wohltätigen Einrichtung leisten möge.
Falls der Verstorbene (langjähriges) Mitglied in einem Verein war, kümmert sich der Vereinsvorstand oder Vereinsausschuss in der Regel darum, dass ein Kranz mit einer entsprechenden Beileidsbekundung niedergelegt wird.
Laute Gespräche, offensichtliche Häme oder grelle, aufreizende Kleidung am Grab ist grob rücksichtslos. Damit drückt man keine Anteilnahme aus.

Die Blumen auf dem Grab
Die Blumen und Kränze sind jeweils mit einer Schleife oder einer Karte geschmückt, auf der auch der Name

des Absenders steht. Blumengeschäfte liefern insbesondere Kränze auf dem Friedhof ab. Besonders weiße Blumen (z. B. Nelken) gelten zwar als Friedhofsblumen, aber trotzdem brauchen Grabblumen nicht ausschließlich weiß zu sein. Es bieten sich auch Gestecke und Kränze Ton in Ton an. Rote Rosen bleiben als letzter Blumengruß den aller-

INFO

TO-DO
- Arzt benachrichtigen
- Pfarrer informieren
- Freunde und Angehörige des Verstorbenen benachrichtigen
- Beerdigungsunternehmen kontaktieren
- Pfarrer persönliche Stationen im Leben des Verstorbenen mitteilen, damit dieser in seiner Trauerrede ein Portrait von ihm darlegen kann
- Sterbeanzeige aufgeben
- Versicherungen des Verstorbenen kündigen oder gegebenenfalls nach Übertragungsmöglichkeit erkundigen und weiterführen
- Dunkle Kleidung bei Beerdigungszeremonie tragen
- Kleine Mahlzeit organisieren
- Notartermin (bei notariellem Testament) wahrnehmen
- Gegebenenfalls einstige vertraute Ärzte benachrichtigen (zum einen persönlich, damit diese wissen, dass der langjährige Patient tot ist, zum anderen, damit man sie aus der Patientendatei löscht). Manche Praxen senden ihren Patienten nämlich in regelmäßigem Turnus ein Schreiben, um sie auf die nächste (Vorsorge-) Untersuchung hinzuweisen.
- Danksagung

TABU
- Todesanzeigen mit übertriebenem Lob für den Verstorbenen
- Todesanzeigen mit Tadel des Verstorbenen
- Todesanzeigen mit Vorwürfen gegen Dritte
- Grabreden mit übertriebenem Lob.
- Grabreden mit Tadel
- Laute Gespräche am Grab
- Respektloses Verhalten gegenüber Angehörigen
- Aufreizende Kleidung bei der Beerdigungszeremonie
- Übertriebener Schmuck
- Umfangreiches Essen/Trinken beim Leichenschmaus

nächsten Angehörigen vorbehalten. Auf jeden Fall sollte man sich im Blumengeschäft beraten lassen, welche Blumen in der betreffenden Jahreszeit am besten halten.

Mit Kleidung Respekt und Trauer zeigen
Nicht nur in Deutschland gilt Schwarz als Farbe der Trauer. Dunkle Kleidung (schwarz, dunkelgrau oder dunkelblau) drückt Respekt vor dem Toten aus, dem man die letzte Ehre erweisen möchte. Bunte, farbenfrohe, grelle oder gar aufreizende Kleidung wäre eine große Geschmacklosigkeit gegenüber allen Anwesenden. Männer tragen eine Krawatte. Falls Frauen Schmuck tragen, dann sollte er möglichst dezent sein.
Schwarz als Zeichen der Trauer trugen Witwer und Witwen in der Vergangenheit ein Jahr, zumindest je doch ein halbes Jahr lang. Man sprach von „Volltrauer", da selbst der Kragen schwarz sein musste. Es galt als große Schande, wenn jemand keine schwarze Kleidung trug. Dadurch machte man wortlos deutlich, dass man dem Heiratsmarkt nicht zur Verfügung stand und Annäherungsversuche unschicklich wären. Heute bleibt es jedem selbst überlassen, ob er sich nach der Beerdigung weiterhin für längere Zeit schwarz kleiden möchte.

Der „Leichenschmaus"
Es wirkt merkwürdig, dass anlässlich eines traurigen Ereignisses ein üppiges Essen mit vielen delikaten Speisen aufgetischt werden soll. Allerdings galt dies früher als Zeichen dafür, dass der Tote nun von den Leiden des irdischen Daseins erlöst und im Paradies glücklich sein darf. Es wirkt aber auf die Trauernden maßlos, wenn die Trauergäste üppig speisen. Daher genügt oft ein Imbiss z. B. Kaffee und Hefezopf.

Früh übt sich – Kleiner Kinder-Knigge

„Was Hänschen nicht lernt, lernt Hans nimmermehr", besagt ein altes Sprichwort. Darin steckt mehr als nur ein Fünkchen Wahrheit. Es ist zwar nicht richtig, dass Erwachsene nicht mehr lernen, was sie im Kindes- oder Jugendalter versäumten, aber Menschen, die bereits von Kindesbeinen an in die Grundlagen guten Benehmens eingeführt wurden, finden sich später in der Schule, im Beruf und in der gesamten Gesellschaft besser zurecht als andere. Ihre Mitmenschen bringen ihnen mehr Sympathie entgegen – und nicht nur ihre Sympathiewerte, sondern auch ihre Karrierechancen steigen. Karriere-Coaches sind sich darin einig, dass gutes Benehmen einen Arbeitgeber meist mehr beeindruckt als gute Noten.

Keiner ist perfekt – weder Kinder noch Erwachsene. Eine Erziehung, die sich an modernen, kniggekonformen Leitlinien orientiert, bringt jedoch viele Vorteile mit sich. Sie nützt beiden – Eltern und Kindern.

Chancen früh nutzen

Wer bereits im Kindesalter in die Regeln und Normen höflichen Benehmens eingewiesen wurde, kann sich als Erwachsener beruflich und gesellschaftlich besser integrieren.

Eltern als Vorbilder

Normalerweise gelten Eltern als Vorbilder für die Kinder. Im Jugendalter und als Heranwachsende sehen Kinder ihre Eltern zum Teil aber auch als abschreckende Beispiele und möchten keinesfalls so werden wie sie. Entweder aus allgemeinem Protest oder aus dem Wunsch heraus, alles anders bzw. besser machen zu wollen als die Eltern. Andererseits wiederum wünschen sich Eltern oft, dass es ihre Kinder „einmal besser haben sollen" als sie selbst.

Um ihren Kindern ein gutes Vorbild zu sein, müssen Erwachsene sich so verhalten, wie sie es sich von ihren Kindern wünschen. Man darf nicht erwarten, dass Kinder Verbote einhalten, die man selbst bricht, und eigens aufgestellte Regeln akzeptieren, an die man sich selbst nicht hält. Zudem ist es unfair, Ausnahmen für sich selbst zu erfinden. Angenommen, ein Vater verbietet seinen Kindern, aus der Flasche zu trinken. Irgendwann wird er von seinen Kindern ertappt, wie er selbst aus der Flasche trinkt. Dem Vorwurf der Kinder, dass man nicht aus der Flasche trinken dürfe, was er schließlich selbst gesagt habe, entgegnet er mit Behauptungen wie „Aber nicht, wenn man die Flasche leer trinkt" oder „Aber das gilt nur bei Saft und nicht bei Wasser" oder ähnlichen Ausreden. Eltern dürfen sich auch nicht wundern, dass ihre Kinder abends nie zur Ruhe kommen oder einschlafen können, wenn sie aufregende Computerspiele spielen oder Actionfilme sehen durften. Erwachsene müssen selbst darauf achten,

TIPP

Es ist schade, wenn Kinder aus Neugier und dem Wunsch, korrekt zu handeln, falsche Regeln lernen und gegebenenfalls später weitergeben. Nichts ist nachteiliger, als falsches Wissen weiterzugeben. Kinder vertrauen grundsätzlich eher ihren Eltern als Unbekannten oder Lehrern. Daher sollten insbesondere Erziehungsberechtigte wissen was ge- bzw. verboten ist. Gegebenenfalls sind Kinder-Knigge-Kurse praktisch!

Nicht lügen

Kinder, die von ihren Erziehungsberechtigten aus belanglosem Grund belogen oder falsch informiert werden, werden schnell misstrauisch und haben auch selbst keine Scheu zu lügen.

dass eine Atmosphäre der Ruhe einkehrt und Rituale (Zähneputzen, Gute-Nacht-Geschichte) eingeführt und durchgeführt werden.

Gerade solange die Kinder klein sind, dienen die Eltern generell als Vorbilder. Diese Chance sollte man auf jeden Fall positiv nutzen. Viele Probleme entstehen dann erst gar nicht.

Daheim und auswärts

Erwachsene, die im Beruf und ihren Bekannten gegenüber gewandt auftreten und sich gepflegt artikulieren, sich aber daheim unmöglich verhalten, permanent Kraftausdrücke benutzen und keinen Respekt gegenüber ihren Familienangehörigen wahren, dürfen sich nicht wundern, wenn diese ihnen auch keinen Respekt mehr entgegenbringen.

Gegenseitiger Respekt war die große Vision von Adolph Knigge. Dieser Respekt ist eine schöne Eigenschaft, die sich lernen lässt. Die Eltern müssen dazu aber ein gutes Vorbild sein.

Babysprache meiden!

Es gibt immer wieder Eltern, aber vor allem auch Großeltern, Schwestern, Tanten und Bekannte, die meinen, dass man mit kleinen Kindern in einer bestimmten Babysprache kommunizieren müsse, da diese einen sonst nicht verstehen könnten. Dann wird aus einer Katze eine „Miau", aus einem Hund ein „Wauwau" und aus einer Kuh eine „Muh". Freunde und Verwandte sollten dieses Kauderwelsch unbedingt vermeiden. Viele Eltern hören es nicht gern, scheuen sich jedoch, dies den Besuchern zu sagen. Schließlich ist es ja gut gemeint. Der Sprachentwicklung der Kinder zuliebe sollten die Eltern sich aber nicht scheuen, die Besucher um eine korrekte Sprache zu bitten.

Was Kinder wann wissen sollten

Bis zum Kindergartenbeginn sollten den Sprösslingen folgende Benimmregeln in Fleisch und Blut übergegangen sein:

- „Nach der Toilette, vor dem Essen, Hände waschen nicht vergessen"
- Nur nach Rückfragen Gegenstände oder Spielzeug anderer nehmen

- Mit Essen nicht spielen
- Beim Husten, Niesen und Gähnen Hand vor den Mund halten
- Die Worte „Bitte" und „Danke" richtig anwenden

Bis zum Schulbeginn, spätestens im Laufe der Grundschulzeit, sollten die Kinder folgendes Benehmen beherrschen:

- Älteren oder behinderten Personen in öffentlichen Verkehrsmitteln oder bei Veranstaltungen (z. B. Konzert im Park) ihren Sitzplatz anbieten
- Bei Fehlverhalten oder Missgeschicken höflich um Entschuldigung bitten
- Fremde Erwachsene grundsätzlich mit „Sie" ansprechen
- Grundlegende Tischmanieren einhalten, also: keine Ellbogen auf dem Tisch, Besteck richtig halten, Serviette benützen, nicht mit vollem Mund sprechen, nicht schmatzen

- Bei Erzählungen nach dem Motto „Nur der Esel nennt sich selbst zuerst" die anderen Beteiligten am Beginn nennen. Also statt: „Ich und Hans" muss es lauten: „Hans und ich"

Logik und Lob fördern gutes Benehmen

Enimal angenommen, man möchte erreichen, dass sich Kinder beim Husten die Hand vor den Mund halten. Zum einen, dass sie sich überhaupt die Hand vor den Mund halten, zum anderen, dass es die „richtige" – nämlich die linke – ist. Die eigentliche Erklärung, wonach es auf andere unangenehm wirkt, bzw. dass sich andere durch die ausgehusteten Tröpfchen anstecken können, überzeugt.
„Aber weshalb die Linke?" ist eine berechtigte Frage, die eine ehrliche Antwort verdient. Wenn Leute mit der rechten Hand – auf der sich durch das Niesen oder Husten Bakterien befinden könnten – grüßen, dann besteht ein höheres Risiko, dass sie andere anstecken. Das verstehen auch schon Kinder im Vorschulalter und sie werden sich – da sie den Hintergrund dieser Regel kennen – auch daran halten.

Verbesserungshinweise statt Tadel
Dass kein Mensch perfekt ist, sollte nie vergessen werden. Angenommen, im obigen Beispiel hält sich das Kind beim nächsten Niesen tatsächlich die Hand vor den Mund – allerdings die rechte. Es blickt voller Stolz auf die Eltern und erwartet Lob. Wenn diese allerdings grimmig bemerken, dass man ihm doch bereits gesagt habe, dass höfliche Menschen „immer die linke Hand vor den Mund halten", dann ist es sicherlich enttäuscht und frustriert. Grundsätzliches Lob plus Verbesserungsvorschläge bringen bei Kindern größere Erfolge mit sich. Man sollte das Kind zunächst loben, dass es sich daran erinnert hat, dass man sich beim Niesen die Hand vor den Mund hält und dies sogar getan hat. Hierfür erntet man oft bereits ein strahlend-stolzes Kinderlächeln. Der anschließende Hinweis, dass man es sogar noch etwas besser machen könne, wenn man die linke Hand

Kinder nicht unnötig verängstigen!

Ständiges Angsteinflößen, um Kinder zu einem bestimmten Handeln oder Unterlassen zu nötigen, ist gefährlich und unfair.

nehme, wirkt motivierend. Wenn es beim nächsten Niesen daran denkt und die linke Hand nimmt, dann empfiehlt sich ein weiteres Lob. Die Wahrscheinlichkeit, dass es die gute Angewohnheit dann weiterhin beibehält, ist recht hoch.

Folgen deutlich machen

Angenommen, ein Kind rennt bei Regenwetter mit schmutzigen Schuhen von der Terrasse in das Wohnzimmer mit hochwertigem, hellem Parkett und hinterlässt entsprechende Dreckspuren. Gibt man ihnen einen Bodenwischer in die Hand und erklärt, dass sie den Dreck, den sie verursachten, entfernen sollen, dann bewirkt dies eine Bewusstseinsbildung, dass derartiges Verhalten mit Arbeit verbunden ist – und man die Zeit lustiger, z. B. mit „Mensch ärgere dich nicht"-Spielen hätte verbringen können. Theoretisch könnte man einen Merksatz formulieren, die besagt, dass Information und Konsequenz Ärger und unnötige Arbeit erspart.

Nachsicht

Es gibt keine Regel ohne Ausnahme – und unter den Ausnahmen gibt es wieder Einzelfälle mit weiteren Ausnahmen. Man sollte bei Kindern dennoch so konsequent wie nur möglich sein. Wer konsequent bleibt, ist glaubwürdig und wird ernst genommen. Ab und an wird man aber schon Nachsicht üben und ein Auge zudrücken, z. B., dass das Kind nicht wie üblich um 19 Uhr zu Bett gehen muss, sondern wegen eines außerordentlichen Ereignisses länger aufbleiben darf. Dies ist nur allzu menschlich. Kein Kind ist ständig „brav". Jedes Kind gerät in Situationen, in denen es die Beherrschung verliert. Dies geht Erwachsenen nicht anders. Daher kann man ruhig einmal Nachsicht üben und eine Ausnahme machen. Allerdings sollte die Ausnahme nicht zur Regel werden.

Wenn jedoch die Gastgeber verhindern müssen, dass fremde Kinder mit Filzstiften die Tapeten bemalen, mit Holzklötzchen gegen Fensterscheiben werfen oder Kaugummi in Steckdosen stopfen, dann ist das Maß der Toleranz überschritten. In so einem Fall braucht der Gastgeber auch gar nicht erst die Erziehungsberechtigten zu bitten, ihren Kindern dies zu verbieten. (Normalerweise hätten diese ohnehin bereits entsprechend reagieren müssen.) Man kann die kleinen Randalierer direkt und energisch, allerdings nicht aggressiv zurechtweisen. Bei fahrlässigen Störungen, wenn Kinder beispielsweise beim Spielen unbeabsichtigt Kratzer in das Parkett machen, dann kann der Gastgeber auch die Eltern darauf hinweisen, damit diese ihre Sprösslinge davon abhalten.

Wenn Kinder Schäden verursacht haben

Wenn Kinder, die bei anderen Leuten eingeladen waren, absichtlich oder versehentlich Beschädigungen verursachten, sollten die Eltern dem Gastgeber anbieten, ihnen die Reparaturkosten in Rechnung zu stellen. In vielen Fällen übernehmen entsprechende Versicherungen diese Kosten.

Konsequenz wirkt Wunder

Ähnlich unangebracht wie wegsehen, ignorieren oder dulden ist inkonsequentes Handeln. Eltern, die zwar nicht immer über alle Verfehlungen ihrer Kinder hinwegsehen, aber manchmal Sanktionen aussprechen und durchführen, ein anderes Mal dagegen beim gleichen Fehler nichts sagen, brauchen sich nicht zu wundern, dass sie nicht wirklich ernst genommen werden. Kinder kalkulieren hier knallhart. Wenn in 80 % der Fälle leere Drohungen ausgesprochen werden (z. B. eine bestimmte Lieblingssendung im Fernsehen nicht ansehen zu dürfen), die dann aber nicht eingehalten werden, dann lohnt sich ein Verstoß gegen die Vorschrift (z. B. das Verbot, ohne gewaschene Hände am Mittagstisch Platz zu nehmen) durchaus. Denn das Risiko, die gewünschte Fernsehsendung nicht sehen zu dürfen, liegt bei lediglich 20 %. Wenn die Verbote aber konsequent eingehalten werden, dann steigt die Chance, dass der Nachwuchs sich angemessen verhält, entsprechend. Dies kostet zwar viel Kraft und Nerven, aber der Erfolg lohnt sich.

TO-DO

- Kinder loben, wenn sie etwas richtig gemacht haben
- Kinder motivieren, höflich zu sein
- Kindern ein Vorbild sein
- Kleine Belohnungen (Süßigkeiten, Schwimmbadbesuch, Spielzeug) geben, als Zeichen der Freude über vorbildliches Verhalten und zum Ansporn für künftige gute Manieren

TABU

- Kinder mit Mitteln der Angst einschüchtern
- Kinder tadeln oder mit Sanktionen drohen, wenn sie eine Regel unbeabsichtigt nicht perfekt umgesetzt haben
- Permanente Inkonsequenz
- Von Kindern fordern, was man selbst nicht einhält
- Kinder öffentlich vor anderen bloßstellen und lächerlich machen, indem z. B. anvertraute Geheimnisse verraten werden

Grüßen und Begrüßen für Kinder

„Hallo" und „Guten Tag" zu sagen, klingt in Kinderohren zwar vertraut, ist aber eine zweischneidige Sache. Einerseits hören sie oft, dass sie nicht mit Fremden mitgehen oder sich nicht von Fremden ansprechen lassen sollen, andererseits sollen sie oft für sie Fremde höflich grüßen. Auch Schüchternheit spielt eine große Rolle, wenn Kinder nicht grüßen wollen. Manche Kinder verkriechen sich im wahrsten Sinne des Wortes hinter ihren Eltern. Sei es aus Angst vor Fremden, aus einem natürlichen Schutzbedürfnis heraus oder aber, um die Aufmerksamkeit aller Beteiligten zu erwecken. Wenn ihnen sonst wenig Beachtung geschenkt wird, dann bietet sich dieses Zeremoniell geradezu an, sich in den Mittelpunkt des Interesses der Erwachsenen zu stellen. Wenn Kinder aber ermuntert werden, ihre Familienangehörigen morgens nach dem Aufstehen zu grüßen und Gäste mit einem „Guten Tag" oder „Hallo" ebenfalls die Hand zu reichen, dann entwickelt sich in absehbarer Zeit eine gewisse Routine, was das Grüßen anbelangt.

Die „gute" Hand und die „böse" Hand?

Normalerweise möchten Linkshänder instinktiv mit der linken Hand grüßen. Dies ist jedoch nicht „knigge-konform". Belehrungen wie „mit der schönen Hand grüßen" verwirren und verängstigen die Kinder jedoch. Sie machen sich verzweifelt Gedanken, was es mit der schönen, guten Hand und der bösen wohl auf sich hat. Auch hier hilft Logik! Man erklärt ihnen einfach, dass viele Menschen alles in die rechte Hand nehmen, dass es aber auch Menschen gibt, die lieber mit der linken Hand arbeiten. Erstere seien die sogenannten Rechtshänder und die anderen die Linkshänder. Das Kind selbst zähle zu den „Linkshändern". Da die Mehrzahl der Menschen aber „Rechtshänder" seien, habe man sich darauf geeinigt, sich gegenseitig immer mit der rechten Hand zu begrüßen, damit sich die Handflächen berühren können. Dies sei schlecht möglich, wenn sich Menschen gegenüberstünden und parallel die rechte und die linke Hand

TIPP

Als Erwachsener sollte man sich zu Kindern beim Grüßen per Handschlag hinabbeugen! Das Kind wird dadurch weniger Scheu haben und sich eher als ebenbürtig fühlen.

entgegenstreckten. Um dies plastisch zu demonstrieren, kann man es mit den Kindern ausprobieren. Diese haben manchmal noch kein so ausgeprägtes räumliches Vorstellungsvermögen, weshalb es sich empfiehlt, es experimentell zu verdeutlichen.

Blickkontakt erklären und fördern

Nicht nur Kinder, sondern auch Erwachsene scheuen sich oft davor, anderen beim Grüßen in die Augen zu blicken – sei es aus Verlegenheit oder aus Unachtsamkeit. Starke Persönlichkeiten zeichnen sich meist durch einen kräftigen Händedruck und einen offenen Blick aus. Für Kinder ist dies aber bereits deshalb kompliziert, da sie viel kleiner als die Erwachsenen sind. Sofern diese sich nicht zu ihnen hinabbeugen, können sie ihnen gar nicht in die Augen sehen.

Gelten bei Kindern andere Grußregeln?

Was Erwachsenen klar ist, bereitet Kindern oft Kopfzerbrechen. Vor allem, wenn es darum geht, wie man richtig grüßt und begrüßt. Es ist Fingerspitzengefühl notwendig, um ihnen zu erklären, dass man den anderen eine gewisse Ehre erweist, indem man aufsteht, die Hände aus

TO-DO
- Dem Kind erklären, weshalb sich sowohl Rechts- als auch Linkshänder mit der rechten Hand begrüßen
- Kindern beim Grüßen in die Augen schauen
- Kindern, die den Blick abwenden, freundlich zum Blickkontakt animieren, z. B. mit der Begründung, man wolle sich seine Augenfarbe merken, damit man es das nächste Mal wieder erkenne

TABU
- Kindern mit dubiosen Geschichten Angst einflößen
- Kinder ignorieren und überhaupt nicht grüßen

INFO

den Hosentaschen nimmt und die gereichte Hand anfasst. Als „Faustformel" bietet sich an, dass die „Großen" den „Kleinen" (bzw. die Erwachsenen den Kindern) die Hand reichen. Dies klappt auch noch mit der Begründung, dass der Ältere dem Jüngeren die Hand reicht.

Normalerweise grüßt derjenige, der formell als „Rangniedriger" gilt, den „Ranghöheren" zuerst (und der Herr die Dame). Da Kinder aber keine „kleinen Erwachsenen" sind und zudem manchmal schüchtern und verunsichert wirken, sieht man diese Regel bei ihnen etwas lockerer. Die Regel, wonach diejenigen zuerst grüßen, die einen Raum betreten, in dem sich bereits Menschen aufhalten oder sich zu anderen an einen Tisch setzen, bleibt jedoch unangetastet. Auch hier haben Eltern eine Vorbildfunktion.

Vorstellen von Kindern und Erwachsenen

Auch hier stellt sich der Rangniedere dem Ranghöheren entweder selbst vor oder wird ihm vorgestellt. Beispielsweise stellt eine Mutter ihr Kind dem Kinderarzt vor. Das Kind, je nachdem, ob es bereits im schulfähigen Alter ist oder nicht, kann sich mit seinem Namen (z. B.: „Hallo ich bin Felix") vorstellen. Seinen Nachnamen sollte ein Kind möglichst ab dem fünften Lebensjahr beherrschen und bei der Vorstellung hinzufügen können. Eher schüchterne Kinder können Erwachsenen aber auch von den Eltern vorgestellt werden. Z. B. könnte der Vater von Felix zum Besucher sagen: „Das ist Felix" und anschließend dem Kind sagen, um wen es sich bei dem Besucher handelt (z. B. „Felix, das ist der Herr Doktor.")

Kinder am Telefon

Telefonate annehmen

Kinder sind meist sehr stolz, wenn sie selbst Telefonate annehmen dürfen. Erforderlich jedoch ist die Fähigkeit, den eigenen Vor- und Zunamen zu nennen, damit der Anrufer weiß, mit wem er spricht. Ein „Hallo" allein genügt nicht. Bereits fünfjährige Kinder sind in der Lage, sich korrekt zu melden. Auf diese Art und Weise lassen sich Verwechslungen und Missverständnisse vermeiden.

Es gilt die Faustregel, dass sich Kinder mit Vor- und Zunamen am Telefon melden. Lediglich mit dem Nachnamen melden sich nur die Erwachsenen. Dies hat viele Vorteile. Zum einen erkennt der Anrufer sofort, mit wem er spricht. In Haushalten mit mehreren Familienmitgliedern, speziell wenn die Kinder älter werden, sind Verwechslungen nämlich geradezu vorprogrammiert, wenn sich alle nur mit Zunamen melden. Für den Anrufer ist es meist unangenehm, wenn er fragen muss, mit welcher Person er momentan spricht. Peinlich wäre es auch, wenn er zwar bereits die gewünschte Person am Apparat hat, das aber nicht erkennt und sie bittet, mit dem gewünschten Gesprächspartner verbunden zu werden. Für den Gesprächspartner mag es lustig sein, aber dem Anrufer ist dies eher peinlich.

Auch wenn sie noch nicht schreiben können, sollten sich Kinder kurze Botschaften merken können und zuverlässig ausrichten.

TIPP

Ein Kind soll sich merken, sich mit Vor- und Zunamen zu melden und die Wörter „Bitte" und „Danke" nicht zu vergessen, wenn es mit einem anderen Gesprächspartner verbunden werden möchte.

Telefonate führen

Vor noch nicht allzu langer Zeit, etwa Anfang der 1970er-Jahre, war es nicht unbedingt selbstverständlich, dass jeder Haushalt über einen eigenen Telefonanschluss verfügte. Wer keinen eigenen Anschluss hatte, musste ein öffentliches Telefonhäuschen aufsuchen. Dann war es natürlich besonders schade, wenn die gewünschte Person nicht erreichbar war. Ein Anrufbeantworter (sofern einer vorhanden war) half auch nicht weiter, da man schließlich keine Rückrufnummer hinterlassen konnte. Mittlerweile zählen Telefone zum Alltag. Zudem verfügen viele zusätzlich über Mobiltelefone. Wenn aber ein Kind bei einem anderen Kind (von Festnetz zu Festnetz) anrufen möchte, dann gibt es hier ebenfalls ein paar wichtige Dinge, die es beachten sollte.

Zunächst sollte es grüßen und dann seinen Vor- und Zunamen aussprechen und sagen, wen er sprechen möchte. (Z. B.: „Guten Tag Frau Müller, hier spricht Hans Klein, kann ich bitte den Felix sprechen?") Sollte dieser nicht anwesend sein, dann kann das anrufende Kind darum bitten, ihm etwas auszurichten. (Z. B.: „Könnten Sie ihm bitte sagen, dass das Fußballtraining morgen ausfällt?) „Danke" und „Auf Wiederhören" (oder Ähnliches) dürfen natürlich ebenfalls nicht fehlen.

Wo bleibt mein Geschenk?

Normalerweise freuen sich Kinder über Besucher, da diese ihnen meist ein Geschenk mitbringen. Manche Kinder sind der Meinung, dass sie dies erwarten können. Die Eltern sollten den Kindern erklären, dass sie nicht selbstverständlich ein Recht auf ein Geschenk haben und dass der Besucher dies freiwillig mitgebracht hat. Dann freut es sich über Geschenke und seine Erwartungshaltung ist niedriger. Auch bei kleinen Geschen-

ken sollten Kinder dazu angehalten werden, „Danke" zu sagen.

Entschuldigung bei Pannen

Dass keiner perfekt ist, kann nicht oft genug wiederholt werden und Kinder sind hier keine Ausnahme. Vor allem nicht, wenn ihnen strengste Sanktionen drohen und sie aus Angst vor Strafe verschweigen, dass ihnen ein Missgeschick passiert ist. Man sollte seine Kinder dazu anhalten, dass sie Missgeschicke offen zugeben und sich dafür entschuldigen. Dies bedeutet jedoch nicht, dass man grundsätzlich alles machen darf, wenn man sich anschließend kurz mit dem Zauberwörtchen „Entschuldigung" geschickt aus der Affäre ziehen kann. Oft erkennen Kinder den Wert des beschädigten Gegenstandes (z. B. eine mehrere tausend Euro teure Designervase oder

Danke und Bitte

Manchmal geschieht es nicht einmal absichtlich, dass Kinder vergessen, die (neben dem Wort „Entschuldigung") wichtigsten Wörter guten Benehmens, nämlich „Bitte" und „Danke", zu sagen. Gerade im Alltag fehlt ihnen dieses Bewusstsein bereits deshalb, da andere Erwachsene es teilweise auch nicht anwenden.
Das Wörtchen „Danke" sollte vor allem dann sofort folgen, wenn Kinder ein Geschenk in Empfang nehmen dürfen.

eine Blumenvase mit einem Warenwert in Höhe von fünf Euro) nicht oder können sich nichts unter einem bestimmten Geldbetrag vorstellen. Dann bietet es sich an, ihnen plastisch zu erklären, welchen Schaden sie verursacht haben, z. B., dass die zerbrochene Blumenvase so viel kostet wie ihr neues Fahrrad (oder wie 20 Fahrräder). Auch Kinder verstehen die Größe des Schadens, wenn man ihnen erklärt, dass die Eltern für diesen Schaden einen (oder mehrere) Tag(e) lang arbeiten müssen.

Kinder und Tischmanieren

Bis Kinder mit Messer und Gabel essen können bzw. dürfen, verstreichen oft ein paar Jahre. Andererseits bieten Eltern als Vorbilder die besten Chancen, da Kinder den Erwachsenen gerne alles nachmachen. In der Alltagshektik (berufstätige Eltern, Nachmittagsunterricht etc.) können manche Familien erst abends gemeinsam essen. Gerade von kleinen Kindern kann man noch nicht erwarten, dass sie beispielsweise Forellen fachgerecht zerlegen. Hier ist elterliche Hilfe geboten. Aber manche grundlegenden Dinge können selbst sie beachten und umsetzen.
Falls das Kind direkt aus der Schule oder dem Kindergarten kommt, dann müssen als erstes die Hände gewaschen werden. (Spezielle Kinderseifen mit Comicmotiven wirken oft motivierend.) Während kleinere Kinder noch auf speziellen Kinderhochstühlen sitzen, nehmen größere Kinder bereits auf normalen Stühlen platz, wobei die Größe durch Sitzkissen ausgeglichen werden kann. Aufstehen sollten sie erst,

wenn alle aufstehen. Dies sollte Kindern vermittelt werden, wobei es im Naturell eines Kindes liegt, dass es nicht stundenlang sitzen kann. Daher sollte seine Bitte, aufstehen zu dürfen, akzeptiert werden. Vorab muss es jedoch wissen, dass es sich schickt, vorher danach zu fragen.

Ein gemeinsames Essen stärkt das Wir-Gefühl in der Familie. Dadurch lassen sich viele Probleme vermeiden. Dies setzt natürlich voraus, dass während der Essenszeit keine externen Ablenkungen erfolgen wie beispielsweise laufende Fernseher, raschelnde Zeitungen, (Schul-)Bücher, Gameboys, Comichefte oder laute Musik. Mobiltelefone sind ebenfalls unerwünscht. Ziel des gemeinsamen Essens sollte schließlich nicht nur die Nahrungsaufnahme, sondern auch das Aufrechterhalten und Pflegen der innerfamiliären Harmonie sein. Im Übrigen ist auch nichts dagegen einzuwenden, wenn Kinder helfen, den Tisch zu decken bzw. abzuräumen. Dies ist keine „Kinderarbeit" im negativen Sinn. Im Gegenteil: Kinder fühlen sich oft geehrt, wenn sie so viel Verantwortung übernehmen dürfen.

Kinder, die bereits früh lernen, wie man sich bei Tisch verhält, haben später kaum Schwierigkeiten, was Fragen zu gutem Benehmen anbelangt. Nicht umsonst heißt es daher: „Früh übt sich, wer ein Meister werden will" – wobei man auch nie auslernt, da sich immer wieder etwas ändert oder Neues ergibt.

Vorsicht Suppenkasper: Kinder nie zum Essen zwingen

Man soll Kinder nie zum Essen zwingen. Während es früher grobe Methoden gab, um Kinder dazu zu bringen, ihren Teller leer zu essen, herrscht heute meist mehr Nachsicht. In den 1950er-Jahren ängstigte man Kinder mit Geschichten vom „Suppenkasper", der immer sagte „Nein, ich esse meine Suppe nicht", bis er schließlich starb. Oder man stellte einen Spiegel neben sie und drohte, dass sie auch bald abmagern könnten wie der Suppenkasper. Manche Kinder durften den Tisch erst verlassen, nachdem der ganze Teller leer war. Hintergrund war die Sorge, dass ein weiterer Krieg drohen könnte und daher ein paar Fettreserven angegessen werden sollten.

Kinder haben ein anderes Verhältnis zu Essensmengen als Erwachse-

TIPP

Jeder sollte seinen Stammplatz bei Tisch erhalten, damit es zu keinen Meinungsverschiedenheiten oder Streitereien beim Platz nehmen kommt.

ne. Angenommen, ein Erwachsener schöpft einem Kind besonders viel auf den Teller, dann braucht es das nicht aufzuessen. Ebenfalls, wenn es ihm partout nicht schmeckt. Man sollte es jedoch davon überzeugen, dass es zumindest einmal davon kosten sollte. Kinder sind nämlich oft sehr misstrauisch, was neue Gerichte anbelangt. Sollte es ihm wirklich nicht schmecken, dann kann es den Teller stehen lassen. Manche Kinder, die sich selbst schöpfen dürfen/können, fallen jedoch dadurch auf, dass sie immer wieder große Essensreste auf dem Teller lassen. Dies sollte nicht zur Regel werden. Zum Essen zwingen sollte man es dennoch niemals. Diese Vorgehensweise programmiert spätere Gewichtsprobleme geradezu vor. Daher empfiehlt es sich, dem Kind die Reste zur nächsten Mahlzeit (z. B. am Abend) erneut aufzutischen. Mit der Zeit entwickelt es ein Gefühl für Essensmengen. Allerdings sollte man es darauf hinweisen, dass es sich später nochmals nachnehmen darf, falls es noch Appetit haben sollte.

Der böse Kühlschrank

Die Verlockung, ständig zu naschen, ist groß, wenn ein Kind sieht, dass sich Erwachsene auch sehr oft am Kühlschrank bedienen. Dass es dann bei Tisch keinen großen Hunger mehr hat, ergibt sich von selbst. Eltern können dazu beitragen, dies zu vermeiden, indem sie den „Verlockungen des Kühlschranks" – zumindest in Anwesenheit der Kinder – ebenfalls widerstehen.

Was Kinder bei Tisch beachten sollten

Kinder denken sich natürlich meist nichts Böses dabei, wenn sie nicht kniggekonform essen. Helfen Sie Ihren Kindern, von Grund auf die richtigen Tischmanieren zu lernen. Sie müssen es nur wissen, um es beachten zu können.

1. Besteck zum Mund führen und nicht Kopf zum Teller beugen
2. Ellbogen nicht auf dem Tisch aufstützen (und Kopf auch nicht auf den Händen ablegen und mit Ellbogen auf dem Tisch abstützen)
3. Nach dem Essen den Mund mit der Serviette abtupfen
4. Nicht laut schmatzen

5. Essen erst kauen, dann schlucken, dann gegebenenfalls einen Schluck trinken (also nicht Essen mit Getränk hinunterschlucken)
6. Während des Essens (und auch sonst) nicht in der Nase bohren
7. Nicht mit vollem Mund sprechen
8. Messer nie in den Mund stecken (oder ablecken), dies sieht nicht nur unschön aus, es kann auch zu Verletzungen führen
9. Nicht essen, bevor die Gastgeber (oder die Eltern) essen
10. Beim Husten und Gähnen die linke (!) Hand vor den Mund halten und Gesicht (soweit möglich) wegdrehen vom Nebensitzer/Gegenüber

Lob wirkt meist motivierend. Wenn die Kinder zu Gast bei anderen Personen waren und sich die „Benimmregeln" zu Herzen genommen haben, ist ein Lob angebracht, damit sie es nächsten Mal wieder tun.

Spezielle (Lieblings-) Speisen für Kinder

Manche Speisen mögen fast alle Kinder, z. B. Hamburger, Pizza, Pommes Frites, Spaghetti und vieles mehr. Hier kann man von (kleinen) Kindern nicht die gleichen Maßstäbe erwarten wie von Erwachsenen. Während Hamburger stets mit den Händen gegessen werden, stellt man sich bei Pommes Frites auf das Alter der Kinder ein. Kleinere Kinder dürfen sie mit den Fingern essen. Ab sechs Jahren sollten die Kinder jedoch die Gabel verwenden. Erwachsene tunken die Soße nicht mit Brot auf. Kinder durchaus. Sie brechen Brotstückchen ab, saugen die Soße damit auf und führen sie zum Mund. Bei Kindern ist dies absolut akzep-

TO-DO
- Pizza in Stücke schneiden und essen
- Hamburger und Ähnliches in die Hand nehmen und essen
- Mund mit Serviette abtupfen nach Ende der Mahlzeit

TABU
- Spaghetti mit Messer zerschneiden
- Schlürfen
- Pommes mit Fingern essen, gilt für große Kinder (ab sechs Jahren)

INFO

tabel. Bei Spaghetti dürfen Kinder durchaus mit dem Löffel nachhelfen. Dieser wird in die linke Hand genommen. Mit der rechten Hand hält man die Gabel, nimmt zwei bis drei der Nudeln auf und dreht sie gegen den Löffel. Schneiden ist jedoch tabu. Eines sollte aber auch hier nie fehlen, und zwar, dass man sich nach dem Essen den Mund mit der Serviette abtupft.

Kinder zu Gast bei anderen Kindern

Selbstverständlich freuen sich Kinder, wenn sie zu Gast bei anderen Kindern sein dürfen. Genauso freuen sie sich, wenn Kinder, die sie selbst eingeladen haben, ihnen einen Gegenbesuch abstatten. Manchmal leider zum Missfallen der Eltern. Nicht alle Kinder erhalten im Rahmen ihrer Erziehung eine Einweisung in gutes Benehmen.
Kindern sollten gewisse „Besuchsregeln“ vermittelt werden. Dazu gehört z. B., dass man nicht an der Tür des Schulfreundes klingelt und, falls dessen Mutter die Tür öffnet, ohne zu grüßen patzig fragt „Ist der Tobi da?“, oder sogar ohne jeden Gruß an der Mutter vorbei in Richtung Kinderzimmer rennt.
Das Kind sollte zunächst die Mutter (oder die Person, die die Türe öffnet) mit einem „Guten Tag Frau X, ich bin die (Name). Die (Name der Tochter) hat mich eingeladen.“ Dann macht die kleine Besucherin sofort einen sehr guten Eindruck auf die Mutter ihrer Freundin.

INFO

TO-DO
- Das Kind soll beim Besuchen eines Freundes dessen Eltern grüßen.
- Das Kind soll sich vorstellen.

TABU
- Einfach an der Person, die die Tür öffnet, grußlos vorbeigehen
- Ohne Gruß lediglich fragen, ob das andere Kind da sei

BENIMM IM BUSINESS

„Ein schönes Benehmen ist der Schmuck des Lebens, und jeder angenehme Ausdruck hilft wundervoll von der Stelle."
(Baltasar Gracián, 1601–1658)

Eine gute Bewerbung gilt als Schlüssel zum Erfolg. Daran ändert sich auch nichts, wenn mittlerweile viele Firmen es schon aus Kostengründen vorziehen, dass die Online-Bewerbungen eingereicht werden. Im ganzen Bewerbungsprozess gilt es, sowohl schriftlich als auch mündlich zu überzeugen. Vor allem durch das Beherrschen von grundlegenden Regeln der Kommunikation.

Im Berufsalltag treffen viele unterschiedliche Personengruppen aufeinander. Dabei verläuft nicht immer alles spannungsfrei. Manche Verhandlungssituationen sind dermaßen verzwickt, dass einem ein „Jetzt reicht es" herauszurutschen droht. Geschäftsessen verraten, ob dem Tischnachbarn Tischmanieren wichtig oder überhaupt geläufig sind. Eine gute Zusammenarbeit mit Kolleginnen und Kollegen bzw. Kunden und Vorgesetzten lässt sich fördern, wenn grundlegende Benimmregeln beachtet werden. Gleichzeitig fördert angemessene, stilvolle Kleidung die Zusammenarbeit und die gegenseitige Akzeptanz. Allerdings kommt es auch auf den guten Ton am Telefon und das stilsichere Verfassen von Briefen und E-Mails an.

Bewerben leicht gemacht – Der optimale Karrierestart

Am Anfang der beruflichen Karriere steht die Bewerbung. Auf gute Bewerbungen winken Einladungen zu Vorstellungsgesprächen oder zu einem Assessment-Center.
Da die Mitarbeiter den unternehmerischen Erfolg maßgeblich beeinflussen, zählt die Personalauswahl zu den wichtigsten Managemententscheidungen. Folglich ist eine gute Bewerbung der erste Schritt für eine berufliche Karriere.
In den vergangenen Jahren hat sich einiges geändert. Bewerbungen via Internet sind gang und gäbe – entweder indem man alle Dateien als PDF per E-Mail verschickt oder mittels eines Online-Formulars, das man ausfüllt und wo man Dateien wie Lebenslauf und Bewerbungsfoto hochladen kann. Dokumente wie Zeugniskopien des hochwertigsten Abschlusses plus Abiturzeugnis müssen für den digitalen Weg in guter Qualität eingescannt oder abfotografiert werden. Dennoch wünschen insbesondere kleinere, konservative Arbeitgeber, dass eine Bewerbungsmappe per Post eingereicht wird. Welcher Weg bevorzugt wird, geht aus der Stellenausschreibung hervor. Die Anforderungen an Bewerbungen sind jedoch hier wie dort identisch.
Neben der klassischen Bewerbung auf eine Stellenausschreibung gibt es aber auch die Initiativbewerbung (Jobanfrage ohne ausgeschriebene Stelle). Eine gute „Blindbewerbung", die unverhofft auf dem Schreibtisch des Wunsch-Arbeitgebers landet, hebt den Bewerber aus der Summe potenzieller Mitarbeiter in einem ausgeschriebenen Bewerbungsverfahren heraus. Führt man zuvor auch noch ein Telefonat mit der entsprechenden Personalstelle und kann im Anschreiben auf dieses verweisen, zeigt man ein ganz besonderes Engagement.

Der „gute Ton"

Bewerbungen vermitteln dem Personalchef einen ersten Eindruck über die Person und die Qualifikation des Bewerbers. Dies setzt das Einhalten bestimmter Formalitäten voraus und erfordert ein individuelles Anschreiben. Es muss sofort ersichtlich sein, weshalb sich jemand auf die Stelle bewirbt und welche Aufgaben der Bewerber erfüllen kann. Der Personalchef muss sofort erkennen, dass

sich der Bewerber intensiv mit der Stellenausschreibung befasst hat, zuverlässig und kompetent ist. Daher sollten die wichtigsten Argumente am Anfang stehen.
Formelle Mängel müssen nicht sein, da man sich sonst selbst ein Bein stellt. Kreativität ist allenfalls in kreativen Berufen (Designer) gefragt. Doch selbst in solchen Branchen sollte man sich an die gängigen Bewerbungsregeln halten. Wichtig sind leserfreundliche Darstellungen und gut aufbereitete Inhalten. Tippfehler gelten als Karrierekiller. Rechtschreibfehler erst recht. Wer meint, dass die aktuelle Rechtschreibreform darin besteht, dass das „ß" abgeschafft worden sei, der irrt. Im Zweifel lieber alles nach alter Rechtschreibung formulieren (allerdings nicht bei Berufen, in denen es um Wort und Schrift geht) oder einen professionellen Lektoratsdienst (z. B. deutscher Lektorinnenverband) in Anspruch nehmen. Viele bieten vergünstigte Preise für Schüler, Studierende oder Hochschulabsolventen an. Außerdem sollte die Stellenanzeige genau gelesen werden und im Zweifel sollten weitere Recherchen durchgeführt werden. Keinesfalls darf der Firmenname falsch geschrieben oder Vor- und Zunamen des Ansprechpartners miteinander verwechselt werden. Auch die Schlussformel sollte nicht so klingen, als ob der Bewerber sich aus juristischen Gründen gezwungen fühlt, Bewerbungen zu verfassen, z. B. aufgrund finanzieller Herunterstufungen bei der Agentur für Arbeit.

Falsche Coaches

Es gibt Personen, die gezieltes Einzelcoaching anbieten. Tatsache jedoch ist, das Coaching kein rechtlich geschützter Begriff in Deutschland ist. Die Dozenten schmücken sich mit Zertifikaten, die ebenfalls unklar definiert sind. Größte Vorsicht ist bei Privatpersonen geboten, die sich im Internet (z. B. auf Xing) als Business-Coach ausgeben und bei genauerem Blick dadurch auffallen, dass sie Rechtschreibfehler machen und genau das, was sie „predigen" (z. B. keine Krawatte mit Donald-Duck-Motiv) selbst nicht einhalten.

Die äußere Form

Mittlerweile ziehen sehr viele Arbeitgeber eine Online-Bewerbung vor. Aber auch PDF-Dateien müssen durch eine perfekte äußere Form überzeugen. Zwar lassen sich schlechte Noten nicht mehr ändern, aber mit dem richtigen Layout (und dafür benötigt man weder ein Zertifikat über die Teilnahme an einem

Kurs zum Thema Bewerbungstraining noch gute Schulnoten) kann man sehr viel gewinnen! Und beim Versand per Post gilt erst recht: ein verstärkter, korrekt frankierter Briefumschlag (DIN A4), sauberes Papier, d. h. kein Blümchenmuster, keine Kaffeeflecken, keine Eselsohren etc. und ein qualitativ hochwertiges Bewerbungsfoto müssen sein.

Der Aufbau des Anschreibens
Linksbündig, Flattersatz
2,5 cm Rand, beidseitig

Oben links Adresse des Bewerbers:
Name
Straße
Postleitzahl und Ort
Telefonnummer
E-Mail-Adresse
Ggf. Profil von Xing oder LinkedIn

Nach fünf Absätzen:
Name der Firma
Name des Ansprechpartners
Straße und Hausnummer oder Postfach
Postleitzahl und Stadt
Rechts eingerückt: Datum
Absatz: Bewerbung als XY
Das Wort Betreff erscheint nicht!
Absatz, dann:
Sehr geehrte/r XY (Name der zuständigen Person)
Komma, deutlicher Absatz.
Text.
Im ersten Satz steht, wo man die Anzeige entdeckt hat und weshalb man sich bewirbt.

Im zweiten Absatz erwähnt man den beruflichen Werdegang und herausragende Aufgabenbereiche. Namen der Firmen brauchen hier nicht genannt werden. Sie stehen bereits im tabellarischen Lebenslauf, also reicht: „Nach meiner Tätigkeit bei einem Automobilzulieferer wechselte ich zu einem Hersteller von Druckerpatronen. Hier war ich insbesondere für die Kreditoren- und Debitorenbuchhaltung zuständig."

Das Bewerbungsfoto

Ein Bild sagt sekundenschnell mehr als 1000 Worte. Daher sollten Sie unbedingt professionelle Fotos machen lassen. Digitale Fotos sind besser, da große Firmen oft Online-Bewerbungen bevorzugen.

Nach einem Absatz wird beschrieben, was man gut kann und was man einbringen möchte. Auch die eigenen Erwartungen können formuliert werden. Im letzten Satz steht, dass man sich auf ein Vorstellungsgespräch freut. Auf die Schlussformel „Mit freundlichen Grüßen" folgen der Name und die Unterschrift – unbedingt handschriftlich.

Nach einem deutlichen Absatz folgt die „Anlage", bzw. die „Anlagen". Hier wird nicht aufgezählt welche „Anlagen" folgen. Aus dem Wort geht hervor, dass mehr als ein Blatt beigefügt wird.

Der Lebenslauf

Das Anschreiben muss bereits das Interesse und die Neugierde des Lesers geweckt haben, um die einzelnen Stationen im Berufsleben des Bewerbers konkreter zu betrachten. Wenn im Anschreiben z. B. steht „Au-

INFO

TO-DO

- „Aufhänger", z. B. „Telefonat vom", „Anzeige in der XY-Zeitung vom" nennen
- In wenigen Sätzen darstellen, weshalb man die richtige Person für die ausgeschriebene Stelle ist
- Stets bedenken, dass der potenzielle Arbeitgeber neugierig auf die Bewerbung und die Person gemacht werden soll
- Möglichen Eintrittstermin anführen
- Gehaltswünsche angeben, falls es ausdrücklich gefordert wurde
- Freundliche Schlussformel, die deutlich macht, dass man sich über eine Einladung zum Vorstellungsgespräch freut
- Unterschrift, möglichst in blauer Tinte
- Insgesamt keine Rechtschreib- und Grammatikfehler
- Schriftgröße 12
- Das Anschreiben sollte nicht mehr als eine Seite lang sein
- Individuelles Anschreiben

TABU

- Langatmige Schachtelsätze ohne Inhalt
- Rechtschreib- und Grammatikfehler
- Falsches Datum
- Falsche Schreibweisen von Namen
- Aggressive Formulierungen
- Fehlende Schlussformel und Unterschrift

tomobilzulieferer im Raum XY", kann er seine Neugier nur stillen, wenn er die tabellarische Aufstellung liest.

Die Frage, ob der tabellarische Lebenslauf chronologisch oder thematisch erstellt werden soll, lässt sich nicht pauschal beantworten. Einfacher ist der chronologische Lebenslauf. Sind aber mehrere Brüche (z. B. Kindererziehung, Umzug, berufliche Veränderungen oder Zusatzausbildungen) vorhanden, bietet sich ein thematischer Lebenslauf an.

Im tabellarischen Lebenslauf geht es darum, die Qualifikationen und Erfahrungen kurz und übersichtlich anzuführen, die zur Stellenausschreibung passen. Dies muss darin enthalten sein:

1. Persönliche Daten (Name, Adresse, Bewerbungsfoto insbesondere bei Bewerbungen in Deutschland/Europa), Geburtsort, Geburtsdatum, Familienstand, Kinder (Anzahl). Jugendliche geben noch die Daten der Eltern an, Bewerber ohne deutsche Staatsbürgerschaft ihre Staatsangehörigkeit.
2. Besuchte Schulen und Abschlüsse (z. B. 1990–1993 Wirtschaftsgymnasium S-Stadt, Abschluss: Abitur)
3. Studium oder Abschlüsse an weiterführenden Schulen: Berufseinsteiger geben Besonderheiten wie das Thema einer Abschlussarbeit oder Praktika, die zum Profil passen, an (z. B. Praktikum im Krankenhaus, wenn es sich um eine Stelle im medizinischen Bereich handelt).
4. Berufsausbildung und Berufspraxis: Wer bereits eine berufliche Ausbildung gemacht hat, nennt den Namen der Firma und gibt den Abschluss und alle beruflichen Stationen (mit genauer Beschreibung) an (z. B. „von ... bis ... Tätigkeit in der Auslandsredaktion bei der Z-Zeitung" und vergleichbare Stationen).
5. Dann, wieder zeitlich rückversetzt, Wehr- und Ersatzdienst, Freiwilliges Soziales Jahr oder vergleichbare Stationen, etwa ein Auslandsaufenthalt. Aber möglichst gut begründet. Z. B. Au Pair in USA zur Verbesserung der Sprachkenntnisse.
6. Betreuungs- und Erziehungszeiten sollten angegeben werden. Berufliche Weiterbildung nur dann, wenn sie zur angestrebten Stelle passt und aktuell ist. (Ein Schreibmaschinenkurs wäre „veraltet". Wenn, dann ein PC-Kurs für Textbearbeitung. Aber dieser ist uninteressant, wenn man sich um eine Stelle als Maurer bewirbt.)
7. Außerberufliche Weiterbildung: z. B. handwerkliches Geschick, Spra-

chen. EDV-Kenntnisse interessieren den potenziellen Arbeitgeber, wenn sie mit der ausgeschriebenen Stelle in Einklang stehen. Beispiel: Ein Maurer hat einen Sprachkurs in Hocharabisch absolviert und bewirbt sich bei einer internationalen Baufirma, die Mitarbeiter für eine (Bau-) Stelle in Dubai sucht.

8. Hobbys, soziales Engagement, ehrenamtlicher Einsatz: Möglichst nur drei bis vier Hobbys angeben, damit nicht der Eindruck entsteht, man könnte zu wenig Zeit für den Job aufbringen. Gefahrensportarten möglichst nicht als Freizeitbeschäftigung nennen, damit der Arbeitgeber keine krankheitsbedingten Ausfälle befürchten muss. Ausnahme: Das Hobby steht in Zusammenhang mit dem Job. Gibt beispielsweise ein Bewerber bei einem Flugzeughersteller an, dass er Segelflieger ist, zeigt er hiermit, dass er praktische Kenntnisse und Erfahrungen hat.

Lebenslauf

Persönliche Daten

Maria Schmitt
Geburtstag: 08.08.1980
Geburtsort: Musterstadt

Musterstraße 11
76227 Musterstadt
Tel.: 0721-123 4 567
E-Mail: Maria.Schmitt@mustermail.de

Schulische und berufliche Ausbildung

1986–1990	Grundschule Musterdorf
1990–1996	Realschule Musterdorf
1996–1999	Ausbildung zur Industriekauffrau bei der Firma F in Musterstadt, Abschluss 1999 vor der Handelskammer Musterstadt

Berufserfahrung

05/99–06/03	Sachbearbeiterin Kreditoren- und Debitorenbuchhaltung Firma F, Musterstadt
07/03–09/06	Sachbearbeiterin Einkauf der E-Kauf GmbH in Musterstadt
Seit 12/06	Assistentin der Außendienstleiterin bei der Zahnmedizin-Medikamente mbH in Z-Stadt, zuletzt neben Unterstützung der Abteilungsleiterin Korrespondenz und Auftragsannahme EU- Staaten, verantwortlich für Terminmanagement der Außendienstmitarbeiter

Besondere Kenntnisse und Fähigkeiten

Englisch:	Fließend in Wort und Schrift
Französisch:	Grundkenntnisse, ausreichend für einfache Konversation und Briefe
Russisch:	Grundkenntnisse, ausreichend für einfache Konversation
EDV:	Microsoft Office, insbesondere Excel, PowerPoint, Word und Outlook
Sonstiges:	Professionelles Projektmanagement im Außendienst, Seminar der IHK I-Stadt, Mai 2012

Hobbys Nordic Walking, Sprachreisen, Lesen

Datum, Unterschrift

Gleichstellungsgesetz

Nach dem Allgemeinen Gleichstellungsgesetz (AGG) darf der Arbeitgeber mittlerweile nicht mehr verlangen, dass Bewerber Geburtsort, Geburtsdatum oder Familienstand in der Bewerbung angeben. Auch ein Foto darf nicht eingefordert werden! Allerdings sind insbesondere Personalverantwortliche in Deutschland gewohnt, dass ein Passbild vorliegt. Ein aussagekräftiges Foto ist deshalb dennoch empfehlenswert.

Karriereknick vorteilhaft verpacken

Brüche im Lebenslauf – beispielsweise betriebsbedingte Kündigung, Krankheit, Arbeitslosigkeit – oder schlechte Schulnoten sind nicht ungewöhnlich. Die Kunst ist, diese elegant zu verpacken, indem man die eigenen Vorzüge betont. Bei Zeugnissen sollte immer der höchste Abschluss beigelegt werden. War man in dem stellenrelevanten Fach besonders gut, kann man auch ältere Schulabschlusszeugnisse beifügen. Ansonsten sollten alle Zeugnisse, die älter als zehn Jahre sind, weggelassen werden. Weiterbildungszertifikate und Seminarbescheinigungen sind nur dann wichtig, wenn sie im Zusammenhang mit der Stelle stehen.

In der heutigen Zeit taucht immer wieder das Problem auf, dass jemand längere Zeit arbeitslos war. Sei es wegen Krankheit, Kindererziehung, betriebsbedingter Kündigung, persönlichen Lebenskrisen, Umzügen, fehlenden Stellenangeboten im erlernten Beruf oder sonstigen, meist unverschuldeten Gründen. Dies kann jeden treffen. Es kommt darauf an, wie man damit umgeht.

Die „Lücke“ muss im Bewerbungsschreiben diplomatisch verpackt werden. „Weglassen“ lässt Leser aus der Personalabteilung den Verdacht schöpfen, dass der Bewerber etwas

TIPP

Eine gute Bewerbung braucht Zeit. Es ist ratsam, „eine Nacht darüber zu schlafen“, und die Bewerbung dann zu überarbeiten. Außerdem sollte man die Bewerbung einem/r Freund/in zum Lesen geben, da man selbst irgendwann Fehler übersieht. Danach steht dem Versenden nichts mehr im Wege.

zu verbergen hat. Deshalb ist es von Vorteil, wenn man solche „Auszeiten“ z. B. für die persönliche Fortbildung genutzt hat: Fremdsprachen lernen, Computerkurse besuchen oder ehrenamtliche Arbeit leisten. Und sei es, dass man die Buchhaltung für einen ortsansässigen Verein gemacht hat. Ob der Bewerber dort eine Festanstellung hatte oder ehrenamtlich tätig war, braucht aus dem tabellarischen Lebenslauf nicht direkt ersichtlich zu sein. Es kann im Bewerbungsgespräch erklärt werden. Dies ist aber kein Grund zur Sorge, denn es wird meist als „soziales Engagement“ und damit als Sozialkompetenz interpretiert.

Zertifikate

Keinesfalls sollte man das Zertifikat „Teilnahme an Bewerbungstraining“ beilegen. Erstens ist dies peinlich und zweitens hat man diese Kompetenz durch die eingereichte Bewerbung zu beweisen. Die Teilnahme an einem Rhetorikkurs hingegen ist schon eher relevant, insbesondere, wenn es sich um einen Job im Vertrieb oder mit Kundenkontakt handelt.

Das Bewerbungspaket

Die Online-Bewerbung setzt sich genauso zusammen wie die schriftliche Bewerbung: Anschreiben, Lebenslauf, Kopien von Zeugnissen und, obwohl es rechtlich nicht notwendig ist, freiwilligem Bewerbungsfoto. Insbesondere hier sollte die E-Mail-Adresse seriös klingen und auf jeden Fall mit dem Namen des Bewerbers übereinstimmen.

Größere Unternehmen haben auf ihrer Homepage bereits Eingabemasken für Online-Bewerbungen einprogrammiert. Wer sich auf diese Art bewirbt, sollte die firmeninternen Anweisungen strikt befolgen. Verfügt das Unternehmen über keine entsprechende Eingabemaske auf seiner Homepage, dann wird alles per E-Mail verschickt. Dabei sollte man eine gewisse MB-Zahl (maximal 10 MB) nicht überschreiten. Denn je kleiner die Datenmenge, desto geringer das Risiko, dass die „Annahme verweigert“ wird und die E-Mail automatisch im SPAM-Ordner landet.

Professionell ist es, die schriftliche Bewerbung auszudrucken, mit (blauer)Tinte zu unterschreiben, einzuscannen, als PDF abzuspeichern und schließlich als Datei im PDF-Format zu versenden. Außerdem sollte das ganze Paket zu einem, höchstens zwei PDF-Dokumenten zusammengefügt werden

Hospitanz anbieten

Es gibt Situationen, in denen dem Bewerber vorab klar ist, dass die Chancen auf eine Festanstellung gering sind – sei es wegen mangelnder Berufserfahrung, fehlendem Schulabschluss oder auch langer Familienpause. Personalleiter befürchten, dass diesem Bewerber die erforderliche Kompetenz fehlt. Manchmal besteht die Möglichkeit, der Firma anzubieten, eine Woche „Probe“ zu arbeiten oder ein Praktikum zu absolvieren. Viele Firmen nehmen dieses Angebot gerne an. Sie können sich ein Bild von dem Kandidaten machen und überlegen, ob er eventuell zu einem späteren Zeitpunkt als Mitarbeiter in Betracht kommt. Auch für den Berufsanfänger ist es wichtig, gezielt Praxiserfahrungen zu sammeln. So haben meist beide Parteien etwas davon!

TIPP

Im Zweifel kann mit einem Anruf bei der zuständigen Personalabteilung die maximale MB-Zahl erfragt werden. Dies hat zudem den Vorteil, dass man im Anschreiben auf das Telefonat verweisen kann!

Nachfragen und dranbleiben

Erhält der Bewerber längere Zeit keine Rückmeldung, sollte er nach ca. drei Wochen höflich nachfragen, ob die Bewerbung eingegangen ist oder ob noch Unterlagen gewünscht werden. Dadurch erfährt er den aktuellen Stand der Dinge. Manche Firmen sind überflutet von Bewerbungen, sodass sie fast nur noch Bewerber ernst nehmen, die nachfragen. Denn diese stellen ihr echtes Interesse durch (hartnäckiges) Nachfragen unter Beweis.

Auswahlverfahren im Assessment-Center

Viele Firmen nutzen Assessment-Center als Instrument bei der Bewerberauswahl. Jobinteressenten werden in diesem Auswahlverfahren „auf Herz und Nieren“ gecheckt. Einige Gepflogenheiten und Regeln sollte man beachten, um sich nicht

gebenen Zeit nicht benutzt wird. Es ist peinlich, wenn der Personalchef anruft und es ist besetzt, weil die kleine Schwester stundenlang telefoniert. Natürlich ist es am Telefon egal, was der Bewerber für Kleidung trägt. Zum Gespräch muss er keinen Anzug anziehen, sondern kann auch in Jogginghose telefonieren. Vielleicht hilft es einigen aber, sich in die Situation besser einzufühlen, wenn sie auch passende Kleidung tragen. Das sollte jeder individuell entscheiden.

Da der Kandidat also nicht durch sein Aussehen überzeugen kann, ist es aber noch wichtiger, dass er eine aussagekräftige und überzeugende Stimme an den Tag legt. Dabei sollte der Bewerber darauf achten, dass er nicht zu laut, aber auch nicht zu leise spricht oder gar in seinen „nicht vorhandenen Bart nuschelt". Wenn der Arbeitgeber oft nachfragen muss, wird er das Gespräch in keiner guten Erinnerung behalten. Natürlich versteht es sich von selbst, dass man am Telefon genauso freundlich und höflich ist wie bei dem Gespräch von Angesicht zu Angesicht. Auch auf das Bewerbungsgespräch am Telefon kann man sich vorbereiten, z. B. mit einem Freund vorab am Telefon üben. Zusätzlich sollte man sich auch auf jeden Fall über das Unternehmen informiert haben, damit man auf Nachfragen nicht ins Stottern gerät. Für den trockenen Mund ein Wasserglas bereitstellen, das schafft Abhilfe.

Vorstellungsgespräch online

Nicht nur das Vorstellungsgespräch am Telefon, auch das Online-Interview per Videokonferenz wird immer beliebter. Hierzu brauchen beide Teilnehmerseiten eine Webcam und ein Headset. In den neueren Computern ist das meist schon eingebaut. Falls nicht, wird ein Bewerber nicht darum herumkommen, sich die passende Ausrüstung zuzulegen.

Während sich die Gesprächspartner am Telefon nicht sehen können, ist das online mit Webcam natürlich möglich. Deshalb sind hier das Aussehen und die Kleidung ebenfalls sehr wichtig. Achten Sie daher auf eine gepflegte Erscheinung. Gehen Sie auch vor dem Online-Vor-

stellungsgespräch zum Friseur und legen Sie sich ein schickes Business-Outfit zu. Für Frauen ist ein dezentes Make-up ratsam. Der Hintergrund des Raumes sollte neutral, d.h. weiß oder grau, sein.

„Hier kommt Ihr neuer Mitarbeiter" – Vorstellungsgespräche mit Bravour meistern

Wie lässt sich ein Vorstellungsgespräch mit Bravour meistern? Ganz wichtig – und hier sind sich alle Karriere-Coaches einig – ist der erste Eindruck beim Vorstellungsgespräch.
Wer eine Einladung zu einem solchen erhält, hat bereits den ersten Meilenstein überwunden. Nun kommt das Vorstellungsgespräch, bei dem es auch um die persönliche Ausstrahlung und das Erscheinungsbild geht. Innerhalb von Sekundenbruchteilen entscheiden sich Menschen im Unterbewusstsein, ob ihnen der andere sympathisch oder unsympathisch ist. Natürlich kann sich dieses Bild nach einiger Zeit ändern. Aber ein Vorstellungsgespräch dauert im Durchschnitt eine knappe Stunde. Angesichts dieser kurzen Zeit kann man sich keinen vermeidbaren Fauxpas leisten – und vermeidbar ist einiges. Es beginnt bereits mit dem äußeren Erscheinungsbild.

Was trägt man zum Vorstellungsgespräch?

Hier kommt es darauf an, um welchen Beruf es sich handelt. Wer sich um einen Job als Lagerarbeiter bemüht, braucht nicht mit Anzug und Krawatte zu erscheinen. Schlimmstenfalls könnte man ihm damit unterstellen, dass er nicht richtig „anpacken" kann.

Kreative Berufe
In kreativen Berufen herrscht hingegen viel Raum für Individualität. Allerdings lässt sich dies vorab nicht mit absoluter Sicherheit einschätzen. Um auf Nummer sicher zu gehen, verdienen auch hier die Farben Grau, Dunkelblau oder Schwarz den Vorzug.

Frauen haben mehr Auswahl
Bei Frauen herrscht hier zwar mehr Gestaltungsfreiheit, allerdings sollten grelle, knallige Farben gemieden werden.
Hosenanzüge passen immer. Kleider oder Kostüme sollten mindestens bis zum Knie reichen (zumal sie beim Sitzen ohnehin noch nach oben rutschen).
Tiefe Ausschnitte und besonders hochhackige Schuhe (Stilettos) gelten als unseriös.

TIPP

Egal was man trägt – es sollte sauber und gepflegt sein. Nicht nur Schnitt und Stoffqualität sprechen ihre eigene Sprache. Selbst qualitativ hochwertigste Hemden und Blusen sind wertlos, wenn sie einen Speckkragen oder sonstige Flecken aufweisen.

Doch mit welchen Farben und Stoffen geht man auf Nummer sicher? Gedeckte Farben, unauffällige, bequeme Schnitte, schwarze Schuhe (außer Lackschuhe, diese sind für festliche Anlässe bestimmt) und qualitativ hochwertige Stoffe sorgen dafür, dass man nichts falsch macht. Polyester ist jedoch (nicht nur weil es sich oft elektrisch auflädt) mit besonderer Vorsicht zu genießen. Es fällt anders als Seide, Baumwolle oder Wollmischungen und macht auch einen anderen Eindruck. Und der Stoff darf auf keinen Fall durchsichtig sein. Dies wirkt unseriös.

Das Vorstellungsgespräch

Nachdem geklärt ist, was man zum Vorstellungsgespräch trägt und mit welchen Verkehrsmitteln man den Gesprächsort am besten erreicht, stellt sich die Frage, wie man sich im Bewerbungsgespräch verhält. Gerade bei Vorstellungsgesprächen kommt es auf gutes Benehmen an. Zumindest die wichtigsten Regeln sollten eingehalten werden. Darunter fällt z. B., dass man zunächst abwartet, bis der Firmenvertreter einen bittet, den Raum zu betreten. Wer diesem sofort die Hand zur Begrüßung reicht, begeht schon den ersten Fehler (siehe Kapitel 1). Reicht der Einladende ihm die Hand, dann erwidert er den Gruß per Handschlag. Bei der Begrüßung nennt der Bewerber noch einmal seinen eigenen Namen, falls er nicht bereits so angesprochen wurde.

Wo setzt man sich hin

Oft ist sich der Bewerber unsicher, was den Sitzplatz anbelangt. Normalerweise bittet einen der Einladende, Platz zu nehmen und deutet mit der Hand auf einen Stuhl. Falls nur ein einziger Stuhl vorhanden ist, fällt die Wahl leicht. Falls mehrere Stühle dort stehen, entsteht oft Unsicherheit. Allgemein wählt man dann den Stuhl, der dem Stuhl des Gesprächspartners gegenübersteht. Für den Fall, dass man vor einem Gremium (bestehend aus mehreren Firmenvertretern) sitzt, empfiehlt sich ein Platz in der Mitte. Keinesfalls sollte der Bewerber unaufgefordert vor dem Firmenvertreter Platz nehmen. Sollte dieser ihm keinen Platz anbieten und sich einfach hinsetzen, dann kann der Bewerber unaufgefordert ihm gegenüber Platz nehmen.

Blickkontakt halten

Vielen Menschen fällt es schwer, Blickkontakt zu anderen zu halten. Dies wird beim Bewerbungsgespräch aber schnell als Schwäche ausgelegt. Zudem empfindet es der Fragende auch als unhöflich, wenn der Bewerber seinem Blick ständig ausweicht. Im Zweifel sollte der Bewerber dem Blick des Einladenden nicht ausweichen. Der Firmenvertreter blättert während des Gesprächs immer wieder in der Bewerbungsmappe. Meist fällt ihm dann noch eine Frage zum Werdegang oder

zu fachlichen Kenntnissen ein. Obwohl er den Bewerber dann nicht anschauen kann, sollte dieser stets zum Firmenvertreter blicken. Dieser sieht gewöhnlich immer wieder für ein paar Sekunden zu ihm, bevor er erneut in den Unterlagen blättert.

Zulässige und unzulässige Fragen

Bei Vorstellungsgesprächen lauern sehr viele Stolpersteine und Fußangeln. Bei Bewerbungsgesprächen oder auf Personalfragebögen gestellte Fragen sind manchmal recht heikel. Rein juristisch gesehen ist der Bewerber nicht verpflichtet, auf unzulässige Fragen wahrheitsgemäß zu antworten. Wer hier nicht ganz „schwindelfrei" ist, verhält sich zumindest in arbeitsrechtlicher Hinsicht richtig. Künftige Arbeitgeber dürfen den Bewerber nämlich nicht an Aussagen messen, die nur dadurch entstanden, dass die Fragen unzulässigerweise gestellt wurden. Zu den zulässigen Fragen zählen z. B. Auskünfte über Prüfungs- und Zeugnisnoten, berufliche Fähigkeiten und Fertigkeiten, den bisherigen Werdegang, sonstige Kenntnisse und Erfahrungen, Gewerkschaftszugehörigkeit, Heiratsabsichten, Höhe des bisherigen Gehalts, aktuelle Lohn- oder Gehaltspfändungen, Nebenbeschäftigungen etc. Nur bedingt zulässig sind beispielsweise Fragen nach Religions- oder Parteizugehörigkeit, Krankheiten, Schwangerschaften, finanziellen Verhältnissen oder Vorstrafen. Die Frage, ob jemand HIV-infiziert ist, ist dann erlaubt, wenn am Arbeitsplatz eine unmittelbare Übertragungsgefahr des HIV-Virus besteht wie beispielsweise in Heilberufen oder in der Lebensmittelverarbeitung. Auskünfte über Religions- oder Parteizugehörigkeit sind erlaubt, wenn es sich um

TIPP

Bewerber: Blickkontakt möglichst permanent halten. Firmenvertreter: Trotz häufigem Blick in die Bewerbungsmappe nicht vergessen, den Bewerber immer wieder anzublicken, nicht nur aus Höflichkeit, sondern auch, weil Sie dann einen viel genaueren Eindruck bekommen.

Tendenzbetriebe handelt. Darunter fallen kirchliche Kindergärten oder parteipolitisch gebundene Einrichtungen und Institutionen und dergleichen. Nach früheren Krankheiten darf dann gefragt werden, wenn diese im Zusammenhang mit dem einzugehenden Arbeitsverhältnis stehen. Die Frage, ob eine Schwangerschaft vorliegt, ist nur dann gestattet, wenn dies ganz objektiv dem gesundheitlichen Schutz von Mutter und Kind dient. Dies wiederum ist beispielsweise der Fall, wenn ein Beschäftigungsverbot für Schwangere auf dem entsprechenden Arbeitsplatz besteht, oder wenn eine Bewerberin (z. B. Fotomodelle, Tänzerinnen) dadurch nicht mehr für den Job geeignet wäre. Nach Vorstrafen darf gefragt werden, wenn die zu besetzende Arbeitsstelle dies erfordert. Ein Geldtransportfahrer darf daher nach eventuellen Vermögensdelikten oder ein Taxifahrer nach Verkehrsdelikten gefragt werden. Die Frage, wie es um die finanziellen Verhältnisse bei leitenden Angestellten oder Arbeitnehmern, die in einem besonderen Vertrauensverhältnis beschäftigt werden sollen, steht, ist zulässig, wenn er mit Firmengeldern zu tun hat, die Gefahr der Bestechung oder des Geheimnisverrats vorliegt.

Unabhängig davon, ob eine Frage zulässig ist oder nicht, sollte man sich Antworten und Verhalten genau überlegen. Ein stures Beharren auf das Recht kann zum Stolperstein auf dem Weg zur neuen Arbeitsstelle werden.

Fragen nach kirchlichem Engagement

Auf den ersten Blick klingen Fragen nach kirchlichem Engagement (egal welcher Konfession man angehört) eigentlich nicht unlauter, sondern eher höflich interessiert. Bewirbt man sich bei einer Firma, die in engem Zusammenhang mit der Kirche steht, wird es meist gern gehört, wenn man im Kirchenchor aktiv oder ehrenamtlich engagiert ist.

Bevor man in das Vorstellungsgespräch gehen, sollte man aber auf jeden Fall für sich ein Minimum definieren, für das man die Stelle antreten würde. Diese Untergrenze sollte man vor allem dann ins Spiel bringen, wenn sich die Gehaltsverhandlung schwierig gestaltet. Auch wenn es schwerfällt, an diesem Punkt beharrlich zu bleiben, sollte keine falsche Zurückhaltung an den Tag gelegt werden. Völlig überzogene Forderungen sollten jedoch nicht gestellt werden, dies kann einen die ausgeschriebene Stelle kosten und wirft auch ein schlechtes Licht auf die eigene Persönlichkeit.

Es gibt aber auch Berufe, bei denen sich die Gehaltsfrage erübrigt, da nach Tarif bezahlt wird. Gerade im Öffentlichen Dienst gibt es Tabellen, aus denen hervorgeht, in welchem Alter man welches Gehalt erhält. Die Gesetzestexte mit den Tabellen sind entweder im Buchhandel erhältlich, liegen aber auch in größeren öffentlichen Bibliotheken aus.

Eine Frage noch

Es kommt immer wieder vor, dass man ein Gespräch beendet hat, sich gerade verabschiedet und plötzlich fällt einem noch eine ganz wichtige Frage ein. Dann kann man diese gegebenenfalls kurz, beispielsweise mit „Da fällt mir gerade noch ein, dass ich Sie fragen wollte, ob ...?" einfügen. Normalerweise enden Vorstellungsgespräche aber mit der Frage an den Bewerber, ob er noch Auskünfte brauche. Erarbeiten Sie vor dem Termin auf jeden Fall eine Liste mit Fragen, die Sie dann bei dieser Gelegenheit ansprechen können.

Normalerweise bietet der Firmenvertreter auch an, dass man sich melden möge, falls man noch Fragen habe. Angenommen es erfolgt wochenlang keinerlei Reaktion auf die Bewerbung seitens der Firma, dann sammelt man durch einen Anruf mit einer „Frage" unter Umständen sogar Pluspunkte. Bei dem Anruf sollte man zunächst auf das Angebot vom Vorstellungsgespräch verweisen, dass man sich melden dürfe, dann die Frage formulieren und beiläufig noch nach dem Stand der Dinge in Sachen Bewerberauswahl fragen. Die Firma erkennt so, dass der Bewerber ernsthaft an der Stelle interessiert ist.

Der erste Tag

Wenn das Vorstellungsgespräch erfolgreich verlaufen ist und der Arbeitsvertrag besiegelt wurde, dann naht der erste Tag im neuen Job. Der erste Tag entspricht dem ersten Eindruck. Neue Mitarbeiter werden meist äußerst genau und kritisch beäugt. Neue Mitarbeiter erwarten meist von den Kolleginnen und Kollegen, dass sie ihn gründlich informieren, einarbeiten und freundlich behandeln. Die Mitarbeiter hingegen erwarten einen freundlichen Neuling, der sich anpasst und nicht sofort „alles auf den Kopf" stellen möchte.

Zunächst sollte der neue Mitarbeiter darauf achten, dass er pünktlich erscheint. Daher sollte er sich rechtzeitig auf den Weg machen und eventuelle „kritische Pfade" wie z. B. Verkehrsstaus, in seinen Terminplan mit einkalkulieren. Zeitmanagement zählt! Pünktlichkeit ist hier mehr als nur eine Zier, denn sie steht auch für die Zuverlässigkeit des Neulings. Was die Vorstellung anbelangt, sollten altertümliche Floskeln gemieden werden. Dazu zählt beispielsweise die Formulierung „Gestatten" oder „Meine Wenigkeit" oder „Habe die Ehre". Zu „gestatten" gibt es nichts. Daher sollte diese Formulierung ersatzlos gestrichen werden. „Habe die Ehre" klingt übertrieben. Ein „Guten Tag" klingt viel freundlicher und aufrichtiger. „Meine Wenigkeit" assoziiert bei den gegrüßten Personen Minderwertigkeitsgefühle bei dem neuen Mitarbeiter. Ein „Ich" hingegen klingt immer echt.

Da die Verkehrssituation je nach Tag und Uhrzeit unterschiedlich ausfällt, empfiehlt es sich, die Strecke zum neuen Arbeitsplatz an einem Werktag zur gegebenen Uhrzeit zurückzulegen, um zu testen, wie lange man voraussichtlich unterwegs sein wird. Dann kommt man automatisch entspannter an – was sich meist auch auf das Verhalten auswirkt und einem mehr Souveränität verleiht.

Einstand mit Anstand

Von neuen Mitarbeitern wird in der Regel erwartet, dass sie zu ihrem Jobantritt eine Kleinigkeit für alle Kollegen in der Abteilung mitbringen: Kaffee und Kuchen oder belegte Brötchen. Oder man kann am ersten Tag ankündigen, dass man an einem bestimmten Termin gerne seine Kollegen zu einem Umtrunk einladen möchte.

Erwartet man von einem Berufseinsteiger nicht allzu viel, da er ohnehin nicht viel verdient, dürfen es bei einem Abteilungsleiter schon gerne kalte Platten mit Häppchen, Getränken und Sekt zum Anstoßen sein. Ein Einstand mit Anstand macht einen guten Eindruck und schafft Sympathiepunkte. Man zeigt hiermit seine Bereitschaft, sich gerne und aktiv in das Team einzubringen.

Tag zwei bis Tag 100

Die ersten 100 Tage im Job scheinen ein Meilenstein zu sein. Besonders bekannt ist dies bei Politikern, beispielsweise Bundestagsabgeordneten, die die Nachfolge eines Politikers mit „viel Berufserfahrung" antreten. Man freut sich über die gewonnene Wahl, über die neuen Ideen und den Schwung, den der neue Kandidat mitzubringen verspricht, gibt ihm aber auch eine Art „Schonzeit" für die Einarbeitung. Genau dies ist auch bei vielen anderen Berufen der Fall. Trotzdem sollte man auf einige wesentliche Dinge achten, um sich einen guten Stand zu verschaffen und seine Kollegen nicht gleich in den ersten Tagen zu verschrecken.

Was Kollegen erwarten

Mitarbeiter erwarten von ihrem neuen Kollegen Anpassungsbereitschaft, Motivation und häufig auch „frischen Wind". Neue Mitarbeiter sehen oft Dinge, die sie am liebsten sofort umkrempeln möchten. Dies sollte jedoch wohl dosiert geschehen, da sich sonst langjährige Firmenangehörige vor den Kopf gestoßen fühlen.

Vorsicht ist auch beim internen Informationsfluss geboten. Als neuer

Checkliste: Umgang mit Kollegen

- Unpünktlichkeit kostet den Arbeitgeber Nerven und Zeit! Auch in der Zusammenarbeit mit Kollegen ist Pünktlichkeit wichtig, um Arbeitsprozesse nicht unnötig aufzuhalten. Generell zeugt permanente Unpünktlichkeit von einem unhöflichen und vor allem auch unengagierten Verhalten.
- Respekt und Freundlichkeit gegenüber Vorgesetzten, Kollegen und Kunden verstehen sich von selbst. Klopfen Sie an geschlossenen Türen lieber einmal zu viel als zu wenig.
- Wahre Tabus sind Anbiederung, Arroganz und Besserwisserei.
- Ebenso sollte eine übertriebene Präsentation von persönlichen Eigenschaften vermieden werden. Gerade als neuer Mitarbeiter bringt man sich damit schnell aufs Abstellgleis.
- Immer auf einen aufgeräumten Arbeitsplatz achten! Vertrauliche Unterlagen, wie z. B. eine Gehaltsabrechnung oder Kundendaten, sollten nicht offen herumliegen.

Mitarbeiter weiß man oft nicht, ob der andere etwas bereits weiß oder überhaupt wissen darf. Wem das „Du" angeboten wird, sollte es, falls es ihm zusagt, annehmen. Es wäre unpassend, wenn sich alle (auch ranghöhere Mitarbeiter) duzen und nur der Berufsanfänger möchte gesiezt werden.

Allerdings dürfen die Kollegen erwarten, dass es keine 100 Tage braucht, bis „der Neue" die Namen der Kollegen, Kunden und Produkte kennt!

Der saubere Schreibtisch (Clean Desk Policy)

Von Anfang an sollten Sie darauf achten, dass der Arbeitsplatz ordentlich und sauber aussieht. Ein chaotischer oder gar mit Essensresten vollgestellter Schreibtisch ist nicht nur für Kollegen unangenehm. Auch Vorgesetzte und Kunden werden sich beim Anblick eines zugemüllten Arbeitsplatzes fragen, wie und ob dort effektiv gearbeitet werden kann. Ebenso sollte man unbedingt darauf achten, dass vertrauliche Informationen und Unterlagen nicht offen herumliegen. Nicht nur am Feierabend, sondern auch in der Mittagspause sollte der Arbeitsplatz aufgeräumt verlassen werden.

„Alles mal herhören!" – Gewandt auftreten in Meetings

Meetings und Konferenzen gehören im Geschäftsleben meist dazu. Etliche Besprechungen prägen den Alltag eines jeden Managers und den seiner Mitarbeiter.

Vor Publikum sprechen

Wer vor anderen Leuten steht, sollte zunächst darauf achten, dass sein Blazer, zumindest mit einem Knopf, geschlossen ist. Beim Sitzen kann ein Jackett oder Blazer geöffnet bleiben, aber beim Aufstehen sollte zumindest ein Knopf geschlossen werden. Der Vortragende ist stets den Blicken der Zuhörer ausgesetzt. Diese mustern ihn, mehr oder weniger bewusst, von Kopf bis Fuß. Am besten trägt man bei einem Vortrag eins der Lieblings-Outfits, dann fühlt man sich sicherer. Besonders an den Füßen bleibt der Blick hängen, wenn etwas Unpassendes auffällt, wie z. B. Tennissocken, zu kurze Socken, bunte Socken oder schmutzige Schuhe. Bei Männern fallen zu kurze Socken insbesondere beim Sitzen auf, da die Hosenbeine dabei automatisch nach oben rutschen. Daher sollten Strümpfe bis zur Wade reichen. Selbst bei größter Hitze darf man nicht barfuß in Schuhen erscheinen. Auch Frauen müssen stets eine Feinstrumpfhose tragen – selbst bei 45 Grad im Schatten. Zudem müssen die Beine rasiert sein. Während dies in Deutschland früher nicht so streng gesehen wurde, gilt es fast weltweit, insbesondere in den USA, als Selbstverständlichkeit.

TIPP

Bevor Sie mit Ihrem Computer öffentlich einen Vortrag oder eine Präsentation halten, sollten Sie die Einstellungen Ihres Computers überprüfen. Private Pop-up-Fenster wie E-Mails oder Kalenderfunktionen sollten ausgeblendet sein, um peinliche Situationen zu vermeiden!

Ansprachen, Vorträge und Präsentationen

Ansprachen, (kurze oder längere) Vorträge und (z. B. Power-Point- oder Flipchart-)Präsentationen zählen zum Alltag vieler Berufstätiger. Manchmal vollzieht sich alles etwas mühsam, da das Publikum unmotiviert, gelangweilt und passiv ist. Kaum einer fühlt sich angesprochen. Dies lässt sich jedoch vermeiden, indem man den Zuhörern das Gefühl gibt, persönlich angesprochen und beteiligt zu sein. Beispielsweise, indem man immer wieder Blickkontakt zu einzelnen Personen sucht. Wenn man jemanden mit Namen kennt und zudem weiß, welche firmeninterne Funktion er innehat oder welchen Beruf er ausübt, dann kann man ihn persönlich (lobend) ansprechen, indem man beispielsweise sagt: „Ein technisch denkender Mensch wie Sie, Herr Dr. Lux, wird sich wohl fragen, wie sich dies umsetzen lässt, ohne gegen die DIN-ISO-Richtlinie 08/15 zu verstoßen ..." Dann fühlt sich der Angesprochene geehrt und das Publikum ist beeindruckt, dass sich der Redner anscheinend gut über seine Zuhörer informiert und damit gut auf den Vortrag vorbereitet hat.

Wenn man den roten Faden verliert

Manchmal lässt es sich nicht vermeiden, dass man bei einem Vortrag den roten Faden verliert. Dann kommt einem die Redepause wie eine Ewigkeit vor, wenngleich es für die Zuhörer nur Sekunden sind. Dies lässt sich mit einem kleinen, völlig unauffälligen Trick regeln. Man stellt einfach ein Glas Wasser neben sich oder das Rednerpult und trinkt einen Schluck, während man über die nächsten Worte nachdenkt. Das klare Wasser sorgt im übertragenden Sinn auch für klare Gedanken. Vermutlich, weil das Gedächtnis, trotz oder gerade wegen der kurzen Ablenkung, quasi im Hintergrund weiterarbeitet. Durch die kurze Unterbrechung finden in der Regel über 90 % aller Sprecher wieder zum Thema zurück.

Diskussionen in Meetings und Konferenzen

Diskutiert wird überall im Geschäftsleben. Gerade Meetings und Konferenzen leben davon. In einer Diskussion setzen sich die Beteiligten mit verschiedenen Meinungen auseinander. Es werden neue Aspekte deutlich. Manchmal ergeben sich verblüffende Lösungen für alle Gesprächsbeteiligten. Allerdings sollte die Teilnehmerzahl überschaubar bleiben. Ansonsten besteht die Gefahr, dass manche gar nicht mehr zu Wort kommen. Oder sie tuscheln nur mit ihren Tischnachbarn und lästern über die Teilnehmer, die sich mit ihren Fragen, Behauptungen und Erzählungen in den Vordergrund stellen. Daher nimmt der Diskussionsleiter eine wichtige Rolle ein. Er wirkt wie ein Schiedsrichter und achtet darauf, dass die Etikette in der Diskussion bewahrt bleibt. Zugleich dirigiert er den Diskussionsverlauf, ohne dass sich die Beteiligten vor den Kopf gestoßen, nicht ernst genommen oder bedrängt fühlen. Durch gezielte Fragen erreicht der Diskussionsleiter, dass die Teilnehmer lösungsorientiert diskutieren. Dies lässt sich fördern, indem gezielte Fragen gestellt, einzelne Teilnehmer angesprochen, deren Ansichten zusammengefasst und Abschweifungen vom Thema unterbunden werden. Am besten lässt sich diskutieren, wenn die Teilnehmer ringförmig sitzen, denn in einem Kreis sieht jeder den anderen und alle fühlen

Reihenfolge beim Treppensteigen

„Ladies first" löst bei der Frage, wer beim Treppensteigen vorausgeht, oft Unsicherheit aus. Früher bestanden Bedenken, ob Frauen der Vortritt gelassen werden soll, da die Gefahr bestand, dass ein Blick unter den Rock nicht auszuschließen sein könnte. Dies ist jedoch unbegründet. Herren gehen hinter der Dame die Treppe hoch und vor ihr hinunter. Rein symbolisch wollen sie dadurch eine Art „Schutzfunktion" übernehmen. Die Schutzfunktion sieht vor, dass der Mann die Frau auffangen kann, falls sie beim Treppenaufstieg stolpert. Beim Treppenabstieg läuft der Herr jedoch voraus, um, für den Fall dass die Dame stolpern sollte, sie nicht ganz abstürzt, sondern (zu ihrem eigenen Schutz) blockiert wird. Unabhängig von der Frage, ob der Frau dies recht ist, schadet es nicht, diese Regel beizubehalten. Man kann jedenfalls nichts falsch machen.

sich gleichrangig. Das Brainstorming in Diskussionen fördert eine schöpferisch-kreative „Wir"-Atmosphäre. Dadurch traut sich der Einzelne auch eher, seine Meinung und seine Ideen vorzutragen. Missverständnisse und Zweifel lassen sich sofort erkennen und beheben.

„Guten Appetit" – Geschäftsessen als hohe Kunst des guten Benehmens

Dass Essen und Trinken nicht nur Leib und Seele, sondern auch die teilnehmenden Personen zusammenhält, wurde bereits in Kapitel 1 betont. Allerdings stellen Tischmanieren die gegenseitige Sympathie und Wertschätzung gerade bei Geschäftsessen auf eine harte Probe. Für gute Geschäftsbeziehungen sind gute Tischmanieren wertvoller als Hochglanzprospekte über die jeweilige Firma. Bei Geschäftsessen lassen sich Verträge nicht nur besiegeln, sondern auch künftige Geschäftsbeziehungen fördern. Je perfekter die Tischmanieren des Firmenvertreters, desto perfekter der Eindruck, den die Firma hinterlässt. Der korrekte Umgang mit Messer und Gabel wird als Selbstverständlichkeit vorausgesetzt. Hier gilt auch nichts anderes als im Privatleben (siehe Kapitel 1 – Benimm-Basics). Insbesondere, dass man sich bei mehreren Bestecken stets von außen nach innen vorarbeitet und niemals mit vollem Mund spricht. Allerdings bestechen Geschäftsessen oft durch besonders vornehm gedeckte Tische in auffallend exklusiven Restaurants. Meist stehen ungewöhnlich viele (und oft auch besonders hochwertige) Gläser, Teller und glänzende Besteckteile auf dem Tisch. Hiervon sollte man sich nicht irritieren lassen, sondern das feine Arrangement als Chance nutzen, sich besonders stilvoll zu benehmen.

In der Kantine

Wie bereits in Kapitel 1 angesprochen, ist es fast überall so, dass sich Kolleginnen und Kollegen, die sich mittags in der Kantine sehen, gegenseitig einen guten Appetit wünschen oder „Mahlzeit" sagen. Wer es nicht tut, gilt schnell als arrogant, auch wenn dies keineswegs beabsichtigt ist. Zudem ist es ja auch nicht böse gemeint, wenn man einem anderen etwas Gutes wünscht. Wird dies jedoch ohnehin nicht praktiziert, sollte man diese Gepflogenheit keinesfalls einführen.

Die Garderobe und die Gleichberechtigung

Oft treffen sich Geschäftsleute zum Essen in Restaurants. Beim Betreten des Restaurants fällt der Blick meist als erstes in Richtung Garderobe. Gerade im Businessalltag herrscht auch an der Garderobe Gleichberechtigung, denn mittlerweile bieten auch Frauen den Herren ihre Hilfe beim Verstauen von Mänteln und Schirmen etc. an. Allerdings sind persönliche Gegenstände, wie z. B. Laptoptaschen, Handtaschen oder Aktenkoffer nach wie vor Tabu für alle Beteiligten – um diese kümmert sich jeder selbst.

Heimliche Beobachter

Wer im Rahmen eines Vorstellungsgesprächs oder eines Assessment-Centers zum Essen eingeladen wird, dem sollte bewusst sein, dass er genau beobachtet wird. Entweder von den am Tisch Sitzenden oder von den Personen an den Nebentischen, die ebenfalls zum Firmenteam zählen. Die Betreffenden möchten sicherstellen, dass sie den potenziellen Bewerber auch getrost mit Kunden zum Essen schicken können, ohne dass dieser ein schlechtes Licht auf ihr Unternehmen wirft.

Das richtige Outfit

Ein angemessenes Outfit drückt Höflichkeit und Achtung gegenüber den anderen aus. Beim Geschäftsessen gilt zusätzlich die Regel, dass man besser zu formell als zu leger gekleidet erscheint. Allerdings ist bei einer Einladung zum Grillabend oder auf das Oktoberfest kein Anzug mit Krawatte vonnöten. Zudem kann man sich gegebenenfalls einer Krawatte oder eines Jacketts schnell entledigen, um rein optisch etwas lockerer zu erscheinen. Die Schuhe jedoch sollten auch im lässigen Ambiente immer korrekt sein. Turnschuhe

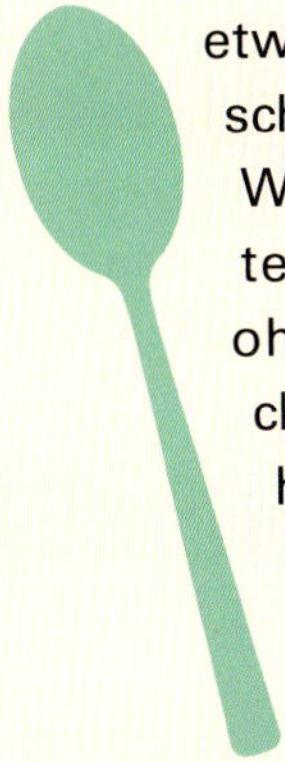

etwa wirken in jedem Geschäftsumfeld deplatziert. Wenngleich es im Privaten leger wirkt, Schuhe ohne Strümpfe oder Socken zu tragen, sind sie hier unverzichtbar. Und es gilt: Tennissocken gehören auf den Tennisplatz.

Hintergrundinformation: Autotüren und Mitfahrer

Oft fahren Firmenvertreter oder Geschäftsleute gemeinsam in einem Wagen mit Kunden oder Kollegen. Dabei gilt der Beifahrersitz als Ehrenplatz. Nicht nur aus Gründen der Bequemlichkeit, sondern auch der besseren Sicht wegen. Angenommen, der Firmeninhaber eines Konzerns in Ohio/USA besucht eine Tochterfirma in Deutschland und wird von einem Geschäftsfüh-

Die hohe Kunst des Löffelns

Gerade bei opulenten Geschäftsessen in besonders vornehmem Ambiente liegt manchmal auf der rechten Seite neben dem Messer rechts außen noch ein Löffel. Dieser ist als „Gourmetlöffel" für Soßen bestimmt. Im Gegensatz zu Frankreich, wo Soße mit Baguette aufgetunkt wird, gilt es in Deutschland als unfein, Brot zum Aufnehmen der Soße zu verwenden. Nicht zu verwechseln ist der Gourmetlöffel mit dem Suppenlöffel. Dieser liegt entweder über dem Teller (der kleinere ist für den Nachtisch, der darüber liegende größere ist für die Suppe bestimmt) oder wird direkt mit der Suppe auf einem Unterteller gebracht. Der Löffel wird übrigens aus Rücksicht auf die anderen Gäste und den Gastgeber stets mit der spitzen und nicht der breiten Seite zum Mund geführt. Und man pustet das Essen nicht kalt. Die Gründe sind auch hier plausibel. Wer die breite Löffelseite zum Mund führt braucht mehr Platz am Tisch, sonst läuft sein rechter Tischnachbar Gefahr, einen Ellenbogenschlag verpasst zu bekommen. Zudem besteht das Risiko, dass das Essen vom Löffel tropft und Kleidung oder Tischdecke trifft. Kaltpusten ist nicht nur mit abstoßenden Geräuschen verbunden, sondern auch mit der Gefahr, dass die Suppe den Gegenüber oder zumindest die Tischdecke trifft. Bei Geschäftsessen lassen sich Punkte bei den anderen Firmenvertretern sammeln, wenn diese Regeln beachtet werden. Selbst wenn diese die Regeln nicht kennen, so lässt es sich immerhin vermeiden, dass man in schlechter Erinnerung bleibt, weil man gekleckert hat.

rer im Auto mitgenommen, so gebührt ihm der Beifahrerplatz als Ehrenplatz. Gern gesehen ist bis heute die freundliche Geste, dass man den Beifahrern die Wagentür öffnet. Allerdings nicht so, dass der Fahrer vom Fahrersitz aus, also von innen, die Beifahrertür entriegelt, sondern indem er die Wagentür von außen öffnet. Hier gibt es jedoch eine kleine Feinheit: Der Fahrer sollte immer von der Frontseite aus um das Auto laufen. Früher befürchteten die Mitfahrer nämlich, dass das Dienstpersonal hinter ihrem Rücken grinsen könnte.

Checkliste Tischmanieren

- Besteck von außen nach innen benutzt?
- Keine zu großen Bissen abgeschnitten?
- Keine Unterhaltung mit vollem Mund?
- Adäquate (Small Talk) Gesprächsthemen?
- Ellbogen weg von Tischfläche?
- Arme eng am Körper, um Tischnachbarn nicht einzuengen?
- Erst gekostet, bevor nachgewürzt?
- Besteck korrekt auf Teller abgelegt (also ohne, dass Griffe Tischfläche berühren) bei Essenspause?
- Serviette auf Stuhlfläche gelegt, falls Tisch kurz verlassen wird?
- Serviette links neben Teller gelegt, wenn Mahl beendet ist?

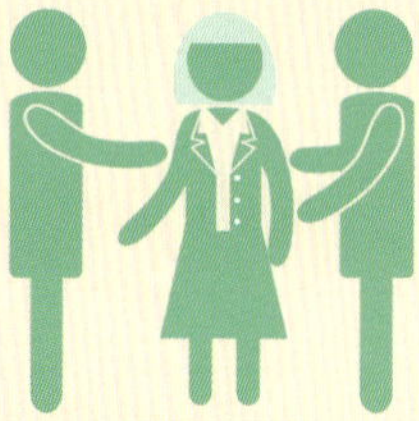

„Guten Tag, Herr Meier" – Der tägliche Umgang mit Kollegen und Vorgesetzten

Angesichts der Tatsache, dass man seine Kollegen – und in vielen Firmen auch die Vorgesetzten – fast täglich sieht, muss man einen angenehmen, sachlichen und kollegialen Umgang miteinander pflegen. Da alle Menschen verschieden sind, versteht es sich von selbst, dass man sich mit einigen Kollegen gut bis sehr gut versteht und mit anderen weniger gut bis schlecht. Neben grundlegenden Höflichkeitsregeln wie Grüßen, Verabschieden sowie den Wörtern „Bitte" und „Danke" tragen folgende Eigenschaften zu einem guten Umgang mit Kollegen und Vorgesetzten, aber auch mit Kunden und Lieferanten bei.

Notlügen sind oft nicht nötig

Es kommt immer wieder vor, dass Situationen entstehen, in denen jede Antwort – und jedes Schweigen – Probleme aufwirft. Wenn jemand z. B. von einem Kollegen gefragt wird, ob er wisse, weshalb der Chef ihn sprechen wolle, wenngleich dieser genau weiß, dass der Vorgesetzte vorhat, ihm die Kündigung auszusprechen, möchte und kann man nicht antworten. Oder jemand wird gefragt, ob er wisse, weshalb Frau X nicht am Firmenseminar, das sie sich doch schon seit Monaten gewünscht habe, teilnehme, obwohl man genau weiß, dass diese am besagten Tag ein Vorstellungsgespräch bei einem anderen Unternehmen führt und deshalb Urlaub eingereicht hat. Es gibt viele Situationen, in denen man sich leicht in die Ecke gedrängt fühlt. Der Ausweg: Man lenkt das Gespräch möglichst in eine andere Richtung oder (beispielsweise bei Telefonaten) sagt, dass man sich zurückmelde, da man gerade keine Zeit habe. Schlimmstenfalls hat man dann „vergessen", sich rückzumelden, sodass sich die Frage von selbst erledigt hat, da der Fragende bis dahin bereits im direkten Gespräch mit der Person, über die man sich erkundigte, informiert wird. Eine Musterlösung für Notlügen gibt es aber nicht. Diesen Gewissenskonflikt muss jeder individuell lösen. Allerdings gibt es Konstellationen, in denen man einfach um Bedenkzeit (Fristverlängerung, Aufschub etc.) bitten kann. Im günstigsten Fall (z. B. bei Kundenbeschwerden über technische Mängel eines Geräts und der Befürchtung, dass eine ganze Produktserie zurückgerufen oder die Produktion eingestellt werden muss) ist bis dahin eine technische oder allgemeine Lösung gefunden worden, mit der beide Seiten zufrieden sind.

Für ein gutes Arbeitsklima

Zunächst schickt es sich nicht, über Kollegen zu lästern. Auch sollte man sich nicht bei anderen Mitarbeiten und Vorgesetzten über einen Kollegen beschweren, bevor man die Angelegenheit persönlich mit ihm besprochen und nach Lösungsmöglichkeiten gesucht hat.

Positiv wirkt sich immer die Frage aus, ob man ihm etwas aus der Kantine, vom Bäcker etc. mitbringen soll. Dies verbessert das Arbeitskli-

ma sehr. Zudem ist es ein recht geringes Opfer, wenn man ohnehin auf dem Weg dorthin ist.

Rücksichtnahme verbessert das Betriebsklima

Isst man in der Kantine, dann fragt man jene Kolleginnen und Kollegen, zu denen man sich setzen möchte, zunächst, ob der Platz noch frei sei. Dann wünscht man noch einen „Guten Appetit" und hält beim Essen die grundlegenden Tischmanieren ein. Auch wenn das Rauchen in einem Bereich der Kantine erlaubt ist, sollte man sich erkundigen, ob es andere stört, wenn man raucht. Falls eine gemeinsame Mittagspause in einem Büroraum/Aufenthaltsraum erfolgt, sollte man keine stark (z. B. nach Zwiebeln oder Knoblauch) riechenden Lebensmittel mitbringen. Diese Gerüche schlagen sich meist im Büro nieder. Der Konsument merkt meist nichts davon, aber der Kollege leidet. Unter unangenehmen Gerüchen zu leiden, lässt sich jedoch vermeiden. Ein gepflegtes Auftreten (Kleidung, Körperpflege etc.) gilt als Selbstverständlichkeit.

Gerüche und Duftnoten

Unangenehme Gerüche entstehen aber auch durch Rauchen oder starke Parfums. Rauchen im Büro ist nur dann erlaubt, wenn der Arbeitgeber seine Einwilligung gibt und wenn kein Mitarbeiter sein Veto einlegt. Nichtraucherschutz ist mittlerweile nämlich gesetzlich verankert. Förderlich für den guten Umgang miteinander sind jedoch Kompromisse, z. B., dass in einer Raucherecke oder auf dem Flur geraucht werden darf. Starke Parfums (z. B. mit schweren, orientalischen Gewürznoten oder blumig süßen Akzenten) sollten nur abends verwendet werden.

Um als Betroffener diplomatisch darauf hinzuweisen, dass einen das Eau de Toilette des Kollegen stört, kann man auch interessiert fragen, um welchen Duft es sich handele. Auf die Antwort hin kann man dann noch, der Freundlichkeit halber, fragen, ob dieser neu auf dem Markt sei. Egal was die gefragte Person antwortet, lässt sich darauf entgegnen, dass man selbst leichtere oder herbere Düfte bevorzuge und dass einem dieser Duft zu schwer wäre. Ein rücksichtsvoller Mensch wird sich dann zurückhalten und ihn nicht mehr

während der Arbeitszeit verwenden. Sollte der Betreffende diesen Wink nicht verstanden haben, dann hilft nur noch eine persönliche Bitte. Diese sollte dann so ausfallen, dass die betreffende Person sich nicht persönlich angegriffen fühlt. Also sagt man beispielsweise, dass man wirklich gerne mit ihm zusammenarbeite und ihn schätze, aber dass das Parfum Kopfschmerzen auslöse und bittet ihn, es nicht mehr während der Arbeitszeit aufzutragen. Allerdings darf der Hinweis nicht fehlen, dass er dies nicht persönlich nehmen dürfe.

Duft abfragen

Frauen, die einen bestimmten Duft auftragen, sollten die Version des Eau de Toilette nehmen. Dies ist nicht so schwer und verflüchtigt sich rascher. Zudem sollten sie ihre Kolleginnen, sofern sie ein gutes Verhältnis zu ihnen haben, fragen, wie es ihnen gefällt. Sagen diese, es wäre für sie selbst zu schwer, blumig, fruchtig, holzig, süß, würzig etc., dann ist dies ein verstecktes Signal des Nichtgefallens. Manchmal lösen entsprechende Düfte sogar Kopfschmerzen bei anderen aus. Dann sollte man es während der Arbeitszeit nicht tragen. Erzählt die Kollegin von ihren Lieblingsdüften, kann es durchaus sein, dass eine Gemeinsamkeit besteht. Diese Parfums kann man dann getrost tragen.

TIPP

Bei Düften auch an die Kunden denken! Normalerweise wirken sportlich-frische Düfte dynamisch, erfolgreich und sympathisch. Die Dosis sollte aber immer dezent bleiben.

Unbeliebte und beliebte Verhaltensweisen

Kollegen unnötig von ihrer Arbeit abzuhalten, schafft leicht schlechte Stimmung. Genauso sollte man nicht ohne Absprache Änderungen am Arbeitsplatz vornehmen. Etwa ohne Absprache Bilder im gemeinsamen Bürozimmer aufhängen. Es gebietet sich, gemeinsam zu beschließen, wie und wo Schreibtische, Drucker, Kopierer etc. stehen sollen. Routinearbeiten (Blumen gießen, Anrufbeantworter abhören, Druckerpatronen wechseln) werden fairerweise geteilt. Klingelt das Kollegentelefon, dann nimmt man, falls nichts anderes vereinbart ist, den Anruf entgegen, indem man zuerst den Firmennamen

nennt, dann „Apparat“ (Name des Kollegen nennen), „hier“ (eigenen Namen nennen) und fragt, was man für ihn tun könne. Beispiel: „Firma F, Apparat Silvia Stollstein, hier Bruno Braschler, kann ich Frau Stollstein etwas ausrichten? Oder kann ich Ihnen vielleicht weiterhelfen?“ Häufig ist Letzteres der Fall. Die entsprechende Kollegin wird sich bei Gelegenheit revanchieren und die eigenen Anrufe ebenfalls entgegennehmen.

Typologie von Kollegen

Es gibt verschiedene Typen von Kolleginnen und Kollegen. Oft lassen sich diese unterschiedlichen Charaktere unter Begriffe wie „Besserwisser“, „Jammerer“, „Poser“, „Intrigante“, „Gnadenlose“ oder „Provokateure“ einordnen. Es gibt immer und überall Kolleginnen und Kollegen, mit denen man gerne oder weniger gerne zusammenarbeitet. Teamarbeit ist in vielen Berufen nicht wegzudenken. Ohne sie könnten einzelne Projekte nicht abgewickelt werden. Um sich möglichst kollegial verhalten zu können, sollte man versuchen, die einzelnen Personen typologisch einzuordnen, um auch in schwierigen Situationen angemessen reagieren zu können.

Typ Besserwisser

Besserwisser sind meist bereits seit längerer Zeit in dem Unternehmen beschäftigt und stehen stets mit klugen Ratschlägen zur Seite. Gerne mischen sie sich überall ein und kommentieren das Geschehen. Dies frustriert die Kollegen oft, da Besserwisser eben immer alles besser wissen. Sie wollen nicht nur stets das letzte Wort, sondern auch immer Recht haben. „Ich hab es ja gleich gesagt!“ oder „Na also“ hört man oft von ihnen.

Verhaltenstipp:
Diplomatischerweise dankt man ihm zunächst für seine interessanten Anregungen. Auf diese Art und Weise fühlt er sich geehrt. Ein Lob an passender Stelle wirkt ebenfalls wahre Wunder. Dabei sollte man aber nie vergessen, zum eigentlichen Thema zurückzukehren und den roten

Faden nicht zu verlieren. Allerdings empfiehlt sich diese Taktik nur dann, wenn man von der fachlichen Kompetenz des Kollegen im Prinzip überzeugt ist. Dann klappt die Zusammenarbeit im Laufe der Zeit deutlich besser.

Typ Pessimist

Pessimisten kann man ohnehin nie etwas recht machen. „Vielleicht", „Besser nicht", „Man kann ja nie wissen" zählen zu ihren Standardantworten. „Das ist nicht ungefährlich", „Da ist Vorsicht geboten", „So was geht meistens schief", „Früher war alles besser" und Sätze wie „Ich hab ja gleich davor gewarnt, aber auf mich hört ja keiner" runden ihr pessimistisches Bild ab.

Verhaltenstipp:
Es macht meist wenig Sinn, ihnen zu viel Aufmerksamkeit zu widmen. Pessimisten jammern permanent und demotivieren die anderen Teammitglieder. Dennoch sollte man deren Argumente nicht komplett ignorieren, da Pessimisten manche Probleme erkennen, die andere übersehen haben.

Typ Intrigant

Intriganten gibt es immer und überall. Oft sind es jene Kolleginnen und Kollegen, die die Karriereleiter erklimmen möchten und sich geschickt mit fremden Lorbeeren schmücken. Sie behalten Wissen, das für alle direkten Kolleginnen und Kollegen wichtig und nützlich wäre, für sich und präsentieren sich nach außen äußerst freundlich. Gerne starten sie Mobbing-Aktionen und streuen Gerüchte. Gerade dieser Typ ist mit Vorsicht zu genießen.

Verhaltenstipp:
Gerüchte, die ein Intrigant in Umlauf bringt, machen meist neugierig. Manchmal erregen Intriganten bereits dadurch Aufmerksamkeit, dass sie etwas wissen bzw. zu wissen vorgeben, das die anderen (noch) nicht wissen (können). Da es aber normalerweise nicht jeden Tag so viele Neuigkeiten gibt, hilft der Intrigant meist mit selbst erfundenen Gerüchten nach. Genau dies

ist aber auch seine schwache Stelle. Wer dem vermeintlichen Intriganten (und nur diesem) nämlich eine selbst erfundene Geschichte mit der Bitte anvertraut, diese Information unbedingt für sich zu behalten (eventuell deshalb, da man dem Erzählenden versprochen habe, dies vertraulich zu behandeln und nicht zu verraten, dass man es von ihm wisse), der erkennt schnell, ob dieser geplappert hat. Wenn beispielsweise in der ganzen Firma solch ein erfundenes Gerücht (z. B., dass einer der Mitarbeiter der X-Abteilung vier Millionen Euro im Lotto gewonnen habe und nun nach Hawaii auswandere, weshalb seine Stelle neu zu besetzen sei) kursiert, dann kann es nur vom Intriganten in Umlauf gebracht worden sein. Spätestens dann ist die „undichte Stelle" in der Firma enttarnt. Wirklich wichtige Informationen sollte man jenen Kollegen nicht mehr anvertrauen.

Typ Provokateur

Oft möchten provokante Charaktere anders sein als die anderen, was sie durch Kleidung, Einstellung, Auftreten und Ansichten ausstrahlen. Regeln werden gerne ignoriert. Dadurch erzielen diese Mitarbeiter zusätzliche Aufmerksamkeit. Gerne widersprechen sie anderen, sowohl im Sport und in der Politik als auch bei beruflichen Themen.

Verhaltenstipp:
Am besten ist es, Provokateuren möglichst wenig Angriffsfläche zu bieten. Zu den typischen Eigenschaften jener Kollegen zählt es, ständig zu widersprechen. Egal, welche Ansicht man vertritt, er lehnt sie vermutlich ab. Nicht zuletzt deshalb, weil er gerne das letzte Wort haben will. Daher muss man sachlich fundiert argumentieren. Wer sachlich stärkere und logische Argumente vorbringt und schlüssig begründet, erreicht sein Ziel diplomatisch und bleibt höflich. Manchmal ist es aber ebenfalls kompliziert. Eine andere Möglichkeit bestünde darin, dass man sich der Meinung des Provokateurs (angeblich) anschließt. Dies könnte so aussehen, dass man das sachlich schwächste Argument des anderen heraussucht und mit einem „Das sehe ich auch so wie unser Kollege K, denn dann ..." anschließt. Nun gilt es, den vermeintlich wichtigen Grund so vorzutragen, als ob dies unglaublich wichtig und wertvoll sei. Wenn es dann zur Abstimmung kommt, hat man nach außen zwar verloren, innerlich aber gewonnen, da man das angestrebte Ziel erreicht hat.

Typ Poser

Poser setzen sich gerne gekonnt in Szene um aufzufallen. Sie lassen kaum eine Gelegenheit aus, um sich vorteilhaft zu präsentieren. Sie reden viel, ohne etwas Konkretes von sich zu geben. Alles bleibt unverfänglich. Dennoch beeindrucken sie durch gekonnte Reden, Gespräche oder Vorträge. Sie möchten gerne immer wichtig wirken – was ihnen oft gelingt.

Verhaltenstipp:
Da Poser gerne fremde Ideen als ihre eigenen verkaufen, sollte man ihnen möglichst keine wirklich wichtigen Ideen und Gedanken verraten. Vielmehr sollte man derartige Zeitgenossen durch konsequentes, aber diplomatisches Hinterfragen enttarnen. Ein Beispiel: die Behauptung „Wir wollen uns bei dem Projekt P unbedingt beteiligen" mit einem „Wer ist wir?" kontern. Mit höflichem, aber konsequentem Nachfragen lassen sich derartige Legenden schnell enttarnen. Der Poser hingegen wurde auf diplomatische Art in seine Schranken gewiesen.

Typ „Skrupellos"

Skrupellose kennen kein Mitleid. Sie verfügen meist über eine recht kräftige Stimme. Nicht selten werden sie laut. Allein die Stimme übertönt Zweifler und Bedenkenträger durch die Überzeugungskraft, die sie ausstrahlt. Bereits deshalb gehört ihnen oft das letzte Wort.

Verhaltenstipp:
Skrupellose Kollegen lassen sich manchmal auf elegante Art zum Verstummen bringen. Zunächst darf man sich durch laute und kräftige Stimmen nicht einschüchtern lassen. Manche harmoniesüchtigen oder ängstlichen Menschen meiden Konflikte konsequent und geben anderen immer Recht. Dies muss nicht sein. Viele Manager halten von Mitarbeitern, die nicht ständig „Ja" sagen, mehr als von anderen, da die-

TIPP

Höflichkeit und Kollegialität haben ihre Grenzen. Ausnahmsweise kann man an Wochenenden für Kollegen „einspringen" oder werktags „Überstunden" einlegen, was in vielen Firmen der Fall ist. Dies sollte jedoch nicht zum Normalfall werden. Sonst wird man leicht ausgenutzt. Dem Vorgesetzten oder Kollegen sollte dies klar signalisiert werden.

se eventuelle Fehler oder Probleme erkennen und offen ansprechen. Das lösungsorientierte Widersprechen muss jedoch keineswegs laut oder patzig erfolgen. Wer laut kontert, wird meist unhöflich oder ausfällig. Kaum etwas bringt einen Brüller mehr aus der Ruhe, als wenn der Angebrüllte unbeeindruckt bleibt und (übertrieben) ruhig und sachlich kontert. Beispielsweise mit einem „Offensichtlich sind Sie anderer Meinung. Wie lautet Ihr Lösungsvorschlag für diesen Fall?" – meist verschlägt es dem Brüller dann die Sprache.

TIPP

Normalerweise freuen sich Kollegen sehr, wenn man gelegentlich ohne Grund etwas für sie mitbringt, z. B. Eiscreme im Sommer. Vorgesetzte motivieren damit ihre Mitarbeiter.

Kollegiale Zusammenarbeit

Eine gute, kollegiale Zusammenarbeit fördert den Unternehmenserfolg und die eigene Zufriedenheit. Am angenehmsten für alle ist es zu wissen, dass sich die Kollegen selbst dann fair verhalten, wenn man nicht im Büro ist. Kollegen lassen sich nicht von einem Tag auf den anderen ändern. Massive Änderungsversuche haben oft wenig Aussicht auf Erfolg. Allerdings lässt sich nicht alles tolerieren. Dazu zählt z. B. Unpünktlichkeit. Schließlich warten Kunden auch nicht ewig auf bestellte Produkte, sondern wechseln gegebenenfalls den Anbieter. Wer beruflich viel mit bestimmten Kollegen zu tun hat, der sollte eine gute Zusammenarbeit fördern. Vor allem dann, wenn dieser gerade abwesend ist, ist Kollegialität gefragt.

Einen freundlichen Umgang pflegen

Dazu zählt, dass man sich bei dem jeweiligen Kollegen erkundigt, ob man etwas aus seinem Umfeld (z. B. seinen Rechner, Füller oder dergleichen) benutzen darf und es nicht einfach entwendet.

Immer wieder kommt es vor, dass sich andere (Kollegen oder Kunden oder sogar der Chef) über den Kollegen beschweren, der momentan nicht anwesend ist. Natürlich könnte man bei Kundenbeschwerden oder Rügen von Vorgesetzten darauf verweisen, dass es sich hierbei um die Aufgabe seines Kollegen handele und dieser nicht da sei. Dass man demnach selbst nichts damit zu tun habe. Kollegialer jedoch wäre es, der Kundenbeschwerde (soweit es sich nur um eine Kleinigkeit oder eine unproblematische Routineaufgabe, die nicht allzu viel Zeit in Anspruch nimmt, handelt) rasch abzuhelfen. Hier kann man entweder sagen, dass man sich darum kümmert, oder aber, dass eigentlich der Kollege zuständig sei, aber man der Sache nachgehen werde und sich wieder melde. Auf diese Art schützt man den Kollegen vor Rügen und kann normalerweise darauf zählen, dass dieser sich in einer ähnlichen Situation entsprechend verhält. (Dies gilt allerdings nicht, wenn es sich um Mobbingattacken handelt oder der Charakter des Kollegen zu wünschen übrig lässt und keine Besserung in Aussicht ist.)

Abwesende Kollegen

Sofern der Kollege gerade abwesend sein sollte, wenn etwas aus seinem Arbeitsumfeld benötigt wird (z. B. Druckerpapier, Beamer oder Flipchart), dann sollte man es sofort beichten, wenn er wieder da ist. Bei einem „Sie waren gestern nicht erreichbar und es gab kein Flipchartpapier mehr – Sie sind sicher nicht böse, dass ich mir von Ihrem Flipchartpapiervorrat genommen habe?", hat er sicher Nachsicht. Zudem entsteht dann oft eine Art „Gewohnheitsrecht". Der Betreffende räumt meist ein, dass sich der Kollege in derartigen Situationen gerne bedienen darf und umgekehrt.

Kranke Kollegen

Manchmal kommt es vor, dass ein Kollege erkrankt. Dann gelten dieselben Regeln wie im Privatleben. Dabei bietet es sich meist an, dass sich die Mitarbeiter, die enger mit ihm zusammenarbeiten, arrangieren und ein gemeinschaftliches Geschenk organisieren. Auf einer

Karte können dann alle, die sich daran beteiligt haben, unterschreiben. Selbst wenn niemand ihn persönlich besuchen möchte, ist es ein Zeichen der Achtung und kollegialen Verbundenheit, wenn man ihm eine entsprechende Karte nebst Blumenstrauß oder Ähnlichem zustellen lässt. Auf der Karte sollten neben den Genesungswünschen noch ein paar aufmunternde, persönliche Worte stehen. Beispielsweise, dass Kollegen und Kunden ihn bereits vermissen und sich auf seine Rückkehr freuen. Wer ihn besuchen möchte, sollte seinen Besuch unbedingt im Vorfeld ankündigen. Kranken ist es manchmal peinlich in ihrem geschwächten Zustand von Kollegen gesehen zu werden. Das „Besuchsrecht" räumen manche nur ihren Familienangehörigen und engsten Freunden ein.

Umgang mit Vorgesetzten

Angestellte sollten nie außer Acht lassen, dass ihre Vorgesetzten selbst dann eine Sonderstellung mit speziellen Befugnissen haben, wenn sie sich locker geben. Es handelt sich selbst dann um ein „Über-Unter-Verhältnis", wenn man in einem „jungen" Unternehmen arbeitet, in dem sich alle duzen und flache Hierarchien herrschen. Das „Du" hat Vor- und Nachteile. Es spricht zwar für eine entspannte Arbeitsatmosphäre, aber es fällt schwerer, dem Wunsch des anderen, ihm ausnahmsweise einen Gefallen (zusätzliche Arbeit erledigen) zu tun, zu widersprechen. Dennoch ist der Umgang mit Vorgesetzten nicht immer einfach, insbesondere dann, wenn der Vorgesetzte launisch ist, ungerechtfertigte Kritik übt oder Untergebene beleidigt.

Trotz allem sollte man hier sachlich bleiben und sich nicht provozieren lassen. Im günstigsten Fall entschuldigt sich der Chef dann. Wenn sich die Stimmung wieder gebessert hat, kann man auf den Vorfall zurückkommen und sachlich schildern, worüber man sich geärgert hat.

Tipp für Vorgesetzte

Wenn Sie einem Mitarbeiter die geforderte Gehaltserhöhung verweigern, sollten Sie auch die Gründe dafür nennen. Dem Mitarbeiter gegebenenfalls sagen, dass man mit seiner Leistung (im Wesentlichen) sehr zufrieden sei, dass die betriebliche Situation jedoch eine Gehaltserhöhung zum momentanen Zeitpunkt nicht zulasse. Dass dies kein persönlicher, sondern ein rein betrieblicher Grund für die Ablehnung sei und dass man zu einem späteren Zeitpunkt (z. B. sechs Monate später) noch mal darauf zu sprechen komme.

Gespräch „unter vier Augen" mit dem Chef

Von regelmäßigen Mitarbeitergesprächen abgesehen gibt es immer wieder Anlass für ein Gespräch mit dem Vorgesetzten „unter vier Augen". In einem persönlichen Gespräch kann der Mitarbeiter sein Anliegen vorbringen, ohne dass Kollegen direkt involviert sind. Auch wenn im Büro ein eher lockerer Umgang herrscht und sich nicht nur untereinander alle duzen, sondern auch der Chef geduzt wird, gibt es manchmal Anlass für ein ernsthaftes persönliches Gespräch. Hier sollte man ganz formell um einen Gesprächstermin bitten. Ein pünktliches Erscheinen gilt als Selbstverständlichkeit. Dann klopft man an die Tür, wartet auf das „Herein" und tritt ein. Vorgesetzte mit guten Umgangsformen reichen einem die Hand und bieten einen Sitzplatz an. Natürlich ist dies nicht immer der Fall. Manche bleiben einfach sitzen. Dies ist aber kein Grund zur Verunsicherung. Hier zählt Gelassenheit. Der Vorgesetzte sagt dann sinngemäß „Treten Sie ein". Beim Betreten des Büros setzt man sich trotzdem erst, wenn die Aufforderung erfolgt Platz zu nehmen. Dann kann man

sich bedanken, dass der Chef trotz seines engen Terminplans Zeit für einen gefunden hat und nennt den Grund für das erbetene Gespräch. Achtung: Dies ist kein Small Talk, sondern eine formelle Angelegenheit. Das bedeutet, dass man das Problem direkt anspricht und sein Anliegen ohne Umschweife vorbringt. Handelt es sich z. B. um eine Gehaltserhöhung, muss man jedoch auch dagegen gewappnet sein, dass die Forderung nicht erfüllt wird. Auf jeden Fall sachlich bleiben und nach den Gründen für die Ablehnung fragen!

Das passende Umfeld für schwierige Besprechungen

Einzelgespräche sollten möglichst störungsfrei verlaufen. Oft handelt es sich um vertrauliche Gespräche bzw. „Gespräche unter vier Augen". Dass der Vorgesetzte dem Gesprächspartner überlegen ist, ist normalerweise beiden bewusst. Daher fühlt sich der Mitarbeiter oft unwohl. Aus diesem Grund sollte der Gesprächspartner keine zu langen Monologe halten, wenn er das Gespräch eröffnet. Eine Moralpredigt mit erhobenem Zeigefinger macht ebenfalls wenig Sinn, ein Small Talk zum Gesprächsauftakt hingegen wirkt positiv.

Zudem sollte man sich Zeit nehmen für den anderen. Daher ist es äußerst unhöflich, wenn man ständig auf die Uhr blickt, nebenher SMS empfängt (oder gar versendet) oder das Telefon permanent klingelt. Stattdessen sollte man offen mit

Meetings

In vielen Firmen stehen wöchentliche oder sogar tägliche Besprechungen (auch Meetings genannt) auf der Tagesordnung. Diese werden meist von Vorgesetzten geführt, aber auch von Mitarbeitern (Projektleiter), die für bestimmte Projekte (z. B. Kundenwerbung, Einführung eines neuen Produkts etc.) zuständig sind. Dann ist zwar der Vorgesetzte anwesend, geleitet wird die Besprechung aber vom Mitarbeiter (Sitzungsleiter). Hier gelten folgende Regeln für beide Seiten:

- Gute Vorbereitung (Tagesordnung möglichst einige Tage vorher verteilen)
- Raum organisieren (Flipchart, PC-Anschlüsse, Getränke etc.)
- Pünktlich beginnen
- Störungen (Handyklingeln) vermeiden
- Sachliche Diskussion
- Anderen nicht ins Wort fallen
- Darauf achten, dass nicht vom Thema abgewichen wird
- Pünktlich enden
- Besprechungsprotokoll möglichst rasch erstellen (lassen) und verteilen

dem anderen sprechen und ihm zuhören. Dadurch gibt man dem anderen auch zu erkennen, dass einen seine Meinung grundsätzlich interessiert. Die Sitzordnung trägt ebenfalls viel zum Gesprächsverlauf bei. Eine direkte Gegenüberstellung der Sitzplätze wirkt auf den Mitarbeiter wie ein Kreuzverhör oder ein unangenehmer Arzttermin.
Wer im Gespräch erkennbar versucht, auf die Bedürfnisse des Gesprächspartners einzugehen, macht den ersten Schritt in Richtung Gesprächserfolg. Zum Schluss ist ein „guter Gesprächsabschluss“ anzustreben. Die ersten und die letzten Sätze eines Gesprächs bleiben den meisten Menschen am längsten in Erinnerung.

Kritischer Faktor: Zeit

Zeit ist wertvoll. Unangemeldete Besucher sind daher oft Zeitdiebe. Man braucht sich in der Situation nicht zu scheuen, den Besucher auf die Zeitknappheit hinzuweisen und anzuregen, „gleich zur Sache zu kommen“. Der Besucher wird dies akzeptieren, zumal es bereits höflich ist, ihn, trotz des engen Zeitbudgets, überhaupt zu empfangen. Wer zudem seine Armbanduhr abnimmt und demonstrativ auf den Schreibtisch legt, der vermittelt auch symbolisch, dass es ihm damit Ernst ist. Man sollte allerdings nicht ständig auf die Uhr schauen. Wenn der Be-

INFO

TO-DO

- Telefon umstellen, damit ständiges Klingeln keine unpersönlich-hektische Stimmung schafft
- Gespräch freundlich beginnen
- Angenehme Atmosphäre schaffen
- Interesse am Anliegen des anderen zeigen
- Gespräch freundlich beenden

TABU

- Permanent auf die Uhr schauen. Dies signalisiert dem Gesprächspartner, dass einem die Zeit zu kostbar ist, als dass er sie unnötigerweise damit verschwendet, ihm zuzuhören
- Nebenher etwas schreiben, skizzieren oder irgendwo eintippen (beispielsweise SMS schreiben oder E-Mail prüfen)
- Dem Gesprächspartner direkt (Auge in Auge) gegenübersitzen
- Lange Monologe zum Gesprächsauftakt halten

sucher aufbricht, wirkt es höflich, ihn zur Tür und zum Aufzug zu begleiten, denn der Besucher gewinnt das Gefühl, dass man ihn achtet und Freundlichkeit entgegenbringt. Dadurch drückt man indirekt Wertschätzung aus und der Besucher behält das Unternehmen bzw. den Gesprächspartner in besonders guter Erinnerung.

Schlagfertigkeitstechniken im Beruf

Stellen Sie sich vor, es ist Montag und man erscheint mit neuer Frisur oder neuem Outfit im Büro. Während die meisten Mitarbeiter bereits höfliche Komplimente äußerten, taucht plötzlich ein Nörgler auf und erkundigt sich mit hinterhältigem Grinsen „Wer hat Sie denn so zugerichtet?" und verschwindet. Erst Minuten später fällt einem eine Antwort ein, die man hätte äußern können, um dem „Angreifer" Paroli zu bieten.
Für viele Politiker und Personen des öffentlichen Lebens sind Schlagfertigkeitstechniken bereits Routine. Es gibt keine Musterlösung für schlagfertige Antworten. Jeder muss eine Technik herausfinden, die ihm besonders liegt. Üben lassen sich Antworten, indem man sich selbst ab und zu Fragen oder Bemerkungen und schlagfertige Antworten dazu ausdenkt. Es gibt sogar einige Techniken, mit denen sich Schlagfertigkeit trainieren lässt. Alle sind so konzipiert, dass man den „guten Ton" insoweit wahrt, dass Beleidigungen oder persönliche Angriffe ausgeschlossen sind.

Rückfragetechnik
Die Rückfragetechnik basiert auf einem einfachen Prinzip. Es lautet Frage – Antwort – Gegenfrage – Gegenantwort. So lässt sich Zeit gewinnen. Manchmal fällt dem „Angreifer" überhaupt keine passende Antwort ein. Dann hat der „Angegriffene" immerhin ein „Unentschieden" erreicht.

Gerade-weil-Technik

Oft reagieren „Angreifer" perplex auf eine Gerade-weil-Antwort. Sie klingt nämlich zunächst logisch und eignet sich insbesondere auf Vorwürfe, die mit Leistung und Kompetenzen zusammen hängen. „Gerade weil ich die Pressemeldungen so kurz formuliere, werden sie von Tageszeitungsredaktionen übernommen, da diesen nämlich nur wenig Platz zur Verfügung steht." So könnte eine Gerade-weil-Antwort überzeugen.

Besser-als-Technik

Mit einem „besser als" gibt man einem Angreifer nur bedingt Recht. Die Satzkonstruktion ähnelt jenen, die mit „zwar aber" beginnen. Es soll so wirken, als ob der eigentliche Fehler beim Angreifer liegt und der Angegriffene das Opfer ist, dem man eigentlich noch dafür dankbar sein sollte, dass er die Firma vor schlimmeren Schäden bewahrt hat. Diese Technik ist aber auch bekannt in der Form „besser jetzt als nie". Dann erhält der Angegriffene ein „Lob", das sofort in einem „Tadel" erstickt wird. Das könnte so aussehen: „Gut, dass Sie dieses Problem erkannt haben, aber warum weisen Sie uns erst jetzt darauf hin?". Dadurch wird der Angreifer so dargestellt, als sei er derjenige, der an allem schuld ist.

Abgrenzungstechnik

Es kommt immer wieder vor, dass Kollegen verbal entgleisen und andere beleidigen. Dennoch ist es unangebracht, wenn der Angegriffene mit Kraftausdrücken kontert. Die Abgrenzung kann dennoch sachlich erfolgen. Beispielsweise mit einem: „Ihr Ton missfällt mir – auf dieser Ebene führe ich keine Gespräche!"

Ach-was-Technik

Um Zeit zu gewinnen, genügt bereits ein erstaunt ausgesprochenes „Ach was". Abgesehen davon, dass nun der verbale „Angreifer" wieder am Zuge ist, gewinnt man wertvolle Zeit, um weitere Antworten zu finden.

Hörfehlertechnik

Manchmal ist diese Technik ein Notnagel. Sie sollte jedoch nicht zu häufig angewendet werden, da dies sonst schnell unglaubwürdig wirkt. Vorwürfe können vom Angegriffenen vermeintlich „falsch verstanden" werden. Er tut also so, als ob der andere ihm etwas ganz anderes vorgeworfen habe, das aber gar keine Anhaltspunkte für einen Vorwurf bietet. Beispielsweise könnte er auf den Vorwurf, keine neuen Praktikanten eingelernt zu haben, so tun, als habe man ihm vorgeworfen, keine Neukunden

ab. In den Südstaaten der USA gab es zu Zeiten der Einwanderer „Hahnenkämpfe". Die Beteiligten wetten mit Geld auf den Sieger. Dem Hahn der den Kampf verlor, durfte vom Sieger eine bunten Schwanzfeder herausgerissen werden. Zur Feier erhob man das Glas „on the cock's tail", während die Schwanzfeder am Glas des Siegers steckte. So entstand die Tradition, farbenfrohe und schön dekorierte Mixgetränke bei feierlichen Anlässen zu trinken.

Der After-Work-Trend hat durchaus sein Gutes. Man kann den Arbeitstag harmonisch ausklingen lassen. Zudem lässt sich Kritik von Kollegen in einer lockereren Situation besser ertragen, als wenn man nach hitzigen Besprechungen direkt den Heimweg antritt. So zeigt sich, dass sie nicht persönlich gemeint war. Oft finden sich spontan und zufällig einfache Lösungsmöglichkeiten oder Ideen für betriebliche Projekte. Dennoch sollte man Grenzen setzen. Andererseits erzählen einem Kollegen manchmal höchst vertrauliche und persönliche Dinge. Diese sollte man unbedingt – auch wenn der Betreffende einen nicht ausdrücklich um Diskretion bittet – für sich behalten. Trotzdem ist es nett, wenn die Kollegen etwas Persönliches von einem wissen. „Etwas" heißt jedoch auf keinen Fall alles, denn man braucht kein „gläserner Kollege" zu sein. Die Trennung von Beruf und Privatleben lässt sich auch schriftlich ausdrücken, und zwar durch eine private Visitenkarte. Wer Visitenkarten austauscht, der sollte überlegen, ob er mit der betreffenden Person nur beruflich, oder nur privat oder sowohl beruflich als

Achtung: Happy Hour

Im Wein liegt bekanntlich Wahrheit, wie ein altes lateinisches Sprichwort („in vino veritas") prophezeit. Man sollte darauf achten, dass man nicht zu viel Alkohol konsumiert und einen „klaren Kopf" behält. Sonst besteht die Gefahr, dass man betriebsinterne Dinge verrät oder seinen guten Ruf riskiert. Dies kann das gegenseitige Vertrauen zwischen Kollegen und Vorgesetzten rasch zerstören.

auch privat in Kontakt stehen möchte. Für alles, was mit dem Beruf zu tun hat, genügen die geschäftlichen Visitenkarten. Ansonsten kann man relativ günstig Visitenkarten anfertigen (lassen), die lediglich die Privatadresse und jene Informationen enthalten, die man gerne weitergibt (z. B. E-Mail-Adresse, Faxnummer, Telefonnummer). Somit bleiben, je nach Wunsch, Auskünfte unerwähnt.

„Sie sind herzlich eingeladen …“ – Betriebsfeiern

Betriebsfeiern bieten eine gute Gelegenheit, Kolleginnen und Kollegen aus anderen Abteilungen besser kennenzulernen und Sympathiepunkte für sich zu verbuchen. Meist richtet sich die Einladung zur Betriebsfeier an alle Mitarbeiterinnen und Mitarbeiter. Vom Abteilungsleiter bis zum Hausmeister, von der Prokuristin bis zum Reinigungspersonal. Die Atmosphäre ist locker und die Stimmung heiter und gelöst. Üblicherweise gibt es reichlich zu essen und zu trinken. Genau Letzteres birgt Risiken, da meist Alkohol fließt. Dieser lockert zwar die Stim-

mung, kann aber zu heiklen Situationen und Konstellationen führen. Annäherungsversuche auf Firmenfeiern sind keine Seltenheit. Man sollte sich aber die peinlichen Konsequenzen vor Augen führen.

Auf Betriebsfeiern sollte man immer daran denken, dass es sich bei den anwesenden Gästen um Kolleginnen und Kollegen handelt, mit denen man am nächsten Tag wieder zusammenarbeiten muss. Zudem brauchen sich die Anwesenden nicht zu wundern, wenn kleinere Vergehen oder Peinlichkeiten noch Jahre nach dem besagten Fest auf After-Work-Treffen oder bei sonstigen Anlässen immer wieder neu (à la „Weißt du noch, damals auf der Betriebsfeier, als der X zu dem Y sagte, dass er …“) zum Besten gegeben werden.

Im ungünstigsten Fall sind die Karrierechancen irreparabel ruiniert. Ein beruflicher Aufstieg ist dadurch oft schnell verspielt.

Gesprächsmöglichkeiten nutzen

Oft bilden sich kleine Grüppchen unter den Gästen, und zwar so, dass Leute, die sich ohnehin kennen, zusammenstehen. Hier sollte man die Chance nutzen, auch mit Kollegen aus anderen Abteilungen ins Gespräch zu kommen. Dies erleichtert nicht nur die Zusammenarbeit, sondern trägt auch zu einer erhöhten Wertschätzung bei. Die anderen fühlen sich akzeptiert und man gewinnt Sympathien.

TIPP

Erzählen Sie nicht zu viel von sich. Unverbindliche Informationen aus Reise, Urlaub, Wetter, Kunst und Kultur bieten sich an. Hinzu kommen harmlose Stärken und Schwächen wie z. B., dass man eine Vorliebe für Schweizer Schokolade hat oder dass einem chinesisches Essen überhaupt nicht schmeckt, welche Sportarten einen interessieren oder welches der Lieblingsfußballverein, -boxer oder -Formel-1-Fahrer ist.

Duz-Angebote

Wenn einem vom Vorgesetzten auf einer Feier in leicht angeheitertem Zustand das „Du" angeboten wird und man dies angenommen hat, dann gilt es nicht automatisch auch am Tag danach. Vielen ist es peinlich, von Untergebenen öffentlich geduzt zu werden. Manche können sich tatsächlich nicht mehr daran erinnern, sich mit Kollegen auf „Du" geeinigt zu haben. Daher sollte man abwarten, ob sich der andere bei der nächsten Gesprächssituation nach der Feier daran „erinnert", indem er einen duzt. Tut er das, dann kann man getrost dabei bleiben. Sollte er einen aber siezen, dann ist Vorsicht angesagt! Vielleicht hat er versehentlich automatisch „Sie" gesagt – vielleicht hat er es aber auch im Bewusstsein gesagt, dem anderen das „Du" angeboten zu haben. Dann möchte er damit seinen Willen bekunden, beim „Sie" zu bleiben. Im Zweifel sollte man Letzteres annehmen. Falsch wäre es, ihn – womöglich noch vor versammelter Belegschaft – daran zu erinnern, dass er einem doch auf der Betriebsfeier das „Du" angeboten habe. Damit brüskiert man ihn vor den anderen Mitarbeitern und gibt Anlass zu Klatsch und Tratsch.

Oft ist das angebotene „Du" aber ernst gemeint. Insbesondere unter gleichrangigen Kollegen oder Personen, die in derselben Abteilung arbeiten. Doch wie geht man diplomatisch vor, um das „Du" abzulehnen? Zunächst sollte man darauf achten, dass sich der Kollege nicht

TIPP

Im Gegensatz zu privaten Einladungen braucht man dem Gastgeber im Rahmen einer betrieblichen Feier kein Gastgeschenk zu überreichen.

beleidigt oder „vor den Kopf gestoßen" fühlt. Die Antwort könnte lauten, dass man sich geehrt fühle über das Angebot, aber fairerweise dann allen ein „Du" anbieten müsse und deshalb lieber beim „Sie" bleiben möchte. Vielleicht auch, dass es auf die Kunden seriöser wirke, wenn man sich sieze.

INFO

TO-DO

- Zusage, da fernbleiben als arrogant gilt (gegebenenfalls triftigen Grund für Absage angeben)
- Zurückhaltung bei Alkohol
- Tischmanieren einhalten
- Betriebliche Themen möglichst meiden
- Gespräch mit anderen suchen
- Unerwünschte „Du"-Angebote diplomatisch ablehnen
- Erwünschte „Du"-Angebote nach der Feier unauffällig auf Gültigkeit überprüfen

TABU

- Grundlos fernbleiben
- Kolleginnen, Kollegen und Vorgesetzte am nächsten Tag einfach duzen oder auf „Entgleisungen" oder „Peinlichkeiten" des Vorabends hinweisen
- Übermäßig und auffällig viel essen und trinken
- Sich in eine Ecke verkriechen und anderen ausweichen
- Versuchen, die anderen Gäste über Privatangelegenheiten auszuhorchen
- Versuchen, die anderen Kolleginnen und Kollegen über firmeninterne Vorgänge auszuhorchen
- Skrupelloses Verhalten am kalten Buffet

Der Arbeitgeber als Gastgeber

Nicht nur Gäste sollten auf Betriebsfeiern gewisse Spielregeln einhalten. Auch für Gastgeber gibt es einiges zu beachten. Zunächst sollte man möglichst allen Mitarbeiterinnen und Mitarbeitern eine Einladung zukommen lassen. Es ist unhöflich, wenn nur bestimmte Personen einer Abteilung eine Einladung erhalten. Damit entsteht eine „Zweiklassengesellschaft" innerhalb des Betriebs. Es macht auch wenig Sinn, wenn man die geladenen Gäste bittet, gewissen Mitarbeiterinnen und Mitarbeitern nicht zu verraten, dass sie zu den Gästen zählen. Sie erfahren meist doch davon und der Ausschluss erregt nur Neid und Missgunst, was sich ungünstig auf ein kollegiales betriebliches Miteinander auswirkt. Gastgeber, die bestimmte Personen möglichst nicht unter den Gästen sehen möchten, können bei der Terminierung aber bereits feststehende Abwesenheitstermine der ungewünschten Personen (z. B. seit Monaten geplante und organisierte Weiterbildungen in einer anderen Stadt, vorgemerkter Urlaub etc.) berücksichtigen. Dann kann der unerwünschte Gast „zum großen Bedauern der Gastgeber" leider nicht erscheinen. Besser ist es aber in jedem Fall, alle Mitarbeiter einzuladen.

Essen und Trinken

Gastgeberinnen und Gastgeber sollten bei der Vorbereitung eines Festes nicht vergessen, dass einige ihrer Gäste mit dem Auto da sind. Bei der Wahl der Getränke sollte dies unbedingt bedacht werden. Alkoholfreie Getränke, Wasser, Saft und vielleicht Limonade sowie Kaffee und Tee passen immer, alkoholfreies Bier insbesondere dann, wenn auch normales Bier bereitsteht. Biertrinker, die sich bereits auf den Gerstensaft gefreut haben, sind sonst enttäuscht, wenn sie nur alkoholfreies Bier entdecken. Bei Wein empfiehlt sich ebenfalls, dass man sowohl Weißwein als auch Rotwein anbietet. Sekt oder Prosecco erfreut sich meist großer Beliebtheit. Ein Gläschen „Sekt in Ehren" trinken die meisten Gäste gern, vor allem dann, wenn es etwas gibt, auf das man anstoßen kann (z. B. ein 50-jähriges Firmenjubiläum). Allerdings gilt es als unhöflich, Gäste zu rügen, dass sie nur mit Mineralwasser statt mit Sekt anstoßen. Mittlerweile ist dies durchaus akzeptabel.

Die Grundsätze für das Bereitstellen der Getränke gelten analog auch für die Speisen. Ähnlich wie man neben alkoholischen Getränken stets auch antialkoholische reichen sollte, bietet ein guter Gastgeber auch vegetarische Speisen an. Möglicherweise gibt es auch Gäste, die bestimmte Fleischsorten aus religiösen Gründen nicht essen dürfen oder nicht essen möchten. Sie können dann immer noch auf die vegetarischen oder veganen Speisen ausweichen.

Der Gastgeber und sein Hausrecht

Gastgebern steht ein Hausrecht zu. Auch wenn sie lediglich Mieter einer Wohnung oder der Büroräume sind, können sie unerwünschte Gäste auffordern, das Haus umgehend zu verlassen. Kommt der Gast dieser Aufforderung nicht nach, macht er sich wegen Hausfriedensbruch nach § 123 Abs. 1 Strafgesetzbuch (StGB) strafbar. Dann droht eine Freiheitsstrafe bis zu einem Jahr oder eine Geldstrafe. Allerdings wird die Tat nach § 123 Abs. 2 nur auf Antrag verfolgt. Dies gilt auch für Gartenpartys, denn der Hausgarten zählt zum befriedeten Besitztum im Sinne von Abs. 1. Der Gastgeber darf unliebsame Gäste jederzeit (grundlos) vor die Tür setzen. Dies gilt auch in Raucherzelten.

Trennung von Beruf und Arbeit

Auch eine Betriebsfeier ist eine Feier und soll den Gästen Abwechslung und Spaß bringen. Dazu zählt, dass sich Mitarbeiter nicht mit betrieblichen Fragen auseinanderzusetzen brauchen. Daher sollte der Gastgeber seinen Gästen tiefgründige Fragen nach betriebsinternen Projekten ersparen. Fragen wie „Kommen Sie mit dem Projekt X gut voran?" klingen noch vertretbar. Für ganz konkrete Informationen (z. B. exakte Zahlen aus Betriebsabrechnungsbögen, Bilanzen oder Details aus Kundengesprächen) sollte man aber sowohl einen anderen Ort als

INFO

TO-DO
- Möglichst alle Mitarbeiterinnen und Mitarbeiter einladen
- Auch vegetarische Speisen anbieten
- Auch alkoholfreie Getränke anbieten

TABU
- Berufliche Fragen stellen
- Einzelne Personen ausschließen
- Betrunkene Gäste mit dem eigenen Auto heimfahren lassen

auch einen anderen Zeitpunkt wählen. Schließlich ist am Tag nach der Feier „auch noch ein Tag". Angenehme Fragen, beispielsweise ob der Mitarbeiter Lust hätte, an einem Wochenendseminar zu einem bestimmten Thema teilzunehmen, das ihn bekanntermaßen sehr interessiert, sind aber durchaus erlaubt. Insbesondere dann, wenn der Seminarort attraktiv ist.

Immer dunkelblau? – Kleidung und Accessoires richtig wählen

Wie man sich kleidet, so wirkt man. Jeder kann im privaten Alltag tragen, was ihm gefällt. Egal, ob Jeans oder Military-Look, Jogginganzug oder Trachtenkostüm. Die Grenzen enden allerdings dort, wo die Gefühle anderer verletzt werden könnten. Dies wäre z. B. der Fall, wenn man im Jogginganzug auf einer Beerdigung erscheinen würde. Wer privat irgendwo eingeladen ist und nicht weiß, was er tragen soll, kann sich vorab beim Gastgeber informieren oder sich mit anderen Gästen beraten. Wenn es sich beispielsweise um eine Grillparty auf einer Berghütte handelt, dann wird er in Anzug und Krawatte overdressed, also zu vornehm gekleidet sein. Dennoch gilt generell: besser overdressed als zu leger gekleidet.

Sowohl privat als auch beruflich lässt sich durch die passende Farbe die positive Wirkung der Kleidung steigern. Die Farbe assoziiert nämlich die berufliche und gesellschaftliche Position. Schwarz, dunkelblau und grau strahlen Kompetenz und Seriosität aus. Schwarz-Weiß-Kontraste wirken insbesondere bei formellen Terminen (Gerichtsverhandlungen, Staatsempfänge, Opernbesuche, Beerdigungen) ernsthaft und respektvoll.

TIPP

Verschiedene Muster nie miteinander mischen! Keinesfalls sollte man Muster (z. B. gestreifte Bluse zum geblümtem Rock oder geblümte Krawatte zu kariertem Hemd mit getupfter Weste und gestreiftem Jackett) mischen.

Kleine Farb- und Stilkunde

Folgende Farben harmonieren im Allgemeinen immer miteinander:

- Schwarz mit allen anderen Farben
- Weiß mit allen anderen Farben
- Grau mit allen anderen Farben
- Blau mit den Farben Weiß oder Grau
- Braun mit Erdtönen und Beigetönen
- Rot mit den Farben Schwarz, Weiß und mit allen Grautönen

Die Einzelfall-Farben

Mit den oben genannten Kombinationen ist man immer auf der sicheren Seite. Dies soll aber nicht heißen, dass andere Farben, z. B. rot und blau oder blau und braun nicht harmonieren. Es gibt von jeder Farbe eher warme und eher kalte Töne, z. B. apfelgrün und tannengrün. Dazwischen existieren etliche Nuancen, von neongrün über blaugrün, smaragdgrün und gelbgrün bis zu olivgrün. Diese wiederum unterscheiden sich durch weitere Farbmischverhältnisse. So kann ein Olivgrünton von einem anderen, z. B. durch dessen höheren Beigeanteil, so abweichen, dass die Farben nicht harmonieren. Selbst identische Farben wirken oft anders, wenn die Stoffe unterschiedlich sind. Ein bestimmter Farbton erscheint, u. a. durch Refle-

Den individuellen Farbtyp finden

Mittlerweile bieten in jeder Stadt sogenannte Farb-und-Stilberater ihre Leistungen an. Eine individuelle Analyse kostet meist ca. 150 bis 200 Euro. Die speziell geschulten Berater analysieren mittels farbiger Tücher die individuell passende Farbskala und ermitteln, welcher „Farbtyp" der Kunde ist. Man unterscheidet den Frühjahr-, Sommer-, Herbst- und Wintertyp. Es werden jeweils jene Farben notiert, die optimal zu der Haut-, Haar- und Augenfarbe des Kunden passen. Gleichzeitig stellt sich heraus, welche Farben ihn in ein unvorteilhaftes Licht rücken. Wer z. B. zu einem eher rosigen Teint (eventuell mit Sommersprossen) neigt und rötlich blondes Haar hat, dem steht Dunkelblau meist sehr gut. Die Farbe macht ihn leicht blasser und lenkt von Rottönen ab. Wer jedoch lila-, rosa-, flieder-, orange- oder bordeauxfarbene bzw. braune Textilien trägt, der verstärkt Rotschattierungen und strahlt dadurch oft einen ungesunden Eindruck aus. Rot ist allerdings nicht gleich Rot. Mahagonirot oder Braunrot harmonieren unter Umständen gut mit den Farben Flieder oder Lila. Wie so oft kommt es auch hier auf den Einzelfall an. Der Kunde erhält abschließend normalerweise einen kleinen und handlichen „Farbpass" mit ca. 30 Orientierungsfarben. Wer diesen beim Einkaufen mit sich führt, kann auf die Ratschläge des (fachlich oft ungeschulten) Verkaufspersonals getrost verzichten.

xion, optisch anders auf Baumwolle, Polyester, Viskose, Acetat, Polyacryl, Nylon, Wolle, Schurwolle, Leinen, Nicki, Cord, Mischgewebe oder Seide. Selbst auf Wildseide kann eine Farbe anders wirken als auf behandelter Seide. Das Gleiche gilt übrigens für Leder und Wildleder.

Die (Problem-)Farbe Rosa

Rosa ist eine gewagte Farbe. Gewagt deshalb, da sie verschiedene Eigenschaften assoziiert, die im Geschäftsleben als unpassend eingestuft werden. Niedlich, süß, nett, goldig, putzig, brav etc. sind nur einige davon. Früher, aber auch heute noch, kleideten Eltern weibliche Babys gerne in rosa Strampelanzüge und männliche in hellblaue. Später trugen bzw. tragen (brave) Mädchen rosa Kleidchen und (mutig-tapfere) Jungs dunkelblaue Ma-

trosenanzüge. Eigentlich ist die Farbe Rosa im Businessalltag tabu. Sie gilt als „Killerfarbe" für ambitionierte Karrierefrauen. Sie assoziiert auch Unterwürfigkeit, Naivität und Harmoniestreben um jeden Preis. Dies führt oft zu Missverständnissen oder baut Blockaden auf. Vor allem deshalb ist diese Farbe für Berufseinsteigerinnen eher problematisch. Allerdings hat dieser Farbton, wie viele andere, zwei Gesichter. Manche Geschäftsfrauen wirken extrem autoritär, treten sehr dominant auf und haben eventuell noch eine recht tiefe Stimme. Bei blassem Teint, maskulinen Gesichtszügen, kurzen oder streng hochgesteckten oder zu einem Pferdeschwanz zusammengebundenen Haaren und ernstem Blick wirkt dieserTyp Frau (beispielsweise in dunklen Hosenanzügen) besonders „Boss". Hier verleiht die Farbe Rosa vorteilhafterweise eher weichere Züge und strahlt eine gewisse Wärme aus.

Rosa kann aber auch hart wirken, nämlich dann, wenn es sich um einen (aggressiven) neongrellen Pinkton handelt. Dieser wiederum gilt im Geschäftsleben (von außergewöhnlichen Kreativberufen abgesehen) eher als unpassend. Daher sollte die Farbe bei geschäftlichen Auftritten eher gemieden werden.

Wie man sich kleidet, so wirkt man

Es gibt Anlässe und Orte, an denen Kleidung eine äußerst wichtige Rolle spielt. So legen einige Veranstalter Wert darauf, dass ihre Gäste in einem bestimmten Outfit erscheinen. Personen, die diese Regel nicht einhalten, erhalten keinen Zutritt. Wer Jeans und Hawaiihemden trägt, dem bleibt der Zutritt auch auf Urlaubsreisen in vornehmen Hotels oft verwehrt. Wer hingegen mit Anzug und Krawatte zu einem Grillfest beim Nachbarn erscheint, wird sicherlich neugierige Blicke oder sogar spöttische Bemerkungen ernten.

Karrierefarben

Eine gängige Kleiderregel besagt „je höher die Position, desto dunkler der Anzug". Diese Regel machen sich viele Geschäftsleute zu Nutze, um ihre Karrierechancen zu steigern. Tatsächlich finden sich in vielen Firmen, insbesondere bei Banken, Versicherungen, in der Automobilindustrie etc., Führungskräfte, die durch besonders dunkle Anzüge auffallen. Bei Frauen entspricht dies dunklen Hosenanzügen und Kostümen. Bei eher kreativen Berufen gilt diese Regel eingeschränkt – dort besticht man eher mit geschmackvoller Individualität.

Fällt Kleidung auf?

Frauen erinnern sich nach einem Gespräch besser an das Erscheinungsbild ihres Gesprächspartners als Männer. Das haben Psychologen der Universität von Ohio in Tests mit Studenten herausgefunden. Der Unterschied sei zwar gering, doch er passe zu früheren Studienergebnissen, wonach Frauen häufig sensibler mit fremden Menschen umgehen. Einen schlüssigen Grund für die offensichtlich unterschiedliche Wahrnehmung des Gegenübers bei Männern und Frauen konnten die Forscher nicht darlegen.

Im Gegensatz zum vornehmen Hotel, darf er das Grundstück trotzdem betreten und mitmachen. Auch für den Berufsalltag gibt es solche Regeln.

Was trägt man geschäftlich und was nicht?

Es gibt Kleidungsmöglichkeiten, die im Geschäftsleben gängig und akzeptiert sind, aber auch unerwünschte Konstellationen. Zu Letzteren zählen bestimmte Accessoires, vor allem, wenn jemand zu viele gleichzeitig trägt. Darunter fallen Goldkettchen, Uhren, Knöpfe, Manschettenknöpfe, Gürtelschnallen, Abzeichen, auffallend „humorvolle" Krawattennadeln (z. B. mit Motiven aus Zeichentrickfilmen oder Comics) oder extrem große Ohrringe. Auffallend große Ohrringe (z. B. Creolen mit 5 cm Durchmesser) wirken insbesondere bei Geschäftsfrauen unter Umständen „autoritätsraubend", da sie meist eine „verniedlichende" Wirkung ausstrahlen. Dies gilt nicht in kreativen Berufen (Design, Musikszene, Friseurhandwerk, Modebranche etc.), da diese ihr Handwerk gerne durch auffallende Accessoires unterstreichen. Ohrringe haben aber auch praktische Nachteile. Wer viel telefoniert, läuft Gefahr, dass der Schmuck bei Kopfbewegungen schwingt. Im ungünstigsten Fall klappern die Anhänger gegen den Telefonhörer und erzeugen beim Gesprächspartner am anderen Ende der Leitung merkwürdige Schall- und Klopfgeräusche. Bei Männern hingegen gelten Ohrringe

im Berufsalltag ohnehin als unseriös. Die Ausnahme bilden jedoch auch hier die kreativen Berufe. Piercings und Tattoos sind ebenfalls problematisch. In kreativen Berufen können sie vertretbar sein. Im Zweifel achtet man jedoch darauf, dass sie für andere nicht sichtbar sind bzw. trägt sie nicht.

Unverzichtbare Accessoires

Brillen sind für viele Menschen unersetzbar als Sehhilfe. Eine Brille verleiht ihrem Träger mehr als nur ein „gewisses Etwas". Sie strahlt entweder einen intellektuellen Eindruck aus oder lenkt stark vom Gesicht ab. Dies ist oft der Fall bei wuchtigen Hornbrillen oder Gestellen mit auffälligen Extras (goldfarbene Minibuchstaben, die sich am Brillengestell verschieben lassen, Miniwäscheklämmerchen, Symbole etc.).

Männerhemden

Männerhemden sitzen richtig, wenn der Kragen etwa 1 cm über den Jackettkragen reicht. Die Hemdärmel hingegen sollten etwa 2 cm unter den Jackettärmeln hervorschauen. Zudem sollten die Manschetten eng genug sein, dass sich die Hemdärmel beim Anwinkeln der Arme nicht nach hinten verschieben.

Brillen, die extrem auf der Nasenspitze aufliegen, Lesebrillen oder Halbbrillen können einen unter Umständen älter wirken lassen. Manchmal (z. B. von Berufseinsteigern, die erfahrener wirken möchten) ist dies aber durchaus er wünscht.

TIPP

Wer zu gut gekleidet ist, kann immer noch etwas ablegen, z. B. Krawatte oder Jackett. Umgekehrt kann es mitunter zu unangenehmen Situationen kommen.

Die goldenen Zwei

Mehr als zwei Dinge sollten nicht zu Blickfängern werden. Dies könnte z. B. eine geschmackvolle Krawatte und eine elegante Uhr sein. Männer, die Goldkettchen (egal, ob am Handgelenk oder um den Hals) tragen, wirken allgemein unseriös. Bei Frauen sieht man es nicht so streng und akzeptiert mehr. Accessoires solltes jedoch den Typ unterstreichen und nicht von der Person ablenken. Auch hier sind maximal zwei Blickfänger (beispielsweise Halskette und Armband) angebracht.

Socken und Strümpfe

Nirgendwo akzeptiert, außer auf dem Tennisplatz und in Turnschuhen, sind Tennissocken! Wer Tennissocken in anderen Schuhen trägt, gibt sich schnell der Lächerlichkeit preis. Gerade im Geschäftsleben wirkt dies äußerst peinlich. Nackte Füße in Schuhen sollten hier ebenfalls eine Ausnahme bleiben (insbesondere bei Herren).

Als Faustregel sollte man beachten, stets Strümpfe zu tragen, die über die Wade reichen. So lässt sich vermeiden, dass nackte Haut unter der Hose hervorlugt, wenn man sich setzt. Dann rutscht das Hosenbein nämlich ganz automatisch leicht nach oben. Frauen hingegen sollten stets eine Feinstrumpfhose tragen. Diese gibt es auch in verschiedenen Beigetönen, den sogenannten Hautfarben. Dies bedeutet, dass sich die Farbe kaum oder nur um ein bis zwei Nuancen (dunkler) von den Beinen unterscheidet. Immerhin schützen die Strumpfhosen vor Hautaufschürfungen und die Beine werden in ein vorteilhafteres Licht gerückt. Gleichzeitig ist es auch hygienischer, da nackte Füße in Schuhen schnell Schweiß absondern.

Casual Friday

Sogar im Geschäftsleben gibt es Anlässe, bei denen man sich etwas legerer kleiden darf. Nicht nur in amerikanisch geprägten Unternehmen, sondern in vielen Firmen und Behörden in Deutschland hat sich der „Casual Friday“ eingebürgert. „Casual“ steht, frei übersetzt, für bequem/leger. Im Hinblick auf das anstehende Wochenende und die Option, direkt nach der Arbeit noch auf eine „After-Work-Party“ zu gehen bzw. sich mit Freunden oder Kollegen zu treffen, kleiden sich viele an diesen Tagen etwas legerer. Das bedeutet aber nicht Freizeitlook, sondern kann so aussehen, dass man auf die Krawatte verzichtet und in Jeans und Jackett auftritt. Leinenanzüge gelten ebenfalls als „casual“.

INFO

TO-DO FÜR MÄNNER
- Socken, die lang genug sind, um den Blick auf die Beine zu vermeiden
- Ordentliche Rasur
- Ordentliche Frisur
- Deo

TABU FÜR MÄNNER
- Tennissocken
- Schmutzige Schuhe
- Abgelaufene Schuhsohlen
- Bunte Socken mit Comicmotiven
- Krawatten mit Comic- oder sonstigen Figuren
- Sandalen
- Groß gemusterte Jacketts

Checkliste: Formelle Kleidung für den Mann
- Anzüge in gedeckten Farben. Vorsicht bei Leinen! Es knittert zwar „edel", aber es knittert. Entweder man wählt eine knitterarme Leinenmischung oder trägt Leinen zu eher weniger formellen Anlässen – z. B. wenn „casual" angesagt ist.
- Krawatte, die mit Hemd und Anzug harmoniert
- Keine Polyesterkrawatte
- Keine Krawatte oder Krawattennadel mit Comicmotiven oder Sprüchen

- Weißes, graues oder blaues, sauberes und gebügeltes Hemd
- Hemdkragen, der richtig sitzt
- Saubere Schuhe
- Niemals Tennissocken
- Dunkle Socken ohne Muster, die bis zur Wade reichen
- Schuhe, die zum Anzug passen
- Nicht zu viele Accessoires oder große Ohrringe als Blickfang
- Keine für andere sichtbare Piercings oder Tattoos zeigen

Checkliste: Formelle Kleidung für die Frau
- Die Kleidung sollte zum Beruf passen und nicht zu figurbetont sein.
- Strümpfe/Feinstrumpfhosen müssen auch bei 40 Grad im Schatten getragen werden! (Tipp: Immer eine Ersatzstrumpfhose im Schreibtisch oder in der Handtasche bereithalten. Eine Laufmasche entsteht schnell und sorgt für Unsicherheit und Unwohlsein.)

- Dezentes Make-up
- Keine durchsichtigen Blusen
- Keine durchsichtigen Röcke/Kleider
- Keine tiefen Ausschnitte
- Keine zu kurzen Röcke
- Keine hautengen Kleidungsstücke
- Niemals bauchfrei
- Hosenanzüge
- Kleider oder Kostüme, die maximal eine Hand über dem Knie enden
- Stoffe, die gut fallen, wie z. B. Seide, Baumwolle, Schurwolle und Wollmischungen
- Keine auffallend großen Ohrringe

Was passt immer?

Gedeckte Farben, unauffällige, bequeme Schnitte, schwarze Schuhe (außer Lackschuhe, diese sind für festliche Anlässe bestimmt) und qualitativ hochwertige Stoffe. Polyester ist (nicht nur wegen dem Hang, merkwürdig zu knistern und sich elektrisch aufzuladen) mit besonderer Vorsicht zu genießen. Es fällt anders als Seide, Baumwolle oder Wollmischungen und wirkt anders. Wichtig: Der Stoff darf jedoch keinesfalls durchsichtig sein. Dies wirkt schnell unseriös.

Auch schwarze Lederschuhe passen immer. Kleine Schuhputz-Pflegestif-

INFO

TO-DO FÜR FRAUEN
- Feinstrumpfhosen
- Nur dezentes Make-up
- Deo
- Hosenanzüge
- Kostüme
- Geschlossene Schuhe
- Gepflegte Fingernägel

TABU FÜR FRAUEN
- Durchscheinende Blusen
- Schweres Parfum
- Miniröcke
- Aufdringliches/grelles Make-up
- Schulterfreie Kleidung
- Viel Schmuck
- Zu großes Dekolleté
- Piercing (Ausnahme: allenfalls in Kreativberufen)
- Tattoos
- Achselhaare
- Beinhaare

te mit einer geruchlosen Wachslösung finden Platz in jeder Aktentasche. Sie sind meist schwarz oder transparent. Damit lassen sich Schuhe kurz vor einem Firmenbesuch (wenn man beispielsweise zu Fuß auf einer staubig-schmutzigen oder nassen Straße unterwegs war) in ein ordentliches und gepflegtes Licht rücken.

TIPP

Natürlich schreckt es ab, mehrere hundert Euro für einen Anzug oder ein Kostüm zahlen zu müssen. Andererseits halten gute Kleidungsstücke jahrelang. Zeitlose Farben und Schnitte lassen sich ewig tragen. Im Vergleich dazu sind zwei günstige Anzüge in knalligen Trendfarben in der nächsten Saison bereits wieder altmodisch.

„Frau Müller am Apparat" – Kommunikationsmedien im Berufsalltag

Kommunikation per Telefon und Handy

Im beruflichen Alltag erfolgte die Kommunikation früher größtenteils per Telefon, heute ist mehr und mehr die E-Mail der Spitzenreiter. Telefonieren hat den Vorteil, dass Gesprächspartner Gefühlsschwankungen an der Stimme erkennen, obwohl sie Gestik und Mimik nicht wahrnehmen. Allgemein empfiehlt es sich deshalb, beim Telefonieren zu lächeln. Dies lässt die Stimme freundlicher und sympathischer klingen. Beim Telefongespräch empfiehlt es sich, die entsprechenden Unterlagen vor sich liegen zu haben, damit man die relevanten Fragen stellen und beantworten kann. Nichts ist lästiger, als wenn der Gesprächspartner ständig blättern und suchen muss oder Fragen zunächst nur mit „laut gedachten Fragezeichen" beantwortet. Im ungünstigsten Fall muss er das Gespräch unterbrechen und einen Rückruf anbieten. Es gibt allerdings

auch spontane Anrufe mit Fragen, die sich nicht sofort beantworten lassen. Dann sollte man dies dem Gesprächspartner mitteilen und einen Rückruf anbieten. Dies ist oft bei Anrufen von unterwegs mit dem Mobiltelefon der Fall.

Abgesehen hiervon sollte man weder in den Apparat brüllen noch flüstern, sondern möglichst deutlich sprechen. Natürlich ist es stets empfehlenswert, wenn man hoch konzentriert telefoniert. Dann versteht man nicht nur die Frage des Gesprächspartners besser oder kann sie besser auslegen, sondern findet auch schneller eine passende Antwort.

Zwar regt Kaugummikauen die Durchblutung an und hält wach, so das Ergebnis einer wissenschaftlichen Studie aus Amerika. Sogar Vokabeln lassen sich schneller einprägen, wenn man gleichzeitig kaut.

TIPP

Manchmal hilft es, wenn man beim Telefongespräch einen Blick auf sich selbst wirft. Am einfachsten stellt man einen kleinen Spiegel zur Kontrolle vor sich, um während des Gesprächs gelegentlich hineinzuschauen. So kann man überprüfen, ob man grimmig oder freundlich wirkt.

Kaugummi kauen entspricht allerdings guten Umgangsformen nur dann, wenn man dies mit geschlossenem Mund tut – auch am Telefon. Kaugummi kauen mit laut schmatzenden Geräuschen und klapperndem Unterkiefer wirkt unangenehm auf die Mitmenschen. Deutlich zu sprechen hängt nämlich auch von den allgemeinen Nebengeräuschen der Umgebung ab.

Daher schickt es sich auch nicht, neben dem Telefonat etwas zu essen, zu trinken oder mit Papier zu rascheln, denn die andere Person fühlt sich sonst zu wenig beachtet. Zudem verwirren diese Geräusche den Gesprächspartner meistens, auch wenn sie dem Verursacher oft gar nicht auffallen.

Umständliche Sätze vermeiden

Wenngleich es nett gemeint sein mag, sollten umständliche Sätze und Floskeln am Telefon gemieden werden, da Gestik und Mimik fehlen. Bereits ein „Dürfte ich Sie vielleicht um Ihren Namen bitten?" klingt verwirrend. Der Gesprächspartner könnte dies sogar als zynisch oder ironisch auffassen. „Sagen Sie mir bitte Ihren Namen?" hingegen lässt keine Zweifel an den korrekten Umgangsformen des Fragenden aufkommen. Sätze, die mit einem „Wäre es Ihnen vielleicht zuzumuten, mir eine Kopie der Rechnung zu machen?“ wirken ebenfalls arrogant – auch wenn es gar nicht so gemeint ist. „Ich würde Sie gerne nächsten Freitag anrufen – ist Ihnen das recht?“, lässt höfliche Umgangsformen erkennen und wirkt zielorientierter als ein „Dürfte ich Sie unter Umständen eventuell nochmals anrufen, um mich nach dem aktuellen Stand der Dinge zu erkundigen?“

Auf die Mailbox sprechen

Zunächst einmal gilt es als unfein, wenn man bei Mailboxen oder Anrufbeantwortern (Abkürzung: AB) einfach auflegt. Andererseits sollte der Anrufer dem Empfänger unnötiges, zeitraubendes Nachfragen ersparen. Dies geht ganz einfach, indem man ihm die „notwendigen Ws“ bietet. Diese Ws stehen für:

W – Wer?
W – Wem?
W – Wann?
W – Wo?
W – Was?
W – Warum?
W – Wie?

Wem es schwer fällt, souverän auf Anrufbeantworter zu sprechen, der kann sich vorab die erforderlichen Ws notieren. Dann kann er sicher sein, dass die Meldung vollständig ist. Auf diese Art lässt sich auch vermeiden, dass man wiederholt auf den AB sprechen muss, weil man „etwas vergessen“ hat. Dies wirkt nämlich oft unbeholfen.

Digitale Kurznachrichten versenden

Besonders bei den beliebten SMS und anderen digitalen Kurznachrichten ist Kürze Trumpf.

Beispiel: „Bin leider erst ab 12 Uhr im Büro, da Zug verspätet. MfG, I. Wolff.“

Dies ist kürzer als ein „Sehr geehrter Herr X, mein Zug hatte Verspätung, daher kann ich leider erst ab 12 Uhr im Büro eintreffen. Bitte entschuldigen Sie die Verspätung. Mit freundlichen Grüßen Irina Wolff.“

Empfänger brauchen dann keine umständliche Antwort zu tippen, sondern allenfalls ein „Kein Problem“.

Auch bietet sich die Verwendung von allgemein bekannten Abkürzungen, wie beispielsweise „MfG“ für ein „mit freundlichen Grüßen“, oder individuell vereinbarten Abkürzungen an. Diese könnten „AGR“ für „Arbeitsgruppe Rechnungswesen“ oder ähnlich lauten. Allerdings sollte man bedenken, dass in Fachkreisen bestimmte Abkürzungen tatsächlich gängig sind, wie z. B. „AGR-Ventile“ bei Ingenieuren für „Abgasrückführungsventile“, „ERC“ bei Medizinern für „endoskopische retrograde Cholangiographie“ (Röntgenkontrastdarstellung der Gallenblase) oder „GoA“ bei Juristen für „Geschäftsführung ohne Auftrag“. Wer also mit jemandem aus anderen Fachbereichen kommuniziert, sollte vorher darauf hinweisen, was firmenintern darunter zu verstehen ist.

Stilsichere Briefe

Geschriebene Texte zeichnen sich dadurch aus, dass sie vollständig ausformuliert sind, viele Nebensätze beinhalten, weniger spontan entstehen und „anonymer“ wirken als Telefongespräche oder persönliche Gespräche. In persönlichen Gesprächen erkennt der Gesprächspartner schließlich Mimik, Gestik, Betonung etc. und setzt dies in Zusammenhang mit dem gesprochenen Wort.

INFO

TO-DO

- Auf Anrufbeantworter immer deutlich sprechen
- „Ws“ einhalten, um Empfänger unnötige Fragen zu ersparen.
- Lächeln beim Telefongespräch
- Abkürzungen intern absprechen
- In Zweifelsfällen Wörter ausschreiben
- SMS so kurz wie möglich fassen

TABU

- Telefonieren und gleichzeitig essen
- Telefonieren und gleichzeitig trinken
- Papierrascheln beim Telefonieren
- Laut in den Hörer brüllen
- In den Hörer flüstern
- Kaugummi kauend telefonieren
- Gesprächspartner lange warten lassen, wenn man notwendige Information nicht parat hat (gegebenenfalls besser Rückruf anbieten)

PS: Das Postskriptum

Unter Postskriptum versteht man im Zusammenhang mit Briefen das „Nachgeschriebene".
Zwischen dem Buchstaben P und dem Buchstaben S steht übrigens kein Punkt, wenngleich dies in vielen offiziellen Briefen der Fall ist. Interessanterweise erregt das PS meist hohe Aufmerksamkeit. Gelegentlich interessiert den Leser das PS mehr als der ganze Text. Oft steht das PS eingerückt auf dem Brief, um optisch noch mehr hervorgehoben zu werden.

Gleichzeitig kann er zustimmend nicken oder mit dem Kopf schütteln, sodass der Sprechende sofort erkennt, ob er richtig verstanden wurde oder ob dem Empfänger nicht klar ist, was er ihm sagen möchte. Beim Schreiben fehlt dieses zeitgleiche Feedback. Manche Angelegenheiten lassen sich jedoch (aus formellen oder juristischen Gründen) nicht mündlich, sondern nur schriftlich regeln. Hier wiederum gelten bei geschäftlichen Briefen andere Maßstäbe als bei privaten. Während private Briefe nicht unbedingt logisch gegliedert sein müssen und ein Postskriptum (PS) auch mehrere Sätze lang sein kann, erwarten Kunden, Kollegen und Geschäftspartner eine andere Briefgestaltung.

Sorgfältig formulieren

Wer Briefe schreibt, sollte bedenken, dass man den Sätzen nicht ansieht, ob sie freundlich gesprochen wurden. Worte können gelesen viel härter klingen als im Gespräch. Daher sollte man bei der Wortwahl sorgfältig darauf achten, dass sich der Leser nicht brüskiert fühlt. Außerdem fällt in Zeiten der E-Mail dem geschriebenen Brief ein noch größeres Gewicht, eine höhere Ernsthaftigkeit zu. Bei Briefen, in denen man seinen Unmut über den Empfänger bzw. dessen Firma äußert, ist deshalb dennoch ein sachlicher Ton angebracht, doch dazu später mehr. Zunächst einmal gilt es, die Formalien zu beachten. Dazu zählen Absender, Anschrift, Ort und Datum. In der Anschrift sollte das „Sehr geehrte Damen und Herren" nur dann stehen, wenn sich die zuständige Person nicht ermitteln lässt. Es macht immer einen besseren Eindruck, wenn der Verantwortliche ausfindig gemacht und namentlich erwähnt wird.
Geschäftsbriefe sollten immer klar, unmissverständlich und höflich formuliert sein, so spart man dem Ansprechpartner Zeit und hinterlässt einen angenehmen Eindruck. Nicht nur in Briefen an Behörden ist es angebracht, ohne Umschweife auf das eigentliche Anliegen zu kommen.

Die Adresse

Die Adresse ist immer in dieser Reihenfolge aufgebaut:
Firma

(alle Titel) Ansprechpartner
Straße und Hausnummer oder Postfach
(ggf. Länderkennzeichen) Postleitzahl und Stadt

Ist man sich nicht sicher, ob der Ansprechpartner noch im Unternehmen ist, kann der Brief auch an „Ansprechpartner oder Stv." adressiert werden (Stv. = Stellvertreter).

Die o. g. Reihenfolge in der Adresse macht deutlich, dass es sich um ein rein geschäftliches, jedoch nicht vertrauliches Schreiben handelt. Wenn zuerst der Ansprechpartner und dann die Firma genannt wird, leitet die Poststelle das Schreiben ungeöffnet weiter. Wenn es sich um ein sehr vertrauliches Schreiben handelt, sollte aber auf alle Fälle noch „persönlich/vertraulich" nach dem Namen des Ansprechpartners eingefügt werden, damit das Schreiben ganz sicher nur vom Adressaten selbst geöffnet wird.

Die Anrede

Während in der Anschrift alle Titel genannt werden („Herrn Prof. Dr. Dr. h.c. Karl Brüninghaus"), verwendet man in der Anrede nur den höchsten („Sehr geehrter Herr Professor Brüninghaus").

Wenn man den Namen des Zuständigen kennt, nennt man diesen nicht nur in der Adresse, sondern auch in der Anrede. Ist der Ansprechpartner dagegen unbekannt, schreibt man

Zeitgewinn durch Anschrift

Wer erst den Namen des Verantwortlichen und dann den Firmennamen und die Firmenadresse auf den Briefkopf schreibt, sammelt Vorteile. Die Poststelle ist grundsätzlich angewiesen, diese Poststücke direkt in dessen Fach zu legen. So erreicht die Mitteilung den Empfänger schneller. Zudem erhöht sich die Chance, dass es auch wirklich ankommt. Erfahrungsgemäß landen viele Schreiben bei der Posteingangsstelle und die jeweiligen Sachbearbeiter wissen nicht, an wen sie die Briefe weiterleiten sollen. Die Briefe werden zu Irrläufern, die den Empfänger entweder zu spät oder nie erreichen. Bei Behörden ist dies rein rechtlich nicht so schlimm, da der Eingangsstempel zählt. (Dieser zeigt an, ob die Frist gewahrt ist.) Dennoch liegt die Wahrscheinlichkeit, dass Anträge zügig bearbeitet werden, deutlich höher, wenn die Unterlagen den zuständigen Mitarbeiter ohne Umwege erreichen.

Früher	Heute
Anschrift: „Herrn Dr. Franz Müller und Gemahlin", „Frau Dr. Franz Müller"	Anschrift: „Herrn Dr. Franz Müller und Frau Eva Müller", „Frau Eva Müller"
Anrede: „Sehr verehrte, gnädige Frau"	Anrede: „Sehr geehrte Frau Müller" oder „Guten Tag Frau Müller"
Grußformel: „Hochachtungsvoll"	Grußformel: „Mit freundlichen Grüßen" oder „Mit besten (winterlichen, sonnigen etc.) Grüßen aus München"

als Anrede einfach „Sehr geehrte Damen und Herren".

Der Briefaufbau

Neben der Adresse und dem Datum ist auch der Betreff in der Geschäftskorrespondenz unverzichtbar. Allerdings kündigt man diesen nicht mehr durch das Wort „Betreff" an, sondern schreibt direkt, worum es geht. Also nicht „Betreff: Ihre Anfrage vom …", sondern „Ihre Anfrage vom …". Nachdem das Anliegen erläutert ist, gehört ein „Mit freundlichen Grüßen" an das Ende des Briefes. Je nachdem, wie gut man den Geschäftspartner kennt bzw. wie das Klima der Geschäftsbeziehung ist, können auch andere Grußformeln verwendet werden.

Mustergeschäftsbrief

Sehr geehrte Damen und Herren,

am (Datum einfügen) habe ich bei Ihnen 100 Versandtaschen mit Fenster (Artikel Nummer einfügen) bestellt. Die Fenster für Name und Absender sind aber ohne Pergamentpapier geschützt.
Dies ist ein Mangel. Bitte senden Sie mir schnellstmöglich einwandfreie Umschläge zu.

Selbstverständlich gebe ich Ihrem Lieferanten die defekten Umschläge bei der Lieferung der neuen gerne mit.

Mit freundlichen Grüßen

Name

Keine Kraftausdrücke

Kraftausdrücke sind (nicht nur) in Geschäftsbriefen fehl am Platz! Das angenehme Gegenteil: Eine ansprechende Schlussformel, z. B.: „Wir freuen uns auf eine gute Zusammenarbeit und stehen Ihnen für Rückfragen jederzeit gerne zur Verfügung" beeindruckt den Leser. Wer sich über den Briefempfänger ärgert, der kann es bei einem „Hochachtungsvoll" belassen. Dies besagt, dass man sich formell verabschieden möchte. Kreative Negativformulierungen wie „Von einer Grußformel nehme ich Abstand" geben der Verärgerung zwar Ausdruck (und sind juristisch unbedenklich), stimmen aber mit dem guten Ton in Berufs- und Privatleben nicht überein.

Ausrufezeichen sparsam dosieren

Ausrufezeichen und Blockschrift sollte man sparsam dosieren. Ein Ausrufezeichen empfindet der Leser oft als ein „Brüllen" oder lautes Reden. Ähnlich ist dies bei Blockbuchstaben. Natürlich ist es bei seltenen Ereignissen, wie z. B. „Herzlichen Glückwunsch zur Beförderung!" oder ähnlichen Besonderheiten durchaus angebracht.

Sonderfall: Absagen

Es gibt immer auch unangenehme Themen, die andere emotional stark berühren. Dazu zählen beispielsweise Absagen auf Bewerbungen. Egal, ob bei Bewerbungen auf Lehrstellen oder Managementjobs für „Young Professionals" oder „Fach- und Führungskräfte ab 45". Dies sollten Personalverantwortliche beachten. Manchmal fällt es Personalverantwortlichen tatsächlich schwer, sich für einen Bewerber zu entscheiden, da zwei oder mehr Personen zur Auswahl standen, die im Bewerbungsgespräch einen gleichermaßen sympathisch-kompetenten Eindruck hinterließen.

Zunächst einmal fällt es im Allgemeinen leichter, eine Absage zu formulieren, wenn noch kein offizielles Vorstellungsgespräch erfolgte. Wer nämlich zum Vorstellungsgespräch eingeladen wurde, macht sich größere Hoffnungen auf ein Jobangebot, da er bereits in die engere Auswahl fiel. Wer wirklich in die engere

Wahl fiel, also zu einem zweiten Gespräch eingeladen wurde, dessen Hoffnungen auf eine Einstellung stiegen sicherlich noch stärker. Daher ist es wirklich angebracht, noch mehr Taktgefühl bei der Absage walten zu lassen. Die drei Entwürfe zeigen Beispiele für kniggekonforme, also taktvolle Absagen.

Beispiel für eine Absage an Bewerber, die in die engere Wahl fielen:
„Wir bedanken uns für Ihre interessante Bewerbung und die beiden angenehmen Gespräche in unserem Hause.
Die Wahl ist uns nicht leicht gefallen. Sie haben einen sehr guten Eindruck hinterlassen, dennoch müssen wir Ihnen hiermit leider absagen.
Sie waren einer der Bewerber, die wir in die engste Wahl gezogen haben. Auch wenn wir wissen, dass dies nur ein kleiner Trost sein kann, sind wir überzeugt, dass Sie einen Arbeitgeber finden werden, in dessen Anforderungsschema Ihre Qualifikationen und Ihre Persönlichkeitsmerkmale ohne Einschränkungen passen.
Mit nochmaligem Dank, der Bitte um Verständnis und den besten Wünschen für Ihre Zukunft verbleiben wir mit freundlichen Grüßen
– Name der Firma –
– Name und Unterschrift der zuständigen Person –
(Anlage: Bewerbungsmappe)"

Beispiel für eine Absage an Bewerber, die beim Vorstellungsgespräch waren:
„Vielen Dank für Ihre Bewerbung, Ihr Interesse an unserem Unternehmen und das angenehme Gespräch. Unser Auswahlverfahren hat sich aufgrund der über 300 eingegangenen Bewerbungen und der 20 Vorstellungsgespräche etwas verzögert. Mittlerweise ist die Entscheidung gefallen.
Mit Bedauern müssen wir Ihnen mitteilen, dass wir uns für eine(n) andere(n) Bewerber(in) entschieden haben, der (die) uns aufgrund seiner (ihrer) z. B. speziellen Kenntnisse auf dem Gebiet der/des, seiner langjährigen Berufserfahrung etc. für diese Stelle besonders geeignet erschien. Für Ihre weitere Stellensuche wünschen wir Ihnen viel Glück.
Mit freundlichen Grüßen und den besten Wünschen für Ihre Zukunft verbleiben wir
– Name der Firma –
– Name und Unterschrift der zuständigen Person –
(Anlage: Bewerbungsmappe)"

Beispiel für eine Absage an Bewerber, die keine Einladung zum Vorstellungsgespräch erhielten:
„Unsere Stellenausschreibung (Angabe der Zeitung/Zeitschrift etc. mit Datum) als (Berufsangabe) hat ein großes Echo gefunden. Auch Sie haben uns Ihre Mitarbeit angeboten. Wir danken Ihnen für das Interesse, das Sie unserer Arbeit entgegen bringen. Trotz Ihrer ansprechenden Bewerbung fiel die Wahl auf einen anderen Mitbewerber. Wir bedauern, Ihnen kein Angebot zur Mitarbeit in XY (Name der Firma/Institution einfügen) machen zu können und reichen die uns überlassenen Unterlagen zu unserer Entlastung zurück. Für Ihren weiteren beruflichen Weg wünschen wir Ihnen alles Gute.
Mit freundlichen Grüßen
– Name der Firma –
– Name und Unterschrift der zuständigen Person –
(Anlage: Bewerbungsmappe)"

Geschäftliche E-Mails

Mittlerweile verständigen sich viele nicht nur im Privatleben, sondern auch im beruflichen Alltag per E-Mail. Dies bietet bereits deshalb enorme Vorteile, da man keine Rücksicht auf Geschäftszeiten zu nehmen braucht. E-Mails sind auch vor acht oder nach 23 Uhr versendbar. Zudem lassen sich als Anlage noch Vertragsunterlagen oder Fotos beifügen.

Gezielt mailen

Im Beruf ist es noch wichtiger als im privaten Umgang, E-Mails gezielt zu versenden, um den gewünschten Empfänger zu erreichen und anzusprechen. Empfänger, die E-Mails erhalten, die sie nicht interessieren oder die in keiner Weise relevant für ihr Unternehmen sind, ärgern sich teilweise so sehr, dass sie den entsprechenden Absender auf die Liste „unerwünschter E-Mails" setzen, sodass sie gesperrt sind. Bereits daher sollte man sich nicht an Kettenbriefen, Rundmails, Serienbriefen etc. beteiligen. Sogenannte Spam-Mails gelten als gleichermaßen un-

Gesetzlich vorgeschrieben

Bei E-Mails von Kaufleuten an Geschäftspartner müssen sowohl die Firmenbezeichnung als auch Rechtsform, Anschrift und Handelsregisternummer angegeben werden. Diese Pflicht entfällt für Freiberufler und Einzelunternehmer. Bei Verstoß können Abmahnungen von Konkurrenten drohen, was mit viel Geldaufwand und Ärger verbunden sein kann.

zulässig wie Massenwurfsendungen bei gewöhnlichen Briefen. Im ungünstigsten Fall löst der entsprechende Provider die E-Mail-Adresse des Absenders auf oder eine Unterlassungsklage droht.

Formell bleiben

Dem Empfänger einer Nachricht sollte ein gewisser Respekt entgegengebracht werden. Selbst wenn im Internet auf Anrede und Grußformel oft verzichtet wird und in einem fortgesetzten Mail-Austausch auch verzichtet werden kann, sollte man höflich und in ganzen Sätzen schreiben.

Viele, die im Bekanntenkreis per E-Mail kommunizieren, verwenden oft Emoticons und gehen davon aus, dass sie allseits bekannt sind. Im Berufsleben sind derartige Zeichen aber unangebracht.

Kurzformen und Abkürzungen

Im Businessalltag schreiben viele lediglich einen Kurzsatz in die Betreffzeile und fügen ein „nfm" oder „eom" hinzu. Ein „nfm" steht für „no further message", also „keine weitere Nachricht". Ein „eom" kündigt das „end of message", das heißt „das Ende der Nachricht" an. Gebräuchlich ist auch die Aufforderung, schnell zu reagieren: ASAP – as soon as possible. Die Verwendung dieser Kürzel spricht für Freundlichkeit kombiniert mit effektivem Zeitmanagement, denn weder der Leser noch der Schreiber brauchen nach dem Betreff (z. B. „Kaufvertrag") unnötige Zeit mit langwierigen „Sehr geehrter" und „Wie geht es Ihnen?" und „Anbei der Kaufvertrag vom ..." und „Mit freundlichen Grüßen" opfern, um Höflichkeit und gegenseitigen Respekt zu wahren. Es geht auch einfacher. Beispiel: „Hallo Frau Fritzen, anbei der Kaufvertrag. MfG Silvia Eißler (eom)". So erkennt der Empfänger, dass er sich gar keine Mühe zu machen braucht, weiterzulesen. Es genügt, den Anhang zu öffnen und abzuspeichern. Leser und Schreiber sparen Zeit und Arbeit. Steht „nfm" im Betreff oder Nachrichtenfeld, besteht die E-Mail nur aus einem Anhang und es gibt gar nichts zu lesen.

TIPP

Im Kollegenkreis bieten sich interne Vereinbarungen über Kürzel im Betreff an, die vorher abgeklärt werden müssen. „NZI" ließe sich für „nur zur Information" oder „FS" für „Fristsache" anwenden.

Gesendet ist gesendet

Da der gute Ton gerade auch in E-Mails sehr wichtig ist, darf man nie im Affekt schreiben, um seinem Ärger Luft zu machen. Die Situation kann schnell eskalieren. Mit einem einzigen Klick, nämlich auf „senden", ist die Nachricht auf dem Weg zum Empfänger und kann nicht mehr gestoppt werden. So wie man bei Briefen manchmal besser „eine Nacht darüber schläft", um sie am nächsten Tag nochmals zu lesen und dann erst zu entscheiden, sie zur Post zu bringen oder nicht, sollte man auch mit heiklen E-Mails verfahren.

TIPP

Vorsichtshalber sollte man heikle E-Mails zunächst als Entwurf verfassen und auch als Entwurf abspeichern. Erst wenn man sich absolut sicher ist, sie in genau dieser Form an den Empfänger zu leiten, sollte der Befehl „senden" aktiviert werden.

Wer darf und wer muss E-Mails lesen?

Oft betreffen Informationen mehrere Mitarbeiter gleichzeitig. Praktischerweise sendet man die E-Mail dann gleich an mehrere Empfänger. Entweder CC (was für carbon copy steht) oder BCC (blind carbon copy). „Carbon" bedeutet Kohle, der Begriff stammt von der alten Methode, als man der Durchschläge von Briefen per Kohlepapier herstellte. Bei CC sieht jeder Empfänger, wer noch zu dem Empfängerkreis zählt (z. B. wer alles zur Besprechung eingeladen ist). Bei BCC sieht der eigentliche Empfänger nicht, wer die Nachricht noch lesen kann. Dies hat meist interne Gründe, z. B. weil ein Geschäftsführer einem Mitarbeiter etwas mitteilt und dies gleichzeitig dem anderen Geschäftsführer zeigen will. Er handelt dabei in der Absicht, dass der Mitarbeiter vom „unsichtbaren Leser" nichts merkt. Peinlich wird dies spätestens dann, wenn der heimliche Empfänger diese E-Mail an weitere Personen sendet. Dann kann gegebenenfalls jeder sehen, was der eine dem anderen schrieb und dass er es per BCC an andere sendete. Wenn man sicher sein will, dass der Verteiler geheim bleibt, sollte die Mail einzeln an die Empfänger gesendet werden.

Goldene Regel für E-Mail-Antworten

E-Mails sollten spätestens innerhalb von 24 Stunden beantwortet werden. Selbst wenn man die Fragen nicht beantworten kann, dann sollte man kurz den Erhalt bestätigen und ankündigen, dass sich die Fragen zum derzeitigen Stand nicht beantworten lassen, die Antwort aber in den nächsten Tagen folgt. So erkennt der Empfänger, dass er Aufmerksamkeit erfährt. Für den Fall, dass sein Rechner so programmiert ist, dass er ohnehin erkennt, ob, wann oder wie oft die E-Mail gelesen wurde, lassen sich „Ausreden" des Empfängers (z. B. dass er noch keine Zeit gehabt hätte, sie zu lesen, oder dass nichts angekommen sei) ohnehin schnell enttarnen.

Wie in Briefen sollte auch in E-Mails stets ein „Betreff" angegeben werden, zumal manche Empfänger Unmengen an E-Mails jeden Tag erhalten und Schwierigkeiten haben zu unterscheiden, ob sie wichtig sind oder eher belanglos. Unter den Optionen beim Versenden lässt sich zudem die Prioritätsstufe von „normal" bis „höchste Priorität" eingeben. Das rote Ausrufezeichen zeigt dem Empfänger, dass es sich um eine wichtige E-Mail handeln soll. Daher gebietet es der Anstand, nur wirklich wichtige oder dringende Nachrichten mit hoher Priorität zu senden.

TIPP

Angesichts der E-Mail-Schwemme bietet es sich an, sparsam mit CC umzugehen. Viele Mitarbeiter ärgern sich nämlich über die zeitraubende E-Mail-Flut, der sie täglich ausgesetzt sind. Wichtige Nachrichten gehen dann unter.

Tipps gegen E-Mail-Überbelastung

Wer beruflich viel am Computer arbeitet, erhält oft eine Unmenge an E-Mails, die nur unnötigen Stress verursachen. Dies lässt sich minimieren.

1. Priorisieren: Nicht nur im Showbusiness spricht man von „very important persons“ (VIPs). Auch im Berufsalltag gibt es wichtige und weniger wichtige Kunden und Mitarbeiter. Um Nachrichten von Vorgesetzten und wichtigen Personen sofort erkennen zu können, empfiehlt sich die Ampel-Methode. Man markiert die Post der wichtigen Absender rot, die der relevanten Kunden gelb und private E-Mails grün. Dies erfolgt bei den meisten Rechnern über die Rubrik „Extras“. Dort steht unter „Regeln“ auch „E-Mail“ und der Befehl „Neu“. Über den Befehl „Bedingungen“, „Enthält den Absender“

INFO

TO-DO
- Im Zweifel besser keine Abkürzung verwenden, um Missverständnisse (und deren Folgen) zu vermeiden
- E-Mails möglichst innerhalb 24 Stunden beantworten
- Automatische E-Mail-Antwort bei längerer Abwesenheit mit Empfangsbestätigung einrichten
- Vertrauliche Informationen verschlüsselt versenden
- CC nur bei relevanten Personen verwenden
- BCC sparsam verwenden

TABU
- Wahrheitswidrig bestreiten, E-Mail erhalten zu haben
- E-Mails an zu viele CC versenden, die nichts mit der Angelegenheit zu tun haben
- Heikle E-Mails BCC versenden (besser extra E-Mail an Zielperson senden)
- Ständig grundlose Ausrufezeichen oder Blockschrift
- Kraftausdrücke
- Beteiligung an Kettenbriefen, Serienbriefen, Massen-E-Mails
- Im Affekt E-Mails versenden
- E-Mails mit langen Nachrichtenformaten (z. B. HTML-Anhängen) versenden

lässt sich die passende Farbe für den entsprechenden Absender bestimmen. Auf diese Art kann man „VIP-Anfragen" bevorzugt behandeln.

2. Filtern: Ein Rechner lässt sich, ähnlich wie ein echter Briefkasten mit dem Vermerk „bitte keine Werbung einwerfen", vor unerwünschten Werbebotschaften schützen. Möglich ist die beispielsweise mit dem Befehl „Extras", „Absender blockieren".
3. Sortieren: Nicht nur schriftliche Dokumente lassen sich in Ordner abheften, sondern auch E-Mails in virtuelle Ordner. Hierfür speichert man sie z. B. unter Absender, Thema, Wichtigkeit oder ähnlichen Kriterien ab, um den Posteingang zu räumen und für mehr Transparenz zu sorgen.

Ein Relikt: Das Fax

Das Fax zählt nicht mehr zu den gängigen Kommunikationsmitteln. Gegebenenfalls sollten Faxe, die den Empfänger „viel Farbe" (Druckerschwärze) kosten, vermieden werden und eine Seitenkennzeichnung (z. B. Seite 1 von 3) erfolgen, dass der Empfänger einen besseren Überblick hat.

Sollten Firmen vereinzelt doch noch mit Faxgeräten arbeiten, braucht man selbst keines: Der praktische Service Fax-to-Mail beschreibt die Umwandlung von eingehenden Faxen in ein digitales Format (PDF, TIFF), sodass Faxe bequem per E-Mail empfangen werden können. Die Umwandlung in die andere Richtung, also eine E-Mail als Fax versenden, nennt sich Mail-to-Fax.

Das Intranet: Kommunikation in Firmen

Ein Intranet ist ein organisations- oder unternehmensinternes, nichtöffentliches Rechnernetzwerk, das auf den gleichen Techniken und Anwendungen basiert wie das Internet. Es steht den Mitarbeitern

cher, die Koordination und Kombination von Arbeit und Familie zu leisten, führt dies auch zu höheren Erwartungen von Arbeitgebern. Denn nun ist es möglich, sich von überall in den Firmenrechner einzuwählen und sich die firmenrelevanten Informationen zu besorgen. Unternehmen, die mit dem Intranet arbeiten, setzen voraus, dass sich die Mitarbeiter alle Informationen auch aktiv beschaffen!

Kommunikation mit Großfirmen

Viele Großfirmen sind so organisiert, dass die Mitarbeiter sich untereinander nicht kennen oder die eine Abteilung nicht weiß, was die andere gerade tut. Wer ein Problem mit einem Großunternehmen hat, der sollte die Chance des „Service-Telefons" nutzen. Oft helfen einem die Mitarbeiterinnen und Mitarbeiter am Kundentelefon unkompliziert, kulant und effektiv. Missverständnisse lassen sich schneller enttarnen oder vorbeugen, denn es liegt im Interesse des Unternehmens, dass die Telefonmitarbeiter eine rasche und unkomplizierte Lösung finden, um die Leitung nicht unnötig zu blockieren. Sonst könnten sich andere Kunden wieder beschweren, dass der Service des Unternehmens zu wünschen übrig lasse, da das Kundentelefon ständig belegt sei. Schriftliche Beschwerden hingegen kosten nicht nur den Verfasser des Briefes Zeit, sondern auch den Empfänger (der sich zudem oft unzuständig fühlt, sodass das Schriftstück firmenintern mehrere Abteilungen durchläuft).

Exkurs: Frauen in Männerdomänen

Nach wie vor sind viele Bereiche des gesellschaftlichen Lebens und somit auch bestimmte Berufsfelder vom männlichen Geschlecht dominiert.

Typische Männerrunden

Im gesellschaftlichen Leben – das immer auch den beruflichen Erfolg mitbestimmt – sind zwar die klassischen Herrenklubs englischer Prägung, in denen Männer bei Zigarren und Cognac über die Weltpolitik philosophieren, so gut wie ausgestorben. Allerdings gibt es immer noch viele informelle, aber geschäftlich wichtige Veranstaltungen, zu denen Frauen nur selten eingeladen werden (z. B. Skatrunden und Fußballabende).

Im Privatbereich ist dies kaum ein Problem: Frauen werden nur eingeladen, wenn sie auch erwünscht sind. Oder sie werden „anstandshalber" eingeladen, da sie Familienmitglieder sind. Entschuldigen sie sich, dass sie an diesem Tag leider verhindert seien, dann ist dies vermutlich die beste Lösung für beide Seiten. Schwierigkeiten können allerdings auftreten, wenn der Bowlingabend oder die Pokerrunde im beruflichen Umfeld stattfindet. Für eine Frau beispielsweise, die in ihrer Firma etwas erreichen möchte, kann das Vertrauensverhältnis in einer solchen Runde, aber auch die Informationen, die dort ausgetauscht werden, durchaus wichtig und nützlich sein. Dennoch gilt generell: Man sollte nicht mit dem Holzhammer arbeiten und sich in bestehende Männergruppen hineindrängen. Dies hat oft den gegenteiligen Effekt, dass man komplett außen vor bleibt. Eher ist hier Beharrlichkeit gefragt. Frauen müssen sich darauf einstellen, dass sie sich ihren Platz in diesem Gefüge meistens erst hart erarbeiten müssen. Kleiner Trost: Ist dies gelungen – und etwa die weibliche Skatpartnerin akzeptiert – sind die männlichen Kollegen oft besonders zuvorkommend, galant und gesprächig.

Verbündete suchen

Oft hilft es, einen der männlichen Kollegen auf die eigene Seite zu ziehen und von der eigenen Integrität zu überzeugen. Wenn dieser Ansprechpartner dann seinen Kollegen meldet „Die ist keine, die alles gleich dem Chef weitererzählt", ist das Eis schon halb gebrochen.

Regeln und Rituale sind nicht nur für eingeschworene Männerrunden wichtig. Wenn man neu zu einer Gruppe kommt, muss man immer die Regeln kennenlernen und beachten. Im Beruflichen bedeutet dies jedoch keinesfalls, beim Kegelabend als Frau jede Pilsrunde mitzunehmen oder sich mit anzüglichen Witzen hervor zu tun. Auch wenn man in der Runde voll akzeptiert ist. Selbst wenn die männlichen Kollegen dies nie zugeben würden, legen sie oft in puncto Moral bei Frauen höhere Maßstäbe an als bei sich selbst.

INFO

TO-DO

- Nicht gleich aufgeben, sondern sich durchbeißen, bis man akzeptiert ist
- Verbündete suchen
- Regeln und Rituale respektieren

TABU

- Beim Alkoholkonsum mit Männern mithalten
- Anzügliche Witze erzählen
- Übertrieben burschikoses Verhalten

BENIMM WELTWEIT

„Als deutscher Tourist im Ausland steht man vor der Frage, ob man sich anständig benehmen muss oder ob schon andere deutsche Touristen dagewesen sind."
(Kurt Tucholsky, 1890–1935)

Dieses Zitat ist natürlich mit einem Augenzwinkern zu nehmen – dennoch sollte man bestrebt sein, auf Reisen einen guten Eindruck zu hinterlassen. Für Geschäftsreisen ist dies besonders wichtig.

Tatsächlich gelten viele Knigge-Regeln weltweit und es ist nicht schwierig, auch im Ausland gewandt aufzutreten. Allerdings gibt es manche Benimmvorschriften, die sich in Nord-, Mittel- und Südamerika, Japan, China, Südostasien, europäischen sowie in arabischen Ländern unterscheiden. In den USA verläuft z. B. die Kontaktaufnahme im Vergleich zu Ländern wie Japan oder China relativ unkompliziert. In Südamerika wird Gastfreundschaft und Herzlichkeit großgeschrieben. Zum geschäftlichen Teil kommt man meist erst nach längeren persönlichen Gesprächen und gemeinsamen Geschäftsessen. In Japan achtet man auf Zeit und Chinesen erwarten, dass man ihnen einen würdevollen Rückzug aus komplizierten Situationen ermöglicht. In arabischen Ländern sollte man unbedingt den Fastenmonat Ramadan beachten. Und sogar in Europa lauern Benimm-Fallen. Sie lassen sich aber gut vermeiden, wenn man die Hintergründe kennt.

Nordamerika

USA

Amerika gilt seit jeher als Land der unbegrenzten Möglichkeiten. Die legendäre Geschichte „vom Tellerwäscher zum Millionär“ übt eine ungeahnte Faszination auf Menschen aus aller Welt aus, die in den Vereinigten Staaten von Amerika ihr Glück suchen.
Amerikaner gelten als kontaktfreudig, offen und unkompliziert. Small Talk wird groß geschrieben. Sprachlich gibt es kein „Sie“, sondern nur „Du“ (you). Dies erleichtert die alltägliche Kommunikation um einiges. „Nichts ist unmöglich“, ist eine beliebte Devise. Dabei ist manches anders als in europäischen Ländern und einiges absolut unerwünscht. Während in Deutschland die höchstpersönliche Frage nach dem Einkommen oder Gehalt als eine Unverfrorenheit empfunden wird, ist dies in Amerika nichts Unübliches.

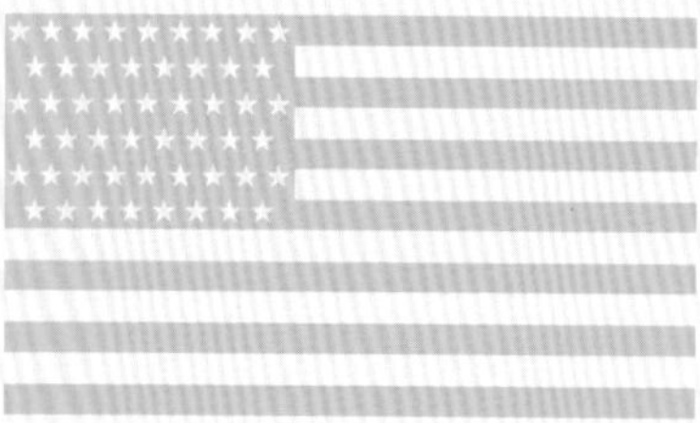

Zeit ist bares Geld

Im Vergleich zu Ländern wie Japan verläuft die Kontaktaufnahme in den USA auffallend einfach. So kann man potenzielle Vertragspartner direkt ansprechen. Man kommt bei Geschäften meist schnell zur Sache, schließlich ist Zeit bares Geld („Time is money“). Daher verhält man sich zielorientiert („Let’s get down to business“). Anstandshalber einen Small Talk vorab zu führen, gilt als Zeitverschwendung – und Zeit ist Amerikanern sehr wichtig. Die Frage, ob man bei einer Tätigkeit Zeit sparen, investieren oder verschwenden kann bzw. muss, beschäftigt sie fast so intensiv wie die Überlegung deutscher Geschäftsleute, wo man Geld sparen kann, investieren oder verschwenden muss. Pünktlichkeit hat daher höchste Priorität. Wer sich verspätet hat schlechte Karten, da es als Unverschämtheit empfunden wird, wenn der Gesprächspartner warten muss.
Als gleichermaßen dreist empfinden es viele Amerikaner, wenn jemand eine Besprechung durch Anrufe unterbricht oder sich nebenher von Angestellten Schriftsätze vorlegen lässt und unterschreibt. Auf der anderen Seite legt man (ähnlich wie in Japan) größten Wert auf perfekte Präsentationen. Da in Amerika kein

British English (das die Amerikaner als eher hölzern und arrogant empfinden), sondern American English gesprochen wird, sollten Firmenprospekte etc. tadellos „übersetzt“ sein.

Dumme Fragen?
Amerikaner wissen teilweise erschreckend wenig über Deutschland. So kann es durchaus passieren, dass Leute fragen, ob Deutschland noch geteilt sei. Bei derartigen Fragen sollte man sich nicht persönlich angegriffen fühlen, sondern möglichst sensibel antworten und auf die politischen Verhältnisse und gesellschaftlichen Gegebenheiten hinweisen. Ansonsten bringen Amerikaner mit Germany häufig drei Begriffe in Zusammenhang:

1. schnelle Autos (Mercedes, Porsche, VW, BMW)
2. Autobahn
3. Oktoberfest

Diese üben eine starke Faszination aus. Zum einen ist es unvorstellbar, dass man auf einem „Highway“ so schnell fahren darf wie man möchte. Zum anderen klingen Zahlen wie 200 Stundenkilometer unvorstellbar groß, da sie nicht sofort in Meilen (miles per hour) umgerechnet werden. Da Alkohol in den USA in der Öffentlichkeit streng verboten ist, aber immer wieder Bilder vom Oktoberfest im Fernsehen ausgestrahlt werden und bayerische Trachten und Bierkrüge zu sehen sind, wünschen sich viele, einmal nach Deutschland zu reisen, um die Autobahn und das Oktoberfest erleben zu können.

TIPP

Gegenfragen stellen, z. B., ob man Steffi Graf, Henry Kissinger, Marlene Dietrich oder Levi Strauss kenne und darauf hinweisen, dass diese aus Deutschland stammten. Man kann auch auf bekannte Produkte (z. B. Kuckucksuhren) oder Gerichte wie Schwarzwälder Kirschtorte (Black Forest Cake) hinweisen. Dies schafft meist Sympathiepunkte.

Geschäftskleidung

Wie in vielen Ländern gilt auch in den USA die Devise: „Je höher die Position, desto formeller die Kleidung." Im Geschäftsleben gelten dunkle Anzüge als selbstverständlich. Kombinationen sind unerwünscht. Mit gedeckten Farben bei Kostümen oder Hosenanzügen und Schuhen, deren Absätze nicht höher als 4 cm sind, liegt man meist richtig. In manchen Restaurants sind Jacketts und Krawatte geboten. Wie überall gelten auch hier im Entertainmentbereich, im Sport, in der Kunstszene und in der Modeindustrie andere Regeln. Dort besteht mehr kreative Freiheit.

Geschenke und Mitbringsel

Ganz anders als beispielsweise in Japan legen Amerikaner weniger Wert auf Geschenke. Teure Geschenke für Geschäftspartner erregen Misstrau-

INFO

TO-DO
- Wenn eine Dame den Raum betritt oder sich setzen möchte, steht der „Gentleman" auf.
- Des allgemeine Abstand zwischen Personen sollte mindestens 60 bis 80 cm betragen
- 15–20 % Trinkgeld in Restaurants
- Sachliche Verhandlungen
- Schuhabsätze bei Frauen maximal 4 cm
- Feinstrumpfhosen bei Frauen
- Dezentes Make-up tagsüber
- Auf „nonverbale Kommunikation" achten
- Häufiger Blickkontakt (anders als beispielsweise in Japan)
- Eine Hand in der Hosentasche haben, während man mit der anderen gestikuliert, gilt nicht als unhöflich.
- Bei privaten Einladungen stets fragen, ob man etwas mitbringen soll
- Nur Ärzte mit Doktor anreden

TABU
- Rauchen außerhalb der besonders ausgewiesenen Raucherzonen
- Alkoholgenuss in der Öffentlichkeit
- Gespräche „zwischen Tür und Angel".
- Ständiges zustimmendes Nicken mit dem Kopf wirkt anbiedernd.
- Unpünktlichkeit (außer Cocktailpartys)
- Unrasierte Beine und Achseln bei Frauen
- Ungepflegtes Erscheinungsbild
- Beide Hände in den Hosentaschen verstecken
- Hände vor dem Körper verschränken wirkt aggressiv oder ablehnend.

Tischmanieren

Amerikaner schneiden das Essen zunächst mit Messer und Gabel, legen dann die linke Hand in den Schoß und essen alles mit der Gabel. Die europäische Art wird aber akzeptiert.

en. Wer ein kleines Geschenk mit dem Logo seiner Firma überreicht, macht aber nichts falsch. In Amerika packt man Geschenke sofort nach der Übergabe aus.

Do you speak English?

Amerikaner sind es meist gewohnt, dass alle englisch sprechen und dass man ihre Sprache weltweit versteht. Spanisch gilt als beliebte Fremdsprache, u. a. wegen der Nähe zu Mexiko, Kuba oder anderen Inseln, auf denen spanisch gesprochen wird.

Zumindest ein paar Wörter in der Landessprache stimmen Amerikaner freundlich.

Guten Tag: good morning (bis 12 Uhr)
Danke: thank you
Bitte: you're welcome (als Antwort auf danke)
Bitte: please (um etwas zu fordern)
Auf Wiedersehen: good bye

Kanada

Kanada zählt geografisch zu Nordamerika, ist von den USA unabhängig und unterteilt sich in einen britischen (westlich) und einen französischen (östlich) Teil. An den Niagarafällen (zwischen Ontariosee und Eriesee) grenzt Kanada (Toronto) direkt an die USA (Buffalo, Staat New York). Offiziell gilt Kanada als zweisprachiges Land. Lebensmittel und Waren werden in englischer und französischer Sprache ausgezeichnet. Etwa ein Drittel der Bewohner spricht Französisch als Muttersprache. Vor allem die Menschen in der Provinz Quebec. Hier ließen sich im 17. und 18. Jahrhundert entlang des Sankt-Lorenz-Stroms viele französische Siedler nieder. Ansonsten aber, also in allen anderen Regionen des Landes, gilt Englisch als Hauptsprache. Kanada möchte aber nicht (in Anlehnung an die USA) als „Schmelztiegel der Nationen" gelten, sondern als vielfältig und kulturell tolerant. Neben wilden Rodeos findet man auch japanische Blütenfeste oder deutsche Volkstanzgruppen. Die Anzahl deutscher Einwanderer beträgt etwa 6 %. Im Vergleich zu anderen Einwanderergruppen (Italiener etwa 3 %) ist dieser Anteil sehr hoch. Kanada ähnelt europäischen Ländern in vielen Bereichen, insbesondere im Geschäftsleben.

Achtung: Elch

Elchsteaks, Bärenschinken oder Wildenten dürfen landesweit nicht verkauft werden. Selten erhalten Restaurants Ausnahmegenehmigungen, solche Gerichte zu servieren. Das Thema sollte besser vermieden werden.

Exkurs: Briefe und E-Mails in englischer Sprache

Manchmal ist schriftliche Kommunikation unerlässlich, z. B. bei Hotelzimmerreservierungen, Hotelzimmerstornierungen sowie Annahme und Ablehnungen von Stellenangeboten. Die folgenden Mustertexte können als Vorlagen dienen.

Hotelzimmer reservieren

In dieser Anfrage möchte jemand wissen, ob noch ein Doppel-/Einzelzimmer für die Zeit vom 2. bis zum 12. September frei sei. Zudem wird mitgeteilt, dass man, falls dies machbar sei, einen ruhigen Raum bevorzuge. Falls ein entsprechender Raum in diesem Zeitraum frei sei, möchte man den Preis wissen, was dieser beinhaltet und ob eine Anzahlung verlangt werde.

„Dear Sir or Madam, I would like to make a reservation on a double/

INFO

TO-DO
- Interesse an Sport
- Small Talk
- Gastgeschenke (z. B. Blumen in Papier)

TABU
- Trinkgeld unter 15 %
- Gleichstellung mit Amerikanern
- Geschäftsthemen beim Essen
- Ungepflegte Kleidung

single room from September 2nd to 12th (ten nights). I prefer a quiet room, if available. If you have a vacant room for this period please let me know about the price and what is included and whether you require payment in advance. Yours faithfully, Maximilian Mustermann"

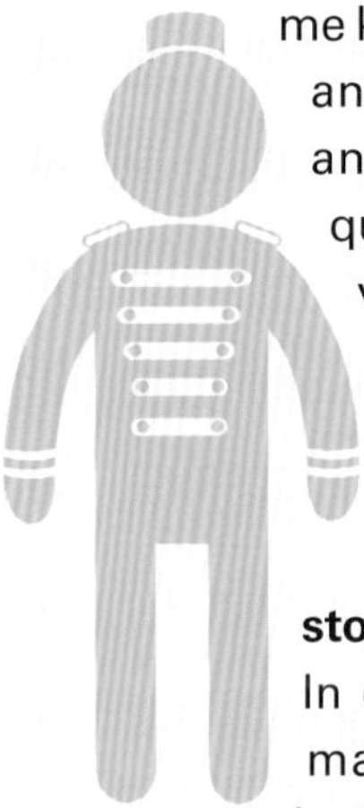

Hotelzimmer stornieren

In diesem Text teilt jemand mit, dass man bedauerlicherweise die Buchung für die Zeit vom 2. bis zum 12. September, also für zehn Übernachtungen, stornieren muss und sehr dankbar wäre, wenn man seine Kaution in Höhe von 100 US-Dollar bei Gelegenheit zurückerhalten würde. „Dear Sir or Madam, I am afraid that I have to cancel my booking for September 2nd to 12th (ten nights). I would be very grateful if you return my US $ 100 deposit at your early convenience. Yours faithfully, Maximilian Mustermann"

Ein Stellenangebot annehmen

Hier wird geschrieben, dass jemand sich sehr über ein Jobangebot (als Art Director) gefreut hat und dieses sehr gerne annehmen möchte. Er versichert, am 30. August, aber nicht vor diesem Termin, anfangen zu können. Außerdem möchte er wissen, wo und wann er sich an besagten Termin melden solle und bemerkt, dass er sich sehr darauf freue, von der Firma angestellt zu werden.

„Dear Mrs van der Waal, I was delighted to receive your letter offering me the post of Art Director which I hereby accept. I confirm that I will be able to start on August 30th but not, unfortunately, before that date. Can you please inform me where and when exactly I should report on that Monday? I am looking forward to becoming a member of your team. Yours sincerely, Max Mustermann"

Ein Stellenangebot ablehnen

Diese Ablehnung lautet sinngemäß, dass sich jemand über ein Jobangebot (als Art Director) gefreut hat, sich aber für eine andere Stelle entscheidet, da diese andere Firma in seiner Heimatstadt liegt und er bei seiner Familie bleiben kann. Er hofft, dass er dem Unternehmen dadurch keine allzu großen Unannehmlichkeiten bereitet hat.

„Dear Mrs van der Waal, I was delighted to receive your letter offering me the position of Art Director in your company, but I have decided to take the offer of another company in my hometown, so I can still live with my family. I apologise for any inconveniences. Yours sincerely, Max Mustermann"

Mittelamerika und Karibik

Kuba

Kuba liegt nur 145 km von Florida entfernt, aber dazwischen liegen kulturelle, politische und wirtschaftliche Welten. Es galt lange als „letzte Bastion des Kommunismus" – dies scheint sich aber allmählich zu ändern. Mittlerweile heißt der Staats- und Regierungschef Raúl Castro, der seinen berühmten Bruder Fidel Castro vertritt. Seit 2015 lockerten sich die wirtschaftlichen und politischen Beziehungen zwischen Kuba und den USA. Raúl scheint Diplomatie, die größtenteils mit guten Manieren zu tun hat, besonders vorteilhaft einsetzen zu können.

Jamaika

Die Arawak-Indianer, die aus der Orinoko-Region (heute Venezuela) stammen, gründeten ca. 600 nach Christus Siedlungen auf Jamaika. Bekannt wurde die Insel 1494, als Christoph Kolumbus während seiner zweiten Entdeckungsfahrt am 5. Mai 1494 bei der heutigen St. Ann's Bay ankerte und das Gebiet zu spanischem Besitz erklärte. Wirtschaftlich zählen auf Jamaika Zucker,

INFO

TO-DO
- Vorliebe für Musik, Zigarren und Rum
- Verehrung von Che Guevara
- Wissen über Ernest Hemingway
- Interesse an Baseball und Boxen
- Spanischkenntnisse

TABU
- Kritik an der Regierung äußern
- Prahlerei mit westlichem Luxus

INFO

TO-DO
- Um Preise feilschen
- Bewunderung von Reggae-Musik
- 10 % Trinkgeld, falls nicht im Preis inbegriffen

TABU
- FKK (nur an wenigen Stränden erlaubt)
- Aufreizende Kleidung in Kirchen
- Desinteresse an Nationalsport Kricket

Rum, Bananen und Kaffee zu den Hauptexportgütern.
In den USA erweckte Harry Belafonte mit seinem „Banana Boat Song" und weltweit Sean Connery in seinem auf Jamaika gedrehten James Bond Faszination für die Insel. International ist Jamaika als Heimat von Bob Marley bekannt, dem berühmten Reggae-Musiker.
Geschäftliche Termine orientieren sich an amerikanischen Gepflogenheiten. In manchen Hotels gibt es strenge Dress Codes, wo nach Männer Jackett und Krawatte tragen müssen. Vor der Gruft des legendären Reggae-Musikers Bob Marley auf Nine Miles müssen die Schuhe ausgezogen werden. Ansonsten verläuft alles „easy".

Mexiko

Mit seinen vielen Kulturschätzen aus der spanischen Kolonialzeit und den indianischen Hochkulturen der Maya und Azteken sowie seinen geografischen Besonderheiten ist Mexiko nicht nur für seine Nachbarn aus den USA eines der beliebtesten Reiseziele.

INFO

TO-DO
- Geschäftsmann in Anzug und Krawatte
- Geschäftsfrau in Kostüm/Hosenanzug
- Frau: Abendkleid bei „etiqueta rigorosa"
- Mann: Smoking bei „etiqueta rigorosa"
- Trinkgeld: 15–20 %
- Kommunikation in spanischer Sprache
- Mitbringsel aus Heimatland
- Bewunderung mexikanischer Kultur

TABU
- Unpünktlichkeit bei Ausländern
- Kritik in Anwesenheit Dritter
- Kritik am Land
- Diskussion über Flüchtlingsproblem
- Gelbe oder rote Blumen als Geschenk

Südamerika

Der südamerikanische Subkontinent ist schon aufgrund seiner Größe äußerst facettenreich. Dennoch weisen die meisten der Länder gewisse Gemeinsamkeiten auf.
Ein selbstbewusstes Auftreten, elegante Businesskleidung und die Anrede mit Titel beim ersten Gespräch wird überall gerne gesehen. Saubere Schuhe gelten als absolutes Muss und machen einen guten Eindruck. Keinen guten Eindruck machen Menschen, die Sandalen tragen. Diese sind, zumindest in Städten, meist sehr ungern gesehen. Im Zweifel sollte man, gerade in Städten und vor allem beim Besuch von Behörden, auch keine kurzen Hosen tragen. Viel Geduld ist in fast allen südamerikanischen Ländern erforderlich. Die Devise: „Zeit hat man zu haben", könnte als allgemeine Faustregel gewertet werden. Dies bedeutet, dass man, von Ausnahmen wie Chile abgesehen, nicht sofort zur Sache kommt, sondern erst einen ausgiebigen Small Talk führt.

Vorsicht bei Kritik

Weniger gerne gehört wird Kritik, vor allem in der Öffentlichkeit. Kritik sollte möglichst positiv formuliert werden. Wer jemanden kritisie-

ren möchte, der sollte es zumindest nicht in der Öffentlichkeit bzw. in Anwesenheit Dritter tun. Dies gilt aber nicht nur für Südamerika, sondern für viele andere Länder ebenso. Allerdings reagiert man in Südamerika besonders sensibel.

Verhalten als Gast

Wer sich im Ausland aufhält, sollte bedenken, dass er der Gast ist und sich anpassen sollte. Er darf daher nicht davon ausgehen, dass deutsche (Geschäfts-)Gepflogenheiten weltweit gelten. Andererseits braucht er auch nicht alles perfekt zu beherrschen. Die Gastgeber schätzen es, wenn man sich an passt, höflich und respektvoll mit ihnen umgeht und üben bei kleineren Versehen meist Nachsicht – Nachsicht als solche zählt nämlich auch zum guten Ton.

Über kleine Gastgeschenke freut sich ein jeder, wenngleich sie nicht überall erwartet werden. Blumen gelten als gern gesehene Geschenke. Man kann sie auch sehr gut über Boten zustellen lassen, damit sie frisch bleiben. Ansonsten freuen sich Südamerikaner meist über eine Flasche hochwertigen Alkohols, insbesondere Whisky. Namhafte Herstellernamen gelten als Statussymbol. Prahlerei und Übertreibung wird als negativ empfunden.

Einheimische als Indios zu bezeichnen, wird, abgesehen davon, dass es richtigerweise Indigenas heißen müsste, als beleidigend empfunden. In Südamerika gilt allgemein, dass man mit politisch brisanten Themen sensibel umgehen sollte. Aber auch religiöse Ansichten können schnell zu hitzigen Diskussionen und Streitigkeiten führen. Daher ist viel Feingefühl notwendig. Am besten meidet man diese Themen.

Gerade in Argentinien, Brasilien und Chile legt man Wert auf besonders elegante Businesskleidung im Job, Herzlichkeit und Freundlichkeit und wenn Fremde allgemeines Interesse an Land und Leuten zeigen. Gutes Aussehen spielt eine sehr große Rolle, Argentinien ist das Land mit den meisten Schönheitsoperationen. Unerwünscht in allen drei Ländern sind Gespräche über heikle Politthemen (Falkland, Regierungsangelegenheiten) und direkte Kritik in Anwesenheit Dritter.

Argentinien

Das Verhältnis zwischen Deutschland und Argentinien ist gut und viele Argentinier wissen über Deutschland recht gut Bescheid. In Argentinien gelten ähnliche Regeln wie in vielen südeuropäischen Ländern oder wie in Brasilien. Für den Aufbau von Geschäftsbeziehungen empfiehlt sich ein zunächst formeller Umgang. Daher sollte man anderen nicht sofort das Du anbieten, sondern warten, bis diese es tun. Titel werden gerne gehört. Man spricht sie immer gerne aus. Anders als in den USA gelten Titel als besondere Ehre.

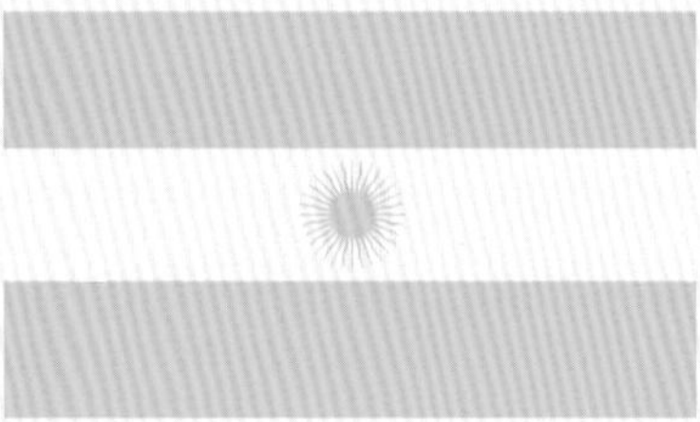

Grüßen und Begrüßen

Langes Händeschütteln ist eher selten, wobei im Alltag herzliche Umarmungen auf der Tagesordnung stehen. Ein kurzer kräftiger Händedruck gilt im Geschäftsleben als angebracht. Gerade bei der Anrede sollte man den Titel nie vergessen. Darauf wird größter Wert gelegt.

Kleidung

Argentinier achten sehr auf Kleidung und auf das äußere Erscheinungsbild. Zudem fällt der Blick oft auch auf die Schuhe. Sie sollten stets gut poliert sein und glänzen. In Argentinien gelten helle Straßenanzüge ebenfalls als Businesskleidung. Kombiniert wird allerdings wenig. Anzüge zählen zur typischen Geschäftskleidung bei Herren, Damen tragen meist Kostüme oder Kleider in eher gedeckten Farben. Hosenanzüge eignen sich ebenfalls.

Essen und Geschäftsessen

Berufliche Einladungen finden selten in Privatwohnungen oder Privathäusern, sondern fast ausschließlich in Restaurants statt.

Frauen in Argentinien

Frauen werden grundsätzlich mit auffallender Höflichkeit behandelt. Argentinische Männer geben sich gerne galant, halten Türen auf, machen freundliche Komplimente, achten darauf, dass sie an der Straße nicht der „gefährlichen“ Straßen-, sondern der „sicheren“ Häuserseite zugewandt gehen können etc. Frauen genießen, im Vergleich zu vielen anderen Ländern, auffallend viel Aufmerksamkeit und Zuvorkommenheit.
Frauen sollten jedoch darauf achten, nicht die Beine übereinander zu schlagen. Dies gilt als unseriös.

INFO

TO-DO
- Hinten anstellen bei Warteschlangen
- Damen Türe aufhalten, ihnen den Vortritt lassen und sie nicht auf der Straßen-, sondern auf der Häuserseite gehen lassen (Schutzseite)

TABU
- Gespräche über Falklandinseln (wenn, dann wenigstens mit spanischem Namen „Islas Malvinas“ bezeichnen)
- Ständiger Blick auf die Uhr
- Gähnen in der Öffentlichkeit
- Frauen: Die Beine übereinander schlagen

Mit der Pünktlichkeit nimmt man es wie in vielen südamerikanischen Ländern nicht so genau. Mindestens ein akademisches Viertel später im Restaurant zu erscheinen, ist also angebracht – auch als Gast. Gerade dieser sollte möglichst nicht vor dem Gastgeber dort sein. Einzelrechnungen sind unüblich. Daher zahlt entweder der Gastgeber oder ein anderer Gast oder jeder Gast legt einen gewissen Geldbetrag auf den Tisch.

Allgemeines

In Warteschlangen sollte man sich nie vordrängeln. Dies gilt als äußerst unhöflich. Direkte Kritik vor anderen ist ebenfalls verpönt. Je diplomatischer, desto besser, also positiv formuliert und persönlich vortragen, so dass andere nichts davon erfahren oder sehen. Der Kritisierte fühlt sich sonst beleidigt.

Blumen gelten als beliebte Gastgeschenke, wobei diese meist vorab

oder im Nachhinein geschickt werden.

Manche Themen sollte man besser nicht erwähnen. Dazu zählt in Argentinien vor allem der Falklandkonflikt mit Großbritannien. Falls man dennoch in ein hitziges Gespräch zu den Falklandinseln verwickelt wird, dann sollte man sie wenigstens unter dem spanischen Namen „Islas Malvinas“ anführen.

Ein paar freundliche Worte

Wie in jedem Land freut man sich in Argentinien darüber, wenn Fremde (zumindest versuchen) ein paar Brocken in der Landessprache (Spanisch) zu sprechen. Dies gilt als eine sehr höfliche Geste.

Guten Tag: buenos dias
Auf Wiedersehen: adiós
Danke: gracias
Bitte: de nada (als Antwort auf Danke)
Bitte: por favor (um etwas zu fordern)
Ich freue mich: me alegro
Bis bald: hasta pronto

Brasilien

Wenngleich das Land an Samba, Sonne, Karneval und Copacabana denken lässt, gelten generell strenge Bekleidungsregeln. So sind beispielsweise Bermudas in Innenstädten undenkbar und der Versuch, so gekleidet eine Behörde zu betreten, ist vorab zum Scheitern verurteilt.

Grüßen und Begrüßen
Männer und Frauen grüßen und verabschieden sich per Handschlag. Der Händedruck ist fest. Männer

schütteln sich die Hände länger. Daher sollte die Hand nicht rasch zurückgezogen werden. Männer sollten sich nicht wundern, wenn man ihnen auf die Schulter klopft oder mit der Hand den Unterarm berührt. Dies ist normal. Diese Gesten sollten allerdings stets vom Brasilianer ausgehen. Visitenkarten werden meist sofort ausgetauscht. Sie sollten daher bereitgehalten werden. Personen werden zunächst mit akademischem Grad angesprochen. Im Allgemeinen schlagen Brasilianer aber meist recht schnell vor, sich zu duzen. Dies sollte man annehmen. Es verpflichtet zu nichts, erleichtert aber die Kommunikation. Die Gesprächsdistanz braucht übrigens nicht wie in den USA mindestens 60 cm zu betragen. Brasilianer vermeiden zwar häufigen oder sehr langen Augenkontakt, aber sie artikulieren viel mit den Armen. Daher ist eine gelegentliche kurze Berührung des Oberarms nicht als aufdringlich zu interpretieren.

Kleidung

Im Businessalltag tragen Frauen Kleider oder Kostüme, die nicht zu tief ausgeschnitten sind, oder Hosenanzüge. Allerdings dürfen Blusen und Jacken kurzärmelig sein. Männer tragen Anzug und Krawatte. Männliche Führungskräfte bevorzugen dreiteilige Anzüge, Büroangestellte zweiteilige Anzüge. In der Freizeit tragen Männer die Hemden zwar offen, aber keinesfalls mit kurzen Ärmeln. Männer in kurzen Hosen erhalten normalerweise keinen Einlass in Behörden. Angestellte von Behörden erwarten zudem stets ein freundlich-respektvolles Auftreten.

Essen und Geschäftsessen

Morgens gibt es meist nur ein kleines Frühstück (zwischen sieben und neun Uhr). Mittags zwischen zwölf und 14 Uhr ist Lunchtime. Das Mittagessen fällt meist reichlich aus. Abendessen in Gesellschaft (Geschäftsessen) beginnen normalerweise nicht vor 21 Uhr. Bei gemischten Gruppen sieht die Tischordnung vor, dass Männer neben Männern und Frauen neben Frauen sitzen, sich Männer und Frauen aber gegenübersitzen. Geschäftsleute sollten viel Zeit für Essen und Trinken einplanen. Geschäftliche Themen sollten aber nie vor dem cafezinho (dem abschließenden Kaffee) angesprochen werden. Generell sind die Brasilianer beim Essen verhältnismäßig schweigsam. Sie dulden auch kein Naseschnäuzen bei Tisch. Die Rechnung übernimmt entweder eine Person, oder aber der Gesamtbetrag wird, unabhängig davon, wer

Ja kann Nein sein

Ähnlich wie in Japan sollte man ein „Ja" skeptisch würdigen. Brasilianer gelten als konfliktscheu und harmoniefreudig. Daher sollte im Geschäftsleben eine Zusage sofort schriftlich fixiert werden.

TIPP

Wer Geschäftspartner zum Essen einladen möchte, der sollte ein gehobenes Restaurant auswählen. Ein Anruf bei der Sekretärin des Geschäftspartners, um dessen Lieblingsrestaurant in Erfahrung zu bringen, erweist sich meist als hilfreich.

was gegessen und getrunken hat, durch die Anzahl der Anwesenden geteilt. Als Gesprächsthema bieten sich Small-Talk-Themen wie etwa die Schwärmerei für brasilianische Spezialitäten und allgemeines Interesse an Land und Leuten an. Wer jedoch von einem Brasilianer zu ihm nach Hause eingeladen wird, der sollte diese Einladung nicht unbedingt für bare Münze nehmen. Oft erfolgen derartige Floskeln aus purer Höflichkeit. Lediglich dann, wenn er sofort Termin und Adresse nennt oder Visitenkarten austauscht und um Terminvorschläge bittet, ist die Einladung in der Regel ernst gemeint.

Das Thema Zeit

Zeit hat man in Brasilien zu haben, vor allem als Ausländer. Während Brasilianer weder bei privaten noch bei geschäftlichen Terminen auf Zeit achten – Verspätungen von einer Stunde sind nicht ungewöhnlich – sollten Ausländer trotzdem pünktlich erscheinen. Dies erachten Brasilianer zwar nicht als Selbstverständlichkeit, aber als höflich.

Tabuthemen

In Brasilien sind Politik und Religion oft sehr heikle Themen. Wenngleich Brasilien als größtes katholisches Land der Welt gilt, gibt es viele andere Religionsformen, die ebenfalls große Tradition besitzen. Gleichzeitig sollte das Thema „Nationalsozialismus in Deutschland" gemieden bzw. sehr bedacht darüber gesprochen werden. In Brasilien leben viele jüdische Bürger, deren Wurzeln in Deutschland liegen.

Frauen in Brasilien

Geschäftsfrauen, die professionell auftreten und formell gekleidet sind, haben keine großen Schwierigkeiten in dem Land, das für deutsche Verhältnisse ein „Macho-Image" hat. Ansonsten sollte unerwünschte Aufmerksamkeit von Männern freundlich, aber bestimmt zurückgewiesen bzw. ignoriert werden. Auffallend ist, dass bei alkoholischen Getränken Frauen zwar Wein, Schnaps und Likör trinken, Bier aber Männern vorbehalten bleibt.

TO-DO
- Abmachungen möglichst schriftlich festhalten.
- Privateinladung nur dann ernst nehmen, wenn der Einladende sofort einen Termin vorschlägt und Telefonnummern austauschen möchte
- Genug Zeit für Besprechungen einplanen
- Genug Zeit für After-Work-Gespräche einplanen
- Korrekte Businesskleidung bei Geschäftsterminen (trotz Hitze)
- Kleine Geschenke
- Visitenkarten bereithalten und übergeben
- Begrüßung per Handschlag und mit kräftigem Händedruck
- Feedback nach Gesprächen immer möglichst positiv formulieren
- Interesse an Land und Leuten zeigen

TABU
- Geschäftstermin in der Karnevalszeit
- Annahme, dass Landessprache Spanisch und nicht Portugiesisch sei
- Zu häufiger und zu langer Augenkontakt
- Kritik vor Dritten äußern
- Männer mit Händen in den Hosentaschen
- Pünktliches Erscheinen bei privaten Einladungen
- Beim Abschied als Gast selbst die Haustür des Gastgebers öffnen
- Das in Deutschland für okay stehende Handzeichen (Daumen und Zeige- oder Mittelfinger bilden ein „o") gilt in Brasilien als Zeichen für Geschlechtsverkehr.
- Kurze Hosen in der Innenstadt oder bei Behördengang
- Heikle politische oder religiöse Themen ansprechen

INFO

Brasilianer nehmen Kritik manchmal persönlich. Daher sollte ein Feedback nach Gesprächen möglichst immer positiv formuliert werden (ähnlich wie in Japan).

Allgemeines

Kleine Geschenke sind nicht obligatorisch, schaden aber nicht. Lilafarbene Blumen dürfen es aber nicht sein, da diese als typische Friedhofsblumen gelten. Im Karneval werden Geschäftstermine oft nicht eingehalten. Männer sollten die Hände nie in die Hosentaschen stecken. Wer als Gast beim Abschied die Haustür des Gastgebers selbst öffnet, begeht eine Beleidigung. Abgesehen davon sollten Gäste bei Privateinladungen nicht auf die Minute pünktlich erscheinen, um dem Gastgeber eine etwaige Peinlichkeit zu ersparen. Der hierzulande beliebte argentinische Wein eignet sich aufgrund lokaler Animositäten nicht unbedingt als Gastgeschenk. Edle Blumen, eine Flasche Whisky oder Vergleichbares sind besser geeignet. Wer bei entsprechenden Gelegenheiten den rechten Daumen nach oben streckt, lächelt und „Tudo bem!" (Alles gut) sagt, erntet meist ebenfalls ein strahlendes Lächeln.

Ein paar freundliche Worte

Viele Brasilianer fürchten, dass Fremde denken, die Landessprache sei Spanisch und nicht Portugiesisch. Daher kommen selbst ein paar einfache Worte besonders gut an. Am besten übt man die schwierige portugiesische Aussprache vor der Reise.

Guten Tag: bom dia
Gute Nacht: boa noite
Auf Wiedersehen: adeus
Danke: obrigado/obrigada
Bitte: de nada/faça favor (als Antwort auf danke)
Bitte: por favor (um etwas zu fordern)

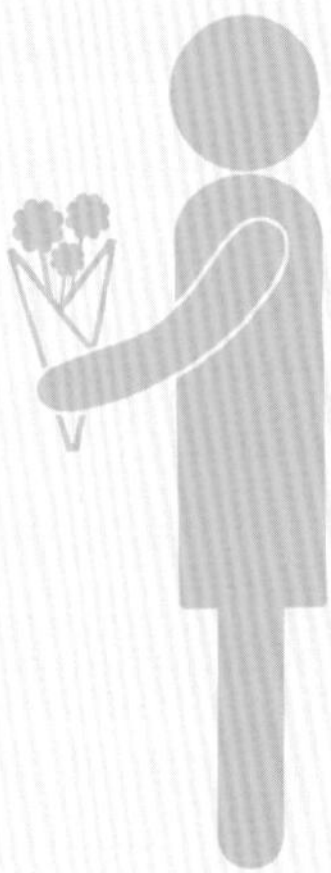

Chile

Chile gilt als die Schweiz Lateinamerikas, daher sind deutschsprachige Gäste gerne gesehen und es herrschen rege Handelskontakte. Die Chilenen gelten eher als distanziert und zurückhaltend im Vergleich zu Brasilianern. Über religiöse und politische Themen wird nicht sehr offen gesprochen. Hier gilt: Vorsicht walten lassen!

Grüßen und Begrüßen

Die Begrüßung (und der Abschied) erfolgt per Händedruck, und Männer untereinander klopfen sich gerne auf die Schulter (falls sie sich besser kennen). Ein Kuss auf die rechte Wange erhalten Frauen von Herren, die sie gut kennen und die gesellschaftlich in etwa gleichrangig sind. Damen unter sich begrüßen sich gerne mit Küsschen.

Kleidung

Die Kleidung ist eher konservativ, zurückhaltend und elegant. Männer

TO-DO
- Pünktlichkeit
- Zunächst zurückhaltend reagieren
- Ein paar Worte Spanisch (siehe Argentinien)
- Bewunderung für chilenischen Wein

TABU
- Gespräch über Politik
- Verhältnis zu Argentinien diskutieren

tragen auch bei hohen Temperaturen Anzug und Krawatte.

Essen und Geschäftsessen

Bei privaten Einladungen freuen sich die Gastgeber über eine Kleinigkeit (gerne etwas „typisch" Deutsches) oder Blumen. Geschäftsessen dauern oft lange und sind auch nach längeren Verhandlungen üblich.

Allgemeines

Im Gegensatz zu Brasilianern verhalten sich Chilenen meist eher distanziert und zurückhaltend. Anders als in Brasilien kommt man in Chile bei geschäftlichen Besprechungen recht schnell auf den Punkt. Hier ähnelt prinzipiell alles den deutschen Gepflogenheiten. Pünktlichkeit, Zuverlässigkeit und strukturierte Präsentationen und Projektplanungen werden sehr geschätzt. Chilenen schätzen es auch, wenn Fremde wissen, dass z. B. Isabel Allende Chilenin ist. Auch sonst gelten die Beziehungen zu Deutschland als gut.

Frauen in Chile

Frauen sind meist sehr feminin gekleidet. Sie tragen gerne viel Schmuck und Make-up. Man sieht wenige Geschäftsfrauen oder Frauen, die in Büros arbeiten, in Hosen.
Im Gegensatz zu (Nord-)Amerika tragen Frauen auch im beruflichen Alltag eher Schuhe mit höheren Absätzen.

Ecuador

In Ecuador herrscht nicht nur ein anderes Klima als in Chile, es weist auch unterschiedliche regionale Gepflogenheiten auf. Die Bewohner an der Küste gelten als offen, die im Hochland lebenden Menschen als distanziert. Die Bezeichnung Indio fassen viele Bewohner als beleidigend auf, auch wenn sie nicht böse gemeint ist.

auf die Gefahr hin, etwas warten zu müssen. Auch hier sind Gastgeschenke (Mitbringsel aus Deutschland oder Blumen) gerne gesehen.

Allgemeines

Direkte Kritik wird auch in Paraguay nicht besonders geschätzt. Daher sollte sie, ähnlich wie in vergleichbaren Ländern, diplomatisch übermittelt werden. Wie in jedem Land freuen sich die Einwohner zwar, wenn Ausländer ein paar Brocken in ihrer Sprache zum besten geben, aber die Bewohner sprechen nicht alle spanisch (siehe Argentinien), sondern Guaraní. Guaraní gilt als zweite Landessprache. Im Vergleich zu anderen südamerikanischen Ländern sind die Handelsbeziehungen zu Europa nicht stark ausgebaut.

Eine Besonderheit bei geschäftlichen Verhandlungen ist, dass jeder als Sieger hervorgehen möchte. Dies ist zwar in vielen Ländern der Fall, aber in Paraguay hat dies auch etwas mit Ehre zu tun. Das bedeutet, dass man einem Vertragsangebot nie sofort zustimmen sollte. Am besten um Bedenkzeit bitten, viele Nachfragen stellen und Einwände vorbringen. Selbst dann, wenn einem das Angebot sehr willkommen ist, würde man mit einer spontanen Zusage den Eindruck erwecken, dass der Anbietende dumm ist, da er ein zu günstiges Angebot unterbreitet hat. Das wäre ihm wiederum peinlich. Dann bestünde die Gefahr, dass er sein Angebot wieder zurückzieht. Aus Rücksicht auf das Harmoniestreben der Einheimischen gebietet es sich für Besucher auch nicht, etwas direkt abzulehnen.

Frauen in Paraguay

In Paraguay gibt es wenig Frauen in Führungspositionen. Darauf sollten sich Geschäftsfrauen hier einstellen und rücksichtsvoll, aber selbstbewusst auftreten

INFO

TO-DO
- Gastgeschenke (typische Mitbringsel aus Deutschland) oder Blumen
- Vertragsangebote nur zögerlich annehmen

TABU
- Kurze Hosen
- Direkte Kritik oder Kritik in Anwesenheit Dritter
- Ein Angebot spontan annehmen
- Ein Angebot direkt ablehnen

Indizien für eine Verärgerung: Der Gesprächspartner ist in den nächsten Tagen zufällig nie für einen zu sprechen, hat einen Auswärtstermin, möchte einen Termin erneut verschieben etc. Dies sollte einen nachdenklich stimmen. Eine Fristsetzung mit Ablehnungsandrohung sollte vor diesem Hintergrund sehr freundlich formuliert werden.

Peru

In Peru, der Heimat der Inkas, unterscheidet sich die Mentalität der in den Anden ansässigen Peruaner, die eher als zurückhaltend und scheu gelten, zu den Einwohnern im Tiefland gewaltig.

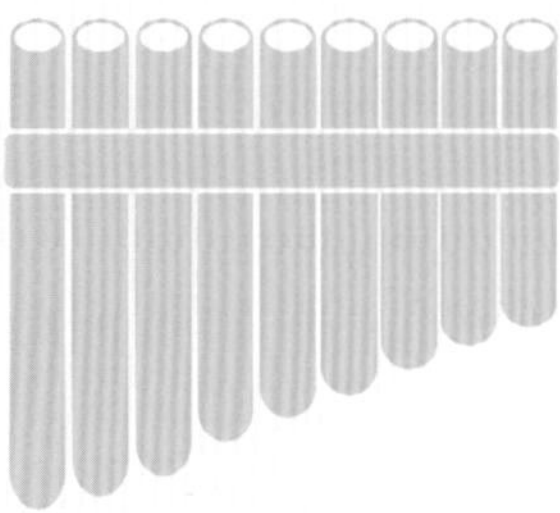

Grüßen und Begrüßen

Fremde grüßen sich zunächst per Handschlag. Umarmungen und Wangenküsse werden erst nach längerer Bekanntschaft akzeptiert. Titel und deren korrekte Nennung sind auch in Peru wichtig.

Frauen in Peru

Auch in Peru stellen Frauen in Führungspositionen die Ausnahme dar. In den meisten Fällen haben Peruaner jedoch kein Problem mit ausländischen Managerinnen, wenn diese sich an die Gepflogenheiten des Landes halten. Etwaige kleine Verunsicherungen sollte man gekonnt übergehen.

Kleidung

In Peru empfiehlt sich Kleidung nach deutschen Regeln, wobei gedeckte Farben bevorzugt werden sollten. Allerdings erscheint man abends auf gar keinen Fall sportlich leger, es sei denn, dass der Gastgeber ausdrücklich darauf hinweist.

Essen und Geschäftsessen

Bei privaten Einladungen freut man sich über ein typisches Mitbringsel aus Deutschland, Österreich oder der Schweiz. Auch Blumen sind gern gesehen.

Allgemeines

Wie in vielen südamerikanischen Ländern äußert man auch in Peru Kritik nicht offen und direkt. Sie sollte stets diplomatisch übermittelt werden. Wie überall freuen sich die Einwohner zwar, wenn Ausländer ein paar Brocken in ihrer Sprache be-

INFO

TO-DO
- Gastgeschenke (typische Mitbringsel aus Deutschland) oder Blumen
- Vertragsangebote nur zögerlich annehmen, damit es so aussieht, als hätte der Vertragspartner einen großen Erfolg erzielt
- Großzügige Zahlungsziele einräumen (aber nicht sofort, sondern gegen Verhandlungsende)

TABU
- Regierungspolitische Kritik äußern
- Direkte Kritik oder Kritik in Anwesenheit Dritter

herrschen, aber auch hier sprechen nicht alle spanisch (siehe Argentinien), sondern einige Bewohner sprechen das traditionelle Quechua.

Vertragsangeboten sollte man auch in Peru nie sofort zustimmen, sondern um etwas Bedenkzeit bitten. Dies lässt den Anbieter besser dastehen. Zudem zählt Qualität. Daher sollte man die Qualität und den guten Ruf deutscher Produkte in den Mittelpunkt stellen. Statt Preissenkungen kann man auch einen größeren Zahlungsrahmen (Ratenzahlung, längere Fristen) vereinbaren. Dies sieht dann so aus, als ob man mit dem Preis nicht heruntergehen möchte, um den guten Ruf seiner Produkte und Leistungen zu wahren, aber dem Vertragspartner eben auf andere Art und Weise Entgegenkommen beweist. Dann steht dieser ebenfalls als „Gewinner" da. Hilfe bei der Lösung eventueller technischer Probleme wird ebenfalls sehr geschätzt. Daher macht es sich gut, wenn entsprechende Angebote erfolgen.

Bolivien

In Bolivien leben viele deutsche Einwanderer. Sie gelten als wirtschaftlich kompetent, da sie bereits einige Beiträge leisteten (z. B. gibt es eine Fluggesellschaft, die von Deutschen gegründet wurde). Daher werden sie auch als Geschäftspartner geschätzt.

Grüßen und Begrüßen

Fremde grüßen sich zunächst per Handschlag. Ansonsten sind Umarmungen und Wangenküsse erst nach längerer Bekanntschaft angebracht. Titel hört man auch in Bolivien sehr gerne. Die Anrede erfolgt per Nachnamen oder akademischem Grad plus Nachnamen.

Kleidung

In Bolivien kleidet man sich im Geschäftsleben so formell wie in Deutschland. Im privaten Bereich kann man leger und sportlich gekleidet erscheinen. Sogar kurze Hosen sind im Privatleben problemlos tragbar. Sandalen gelten aber als unseriös und verpönt.

Essen und Geschäftsessen

Bei privaten Einladungen freut man sich über ein Mitbringsel aus Deutschland, Österreich oder der Schweiz.

Frauen in Bolivien

Die generell unproblematische Beziehung der Bolivianer zu den Deutschen gilt auch im Umgang mit Touristinnen oder ausländischen Geschäftsfrauen.

Auch Blumen sind beliebte Gastgeschenke. Deutsche, die als Gastgeber auftreten, sollten sich darauf einstellen, dass ihre Gäste, entgegen sonstiger bolivianischer Gepflogenheiten, aus Höflichkeit pünktlich erscheinen.

Allgemeines

Auch in Bolivien freuen sich die Einwohner über ein paar Brocken Spanisch (siehe Argentinien) seitens der Besucher.

Uruguay

Geschäftlich und privat herrschen ähnliche Gepflogenheiten wie in

INFO

TO-DO
- Gastgeschenke (typische Mitbringsel aus Deutschland) oder Blumen
- Davon ausgehen, dass Gäste (aus Respekt und Höflichkeit) pünktlich erscheinen, wenn sie von Deutschen eingeladen werden

TABU
- Fragen zu Politik
- Diskussionen über religiöse Themen
- Direkte Kritik oder Kritik in Anwesenheit Dritter
- Sandalen tragen

Deutschland. Man gibt sich kosmopolitisch. Allerdings nimmt man es mit der Pünktlichkeit nicht so genau und bei privaten Einladungen werden kleine Präsente erwartet.

Kolumbien

In Kolumbien wird ein unkompliziertes Verhältnis zu Deutschland gepflegt. Wangenküsse erfolgen nur unter guten Bekannten und kurze Hosen sollten zumindest in Städten nicht getragen werden.

Venezuela

In Venezuela wird Wert auf Pünktlichkeit, Titel, gehobene Kleidung, Mitgliedschaften in angesehenen Klubs und großzügige Mitbringsel gelegt. Angedeutete Umarmungen und Wangenküsse erfolgen erst nach einiger Zeit, zunächst werden nur die Hände zur Begrüßung geschüttelt. Teurer Whisky wird sehr geschätzt und steht auch auf vielen Getränkekarten. Bei Gastgeschenken sollte dies bedacht werden. Auch in Venezuela freut man sich über ein paar Brocken Spanisch. Angenehm ist zudem, dass einige Einwohner auch deutsch verstehen.

Europa

Im Gegensatz zu den USA blickt Europa auf eine viele Jahrhunderte alte Traditionen zurück, dennoch verändern sich Gewohnheiten und Gebräuche. Und was in Deutschland normal ist, gilt anderswo teilweise als peinlich. Wegen Touristen mit schlechten Manieren stellten einige Länder neue Benimm-Richtlinien auf und das Verhältnis zu Nachbarstaaten kühlte sich empfindlich ab. Daher sollten Besucher gewisse Fettnäpfchen tunlichst vermeiden. Umso mehr freuen sich Einheimische, wenn ein Fremder ihre Gebräuche kennt und beachtet. Egal, aus welchem Land er kommt, egal, wohin er geht.

Beneluxstaaten

Zu den Beneluxländern zählen Luxemburg, Belgien und die Niederlande. Die Benimmregeln ähneln den deutschen und französischen.

Grüßen und Begrüßen

Akademische Grade und Titel erwähnt man nur im Schriftverkehr. Leute werden mit Vor- und Nachnamen vorgestellt. Im privaten Umfeld küsst man sich dreimal (angedeutet) auf die Wange.

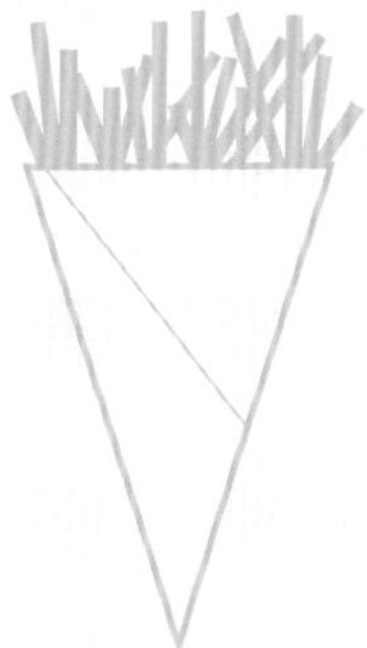

Geschäftliche Besonderheiten

In Luxemburg herrscht ein Mix aus deutscher Gründlichkeit und französischer Lässigkeit. Belgier schätzen höflich-zurückhaltende Geschäftspartner. Flache Hierarchien führen in den Niederlanden zu einem unkomplizierten Umgang mit Geschäftspartnern und raschen Entscheidungen.

Sonstiges

In Belgien stellen die Flamen und Wallonen das Gros der Bevölkerung. Sie sind nicht gut aufeinander zu sprechen. Daher sollte man das Thema meiden. Die Tischgepflogenheiten in Belgien ähneln den französischen, in den Niederlanden den deutschen.

Bulgarien

Bulgarien ist für Deutsche nicht nur ein sehr beliebtes Urlaubsland. Der erste bulgarische König (Alexander I., 1857–1893) kam sogar aus Deutschland und die Beziehungen zu Deutschland sind gut.

Grüßen und Begrüßen

Bei festlichen Angelegenheiten gibt man gerne Handküsse, ansonsten gibt es keine großen Unterschiede zu Deutschland.

Geschäftliche Besonderheiten

Im März schenken sich sogar Geschäftsfreunde kleine, rot-weiße Talismane, genannt „Martenizi". Bulgaren sind recht gesprächig. Russisch ist die dominierende Geschäftssprache. Verträge sollten rasch schriftlich fixiert werden. Fragen zum Kommunismus und religiöse Themen sollte man vermeiden.

INFO

TO-DO
- Verträge rasch schriftlich fixieren und so formulieren, dass keine Vertragslücken denkbar sind

TABU
- Diskussionen über religiöse Themen
- Diskussionen über Kommunismus

Sonstiges
In Bulgarien ist es üblich, vor dem Essen einen Schnaps zu trinken. Dazu wird Salat gegessen. Kopfnicken bedeutet „nein" und Kopfschütteln „ja". Ein Kopfschütteln kann leicht als Zustimmung verstanden werden.

Ein paar nette Worte
Guten Tag: dobar den
Danke: blagodarja
Bitte: molja
Auf Wiedersehen: do wischdane

Estland

Estland ist Mitglied der Europäischen Union und der Euro wurde 2011 eingeführt. Bekannt ist vor allem die Hauptstadt Tallinn. Estland gibt sich modern. Viele Lokale bieten ihren Gästen Internetanschlüsse an und laut Gesetz steht jedem ein Internetzugang zu. Das Verhältnis zu Deutschland ist sehr gut. Auch zu Finnland unterhält Estland seit jeher gute Beziehungen, die beiden Landessprachen sind sich ähnlich.

Grüßen und Begrüßen
Die Hand wird nur bei der ersten Begegnung geschüttelt.

Geschäftliche Besonderheiten
Man erwartet, dass potenzielle Geschäftspartner zunächst eine Weile zuhören, bevor sie ihre Meinung äußern. Ungeduld, hektische Zwischenbemerkungen und aggressiv klingende Belehrungen gelten als sehr unhöflich und führen zu einem eher distanzierten Verhältnis unter den Gesprächspartnern. Zurückhaltendes, höfliches Auftreten hingegen eröffnet Vertrauen und ebnet den Weg zu Vertragsabschlüssen. Es ist üblich, geschäftliche Termine sieben bis 14 Tage vorher schriftlich zu vereinbaren bzw. zu bestätigen.

Sonstiges
Kleine, aber typische Mitbringsel aus Deutschland, Österreich oder der Schweiz werden mit Freude entgegengenommen. Privateinladungen erfolgen meist mündlich. Ähnlich wie in Finnland sollte man darauf gefasst sein, zu einem gemein-

TO-DO

- Hände nur bei erstmaliger Begegnung schütteln
- Höfliche Zurückhaltung
- Typische Mitbringsel aus Deutschland, Österreich oder der Schweiz
- Geschäftliche Termine vorab schriftlich (sieben bis 14 Tage) abklären
- Einladungen in Sauna gegebenenfalls diplomatisch (z. B. wegen angeblicher Kreislaufprobleme) ablehnen.

TABU

- Geschichtliche Themen wie den Hitler-Stalin-Pakt ansprechen
- Das Wort „Baltikum"

samen Saunabesuch eingeladen zu werden. Über ein paar Worte in der Landessprache freut man sich in Estland besonders.

Ein paar freundliche Worte

Guten Tag: tene päevast
Danke: tävan
Bitte: palun
Auf Wiedersehen: nägemiseni

Finnland, Norwegen, Schweden und Dänemark

Grüßen und Begrüßen

Finnen duzen einen recht schnell. Norweger siezen einen, wie in Deutschland auch, und sprechen einen mit Nachnamen an. In Schweden und Dänemark ist man recht schnell beim Vornamen und beim „Du". Akademische Grade werden nur in schriftlicher Kommunikation erwähnt.

Über ein „Hyvää päivää" (guten Tag) oder ein „Kiitos" (danke) und „näkemiin" (auf Wiedersehen) freut sich jeder Finne. Finnen sind überaus höflich und bedanken sich deswegen sehr oft. Das Wort „Kiitos" fällt also häufig.

Geschäftliche Besonderheiten

Ein großer Vorteil im wirtschaftlichen Umgang ist, dass viele Skandinavier sehr gut englisch sprechen. Die Gesprächs- und Besprechungskultur ähnelt sehr stark der deutschen. Man legt großen Wert auf Pünktlichkeit und Sachlichkeit. Vertrauen wird groß geschrieben, wobei mittlerweile Absprachen, auch

Echter Wodka

Laut EU-Spirituosenverordnung von 2007 darf Wodka auch dann so genannt werden, wenn er nicht aus Kartoffeln oder Getreide, sondern aus Zutaten wie Zuckerrüben, Trauben etc. hergestellt wurde. Allerdings müssen diese Zutaten dann ausdrücklich auf dem Etikett vermerkt werden. Achten Sie jedoch in Finnland, Schweden, Polen und den baltischen Staaten darauf, dass die Menschen stolz auf ihren „echten" Wodka sind, der traditionell aus Kartoffeln und Getreide hergestellt wird.

aus Gründen der Rechtssicherheit, überall schriftlich festgehalten werden. In Schweden werden ungern spontane oder gar voreilige Entscheidungen getroffen. Entscheidungsdruck wirkt negativ. Alles will wohl bedacht sein. Daher ist etwas mehr Geduld erforderlich.

Sonstiges

Alkohol ist in Finnland wie in vielen anderen skandinavischen Ländern sehr teuer. Grund ist die staatliche Gesundheitspolitik. Von der Alkoholsteuer wird das Gesundheitswesen mitfinanziert. Wer bei einer skandinavischen Familie zu Gast ist, sollte sich vorher erkundigen, ob diese sich über eine Flasche Likör oder Schnaps als Mitbringsel freuen würden. Manche „erhoffen" es geradezu, andere sind zutiefst verärgert.

Sauna und Skandinavien

In Skandinavien ist Sauna eine ganz normale Sache. Wer eine Einladung zum Saunieren ablehnt, stößt auf wenig Verständnis, daher sollte man sich eine schlüssige Ausrede ausdenken. „Erkältung" ist nicht unbedingt überzeugend, da die Gastgeber womöglich sagen, eine Sauna sei das beste Mittel dagegen. Ein angeblich ärztliches Verbot wegen zu niedrigem (oder zu hohem) Blutdruck klingt überzeugender und beleidigt niemanden.

INFO

TO-DO
- Straßenschuhe ausziehen, bevor eine Privatwohnung betreten wird

TABU
- Rauchen ohne vorab zu fragen
- Geschäftliches und Privates eng vermischen

Frankreich

Egal, ob im Beruf oder im Privatleben – man sollte sich nicht dadurch irritieren lassen, dass Franzosen sehr zurückhaltend darin sind, das „Du" anzubieten.

Grüßen und Begrüßen

Bequem ist, dass man sich Namen nicht unbedingt zu merken braucht, da man sich meist mit „Madame" oder „Monsieur" (manchmal auch „Mademoiselle") anspricht. Beruflich sprechen sich viele mit Vornamen plus „Sie" an. Dadurch spart man Zeit und wahrt die Form. Allerdings sagt man im Alltag nicht einfach „ja" oder „nein", sondern „oui, Madame" oder „non, Monsieur". Die frankreichtypische und für Ausländer einst ungewohnte Form der Begrüßung mit angedeuteter Umarmung und Küsschen hat mittlerweile in vielen Ländern Einzug gehalten. Allerdings bleibt sie Leuten vorbehalten, die sich bereits besser kennen. Im Geschäftsleben ist dies nicht angebracht. Hier genügt ein Händedruck.

Geschäftliche Besonderheiten

In Frankreich sind detailliert geplante Tagesabläufe selten und vorgesehene Tagesordnungen für Besprechungen nur ein grober Anhaltspunkt. Improvisationsfähigkeit und Flexibilität werden sehr geschätzt. Obwohl Pünktlichkeit keine übertrieben große Rolle spielt, soll-

Baguette und Krümel

Baguette ist sehr beliebt in Frankreich. Es gilt als perfekter Soßenträger – und die französische Küche ist bekannt für exquisite Soßen. Daher darf man die Soße damit auftunken. Oft fehlt aber ein extra Brotteller. Somit ist es kein Fauxpas, wenn man das Brot einfach links neben den Teller legt. Krümel stören nicht.

INFO

TO-DO
- Personen immer mit Monsieur, Madame oder Mademoiselle ansprechen
- Soße mit Baguette auftunken

TABU
- Geschäftliche Themen schon während des Essens ansprechen
- Ungepflegte Kleidung

te der Gast stets zum verabredeten Zeitpunkt erscheinen, auch wenn man davon ausgeht, dass sich der andere verspätet.
Essen wird im Land der Feinschmecker geradezu zelebriert. „Après la poire et le fromage", also „nach dem Obst und dem Käse" gilt als ungeschriebenes Gesetz und bedeutet, dass geschäftliche Themen erst nach dem eigentlichen Essen angesprochen werden dürfen.

Ein paar freundliche Worte
Guten Tag: bonjour
Danke: merci
Bitte: de rien (als Antwort auf danke)
Bitte: s'il vout plaît (um etwas zu fordern)
Auf Wiedersehen: au revoir

Griechenland

Wie in fast allen Ländern der Welt ist es sehr gerne gesehen, wenn Fremde ein paar Wörter in der Landessprache beherrschen. Bei Small Talks, vielleicht auch über das Wetter oder das Essen, steht das Signal im Vordergrund, dass man sich gerne auf das Gastland einstellt. Griechenlands Finanzkrise oder die Flüchtlingswelle aus Syrien und Afghanistan eignet sich als Thema aber denkbar schlecht.

Grüßen und Begrüßen
Händeschütteln ist nicht selbstverständlich. Wem keine Hand entgegengestreckt wird, muss sich deshalb nichts dabei denken.
Solange man kein „Du" angeboten bekommt, sollte man beim „Sie" bleiben. Untereinander begrüßen

INFO

TO-DO
- Pünktlichkeit bei Einladungen
- Korrekte Kleidung

TABU
- Über politische Themen sprechen

sich Griechen meist sehr herzlich und mit Umarmungen und Schulterklopfen. Bei Einladungen wird ein kleines Geschenk zwar nicht erwartet, ist aber wie überall eine schöne Geste.

Geschäftliche Besonderheiten
Korrekte Kleidung auch bei Hitzerekorden ist empfehlenswert, wobei die Etikette auch mit kurzärmeligen Hemden mit Krawatte im Hochsommer gewahrt bleibt. Griechen schreiben Gastfreundschaft auch im geschäftlichen Bereich groß.
Der Zeitbegriff wird in Griechenland weniger dogmatisch ausgelegt als in Deutschland, Österreich oder der Schweiz. Das akademische Viertel kann man getrost ausnutzen und 15 Minuten später erscheinen. Bei Einladungen zum Essen sollte man allerdings auf pünktliches Erscheinen achten.
Wie in vielen mediterranen Ländern ist es im Restaurant üblich, dass man beim Bezahlen das komplette Rückgeld erhält. Bevor man geht, lässt man das Trinkgeld (10–20 %) auf dem Teller liegen.

Sonstiges
Nicken bedeutet Ablehnung. Kopf schütteln signalisiert Zustimmung! Dies führt oft zu Verwirrungen.
Wie in den meisten Ländern gibt es Themen, bei denen man leicht ins Fettnäpfchen tritt. So ist das Verhältnis zwischen Griechen und Türken nicht gerade freundschaftlich.

Großbritannien

Großbritannien umfasst nicht nur England, sondern auch Wales und Schottland. Daher kann man nichts falsch machen, wenn man einfach das Wort Großbritannien verwendet und nicht von Engländern, sondern Briten spricht. Dies wirkt ähnlich unverfänglich wie wenn Amerikaner Deutsche als Europäer bezeichnen.

Briten wirken oft distinguiert. Dies hat aber keinesfalls mit Arroganz zu tun.

Grüßen und Begrüßen

Das Schöne an der englischen Sprache ist, dass es nur „you“ gibt. So braucht man sich keine Gedanken zu machen, ob man jemanden nun siezen oder duzen soll.

Wenn man um etwas bittet, sagt man „Can you help me, please?“. Das „Bitte“ als Antwort auf „Danke“ darf man aber keinesfalls wörtlich mit „please“ übersetzt werden! Man sagt „You're welcome“. Mit „How are you?“ erkundigt man sich nach dem Befinden, beantwortet wird die Frage mit „Fine, thank you“. Auf diese Art hat man mit wenigen Worten Höflichkeit und Interesse an seinem Gesprächspartner demonstriert.

Geschäftliche Besonderheiten

Pünktlichkeit wird in Großbritannien groß geschrieben. Ein gemeinsames Bier oder ein Gin Tonic „after work“ in einem Pub ist unter Kollegen sehr beliebt. „No problem“ ist aber nicht immer problemlos, da Briten gerne etwas untertreiben, wenn es um Probleme geht. Daher sollte man bei beruflichen Problemen, Unklarheiten oder Unsicherheiten hartnäckig bleiben und immer wieder nachfragen.

Tipps und Typisches

In Restaurants sollte die „cover charge“ nicht vergessen werden. Dies ist manchmal verwirrend, denn nicht alle Speisekarten weisen diese „Gedeckkosten“ auf. Zu-

INFO

TO-DO

- Pünktlich sein
- Das Land „Großbritannien“ nennen und nicht von „England“ sprechen

TABU

- Kritik am Königshaus

dem ist die „service charge" manchmal ebenfalls unerwähnt. Diese Bedienungsgebühr beträgt 15 %. 15 % Trinkgeld erwartet auch der „cabbie" (Taxifahrer). Hier empfehlen sich die „black cabs" (antiquierte, große Limousinen). „Mini cabs" oder ähnliche Fahrzeuge dürfen nur auf Anruf Kunden abholen. Sie sind oft unterversichert und unzuverlässig.

Als unerhört gilt es, sich in Warteschlangen vorzudrängeln. „Sorry", „Excuse me" und „Thank you" werden gerne und oft gesprochen und gehört.

Sonstiges

Der britische Humor gilt bei vielen als schwarz und makaber. Die „Mister Bean"-Mentalität ist landestypisch und hat nichts mit der Person zu tun, darf also nicht persönlich genommen werden. Vorsichtshalber sollte man besser nicht über die „Royal Family" scherzen. Manche Briten verstehen hier absolut keinen Spaß. Gerne gehört werden Fragen über berühmte Krimiautoren und Romanfiguren. Agatha Christie erlangte für ihre schrullige Detektivin „Miss Marple" oder ihren Meisterdetektiv „Hércule Poirot" Weltruhm. Sir Arthur Conan Doyles Romanfigur „Sherlock Holmes" wurde so berühmt, dass in der Londoner Baker Street 221B eigens ein Museum errichtet wurde.

„Black Tie Dinner" bedeutet übrigens nicht, dass man mit schwarzer Krawatte zum Abendessen erscheinen möge, sondern im Smoking.

Island

Leifur Eiríksson (Sohn des norwegischen Wikingers Erich der Rote) gilt als Entdecker Amerikas. Während Erich der Rote 982 die Ostküste Grönlands erreichte und dort eine Siedlung entstand, entdeckte sein Sohn von dort aus um das Jahr 1000 die Küste Nordamerikas („Vinland"). Dem „Son of Iceland" stifteten die USA ein Denkmal. Es steht vor der Hallgrímskirkja, der berühmtesten Kirche Islands. Viele nutzen auch Geschäftsreisen zwischen den USA und Europa zu einem Zwischenstopp auf

Island. Fluggesellschaften bieten interessante Zwischenaufenthalte mit Übernachtung an. Island stellte 2009 ein Beitrittsgesuch zur Europäischen Union, zog es aber 2015 zurück.

Grüßen und Begrüßen

Hier gibt es keine Abweichungen zu skandinavischen Ländern. Isländisch zählt zu den altnordischen Sprachen und ist eng verwandt mit dem Altnorwegischen und dem Färöischen. Die Sprache gilt als kompliziert, zumal sie einige Buchstaben beinhaltet, die es in anderen Alphabeten gar nicht gibt. Englisch wird aber überall verstanden. Über ein paar Brocken in ihrer Landessprache freuen sich jedoch alle Gesprächspartner, z. B. über ein „Godan dag" („Guten Tag") oder ein „bless" („Tschüss").

Geschäftliche Besonderheiten

Kritik wird besonders schnell persönlich genommen. Daher sollten Beschwerden in äußerst diplomatischer Form geäußert werden.
Eine Formulierung wie „Könnte es eventuell sein, dass ...?" eignet sich dafür sehr gut, zumal Isländer meist davon ausgehen, alles perfekt erledigt zu haben. Wenn, dann möchten sie ihre Fehler selbst erkennen. (Selbst erkannte Fehler gelten als weniger peinlich.)

Sonstiges

Alkohol ist, ähnlich wie in skandinavischen Ländern, teuer und wird nur in staatlichen Monopol-Läden (ATVR) verkauft – allerdings nur an Käufer, die mindestens 20 Jahre alt sind. Dort ist er ca. 25 % günstiger als in Restaurants und Bars. Ein Bier kostet rund fünf Euro.
Besonders gerne hören Isländer Lob über die Geysire (heiße Quellen), Island-Ponys, Wasserfälle, Gletscher und Vulkane und ihre weltberühmte Blaue Lagune. Dieser See

INFO

TO-DO

- Höflich grüßen
- Andere nur indirekt auf Fehler hinweisen, damit sie diese „selbst erkennen können"
- Bewunderung äußern über Geysire und der Tatsache, dass ein Isländer Amerika entdeckt hat

TABU

- Persönliche Kritik

mit mineralreichem geothermalem Meerwasser liegt in Lavafeldern. Die Besucher, egal ob Urlauber oder Geschäftsleute, entspannen sich an der Lagune, genießen die frische Luft und lassen sich das heilsame Quellwasser schmecken. Firmen nutzen das Ambiente für Geschäftstermine im dortigen Konferenzraum, zumal die Lagune zwischen Flughafen Keflavík und der Inselhauptstadt Reykjavík liegt.

Italien

Im „Land, wo die Zitronen blühen" gibt es ein sehr starkes Nord-Süd-Gefälle. Während Norditalien im Geschäftsleben Deutschland sehr ähnelt, ist Süditalien vergleichsweise konservativ. Frauen in Führungspositionen sind dort eher selten vorzufinden. Geschäftsfrauen sollten darauf eingestellt sein und dennoch selbstbewusst auftreten.

Die Mailänder Skala

In der Mailänder Skala herrscht seit 2007 Jackett- und Krawattenzwang, bei Premieren sollten Herren Schlips und dunklen Anzug tragen. Damen müssen „im Einklang mit dem guten Ton des Theaters" erscheinen.

Grüßen und Begrüßen

Zunächst ist eine Begrüßung per Handschlag normal. Herzlicher grüßen sich Leute, die sich schon länger kennen. In diesem Fall sind eine Umarmung und Küsschen auf die Wangen gängig. Ähnlich wie in Österreich verwenden Italiener gerne Titel (besonders „dottore" oder „professore"). Auch hier punktet man als Ausländer, wenn man ein paar Brocken Italienisch spricht. Der gute Wille zählt. Ein „buon giorno" (Aussprache: buon dschorno) für „guten Tag", „scusi" (Aussprache: skusi) für „entschuldigen Sie bitte" und „arrivederci" (Aussprache: arriwe'dertschi) für „auf Wiedersehen" öffnet auch hier oft Tür und Tor.

Geschäftliche Besonderheiten

Rhetorik, Schnelligkeit und Flexibilität gehören oft zu den italienischen Managerqualitäten. Für Ausländer birgt dies die Gefahr, dass man wichtige Details überhört. Daher darf man einen Geschäftspartner ruhig unterbrechen, um auf das eigentliche Thema zurückzukommen oder Verständnisfragen zu stellen. Verhandlungsergebnisse sollten – wie stets im Geschäftsleben – unbedingt schriftlich fixiert werden. Flexibilität sollte man nicht mit überstürzten Entscheidungen verwechseln. Etwas Bedenkzeit zu erbitten empfiehlt sich manchmal durchaus.

Sonstiges

Die Mafia ist ein absolutes Tabuthema. Italiener wollen nichts davon hören, verstehen keine Witze darüber und fühlen sich schnell auf den Schlips getreten. Niemand weiß genau, wie sehr die Politik und Wirtschaft von ihr unterwandert ist. Weder von Schutzgeld noch Mafia allgemein, noch von sonstigen kriminellen Vereinigungen, wie der Camorra (Neapel) oder der auf Entführungen spezialisierten „anonima sequestri", wollen die Italiener etwas hören.

Die echte Familie dagegen steht bei Italienern sehr hoch im Kurs. Man kann sich ruhig nach dem Befinden der Familie erkundigen. Italiener sprechen normalerweise sehr gerne darüber und führen meist Familienfotos mit sich. Oft laufen Gespräche viel besser, wenn man zuerst „smalltalkt", Familienfotos vorzeigt und dann zu weiteren Vertragsverhandlungen übergeht. Italienisches Essen ist weltweit einzigartig und beliebt. Es eignet sich oft als Auftaktthema eines wundervollen Small Talks.

INFO

TO-DO
- Höflich grüßen
- Verhandlungsergebnisse schriftlich fixieren

TABU
- Gespräche über heikle Themen (Mafia etc.) beginnen
- Ungepflegtes Erscheinungsbild

Lettland

Die Bevölkerung Lettlands setzt sich aus 50 % Letten, ca. 30 % Russen und kleineren Gruppen von Polen und Ukrainern zusammen. Daher wird nicht nur Lettisch gesprochen und verstanden, sondern man kommt auch gut mit Russisch zurecht. 2014 wurde der Euro eingeführt.

Grüßen und Begrüßen

Grüßen und Begrüßen entspricht deutschen Gepflogenheiten.

Geschäftliche Besonderheiten

Oft reagieren Letten zunächst eher zurückhaltend und geben sich skeptisch. Dies ändert sich jedoch meist nach einer gewissen Anlaufzeit. Dann erfolgen in vielen Fällen auch private Einladungen.

Egal, ob privat oder beruflich: Die Kleidung sollte qualitativ gut, aber eher konservativ und keinesfalls zu bunt sein. In gepflegter Kleidung und ordentlichem Schuhwerk zu erscheinen, zeigt dem Gesprächspartner Ihre Wertschätzung. Nachlässigkeiten hingegen interpretieren die Letten leicht als mangelnde Achtung.

Man schätzt Ehrlichkeit und klare Worte, Übertreibungen und Belehrungen werden in Lettland als besonders störend und unhöflich empfunden. Höfliches und bescheidenes Auftreten verspricht den größten Erfolg.

Sonstiges

Trinkgeld ist in den Preisen bereits inbegriffen und daher eher unüblich.

Ein paar freundliche Worte

Guten Tag: labdien

Danke: palideis (Aussprache: pal-dies)

Bitte: ludzu

Auf Wiedersehen: da swidanija

INFO

TO-DO

- Belehrungen vermeiden
- Sachlich bleiben
- Kleine Geschenke mitbringen

TABU

- Abgetragene, schäbige Kleidung tragen
- Extravagante, zu bunte Kleidung tragen
- Politische Themen
- Übertriebene Versprechungen

Litauen

Litauen mit seinen 3,5 Millionen Einwohnern ist Mitglied der Europäischen Union. Seit 1990 orientiert sich das Land westlich und der Euro wurde 2015 eingeführt.

Grüßen und Begrüßen
Die in Deutschland üblichen Regeln gelten entsprechend.

Geschäftliche Besonderheiten
Grundsätzlich verhalten sich Litauer ähnlich wie ihre Nachbarn, die Letten. Zunächst ist man zurückhaltend und reagiert meist etwas distinguiert. Mit viel Sensibilität, höflichem und respektvollem Umgang lässt sich das Eis schnell brechen. Geschäftsbeziehungen werden sehr ernst genommen und sind von Zuverlässigkeit, die auch vom ausländischen Geschäftspartner erwartet wird, geprägt.

Ein paar freundliche Worte
Guten Tag: laba diena
Danke: aciu (Aussprache: atschü)
Bitte: prasan (Aussprache: praschan)
Auf Wiedersehen: viso gero

Österreich und Schweiz

Diese beiden Länder haben mit Deutschland sehr viel gemeinsam. Allen voran die Sprache, wobei in der Schweiz, je nach Region, auch italienisch, rätoromanisch und französisch gesprochen wird.

Grüßen und Begrüßen
Man schüttelt die Hände beim Grüßen und Verabschieden. Die Begrüßung mit Küsschen ist mittlerweile wie in den meisten europäischen Ländern üblich. Auch in Österreich und der Schweiz beschränkt sich die Akkolade jedoch auf Personen, die man näher kennt. „Gnädige Frau“ wird nur in Österreich noch als An-

INFO

TO-DO
- Höfliche Zurückhaltung
- Sensibilität in Verhandlungen

TABU
- Allgemeine Belehrungen

Jagertee

Rein rechtlich dürfen ausschließlich österreichische Produkte unter dem Namen „Jagertee" (gesprochen: Jagatee) verkauft werden. Deutsche Produkte ähnlicher Art können sich künftig „Hüttentee" nennen. Wer in Österreich einen Jagertee, z. B. zum Après-Ski, bestellt, sollte ihn also auch weiterhin so nennen.

rede verwendet. Österreicher lieben Titel aller Art. Einen Vorteil hat dies immerhin: Wer sich Namen schlecht merken kann, der braucht sich nur den Beruf einzuprägen: „Herr Doktor", „Herr Oberstudienrat" etc.

Geschäftliche Besonderheiten

In der Schweiz gelten wie in Deutschland zumindest im Business klare Regeln: Sachlichkeit ist oberstes Gebot, zu langer Small Talk nervt und kostet nur unnötig Zeit. In Österreich hingegen findet man auch im Geschäftsleben immer noch Spuren der sprichwörtlichen, sympathischen Gemütlichkeit. Nicht sofort auf den Punkt zu kommen oder mit der Tür ins Haus zu fallen, gilt als höflich. Auch lange nach Ende der k.u.k.-Monarchie lebt in der Alpenrepublik eine gewisse Achtung für Titel und Hierarchien weiter.

Vorsicht bei „Schwyzerdütsch"

Wer den alemannischen Dialekt „Schwyzerdütsch", also schweizerisches Deutsch, nicht beherrscht, sollte es besser unterlassen, es nachzusprechen, da es sonst auf Einheimische wie eine Verballhornung wirken kann. Die Eidgenossen erwarten auch nicht, dass beispielsweise Deutsche alles verstehen. Immerhin sprechen die Schweizer selbst nicht nur deutsch, sondern auch italienisch, rätoromanisch oder französisch mit schweizerischem Akzent und Silbenrhythmus. Zudem hat fast jeder Kanton seinen speziellen Dialekt. So hört sich ein und dasselbe Wort, je nach Kanton, oft völlig unterschiedlich an. Außerdem gibt es Wörter, die eine ganz andere Bedeutung als in Deutschland haben. Wer fragt, wie viel „Rapport auf einem Harras" sei, möchte wissen, wie viel Pfand er für den Getränkekasten entrichten muss. Wer beispielsweise darauf hin-

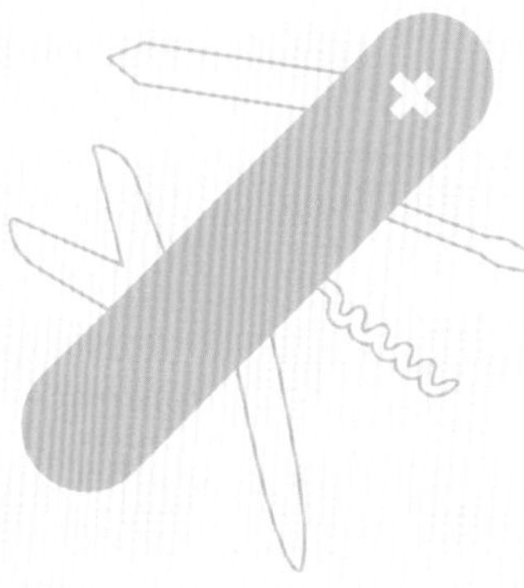

weist, dass er eine Garage hat, der will nicht damit angeben, dass er sein Auto nicht im Freien zu parken braucht, sondern damit ausdrücken, dass er eine Kfz-Werkstätte betreibt.

Polen

Das Verhältnis zwischen Deutschland und Polen ist aufgrund der historischen Vergangenheit nach wie vor von Unsicherheit geprägt. Polen ist überwiegend katholisch. Die 2015 gewählte Regierung der PiS-Partei fährt einen nationalkonservativen Kurs, der im Rest Europas auf große Skepsis stößt. Das Thema eignet sich nicht zum entspannten Small Talk.

Grüßen und Begrüßen

Es gibt kaum Unterschiede zu deutschen Gepflogenheiten. Eines fällt jedoch auf: Frauen werden äußerst galant behandelt und der Handkuss ist sehr beliebt, auch bei jungen Menschen. Der Herr neigt sich zur dargereichten Hand hinab, um den Kuss anzudeuten.

Frauen, die sich gut kennen, küssen sich drei Mal auf die Wange. Wer sich per Handschlag begrüßt, sollte dies nicht über der Türschwelle tun. Dies könnte, so fürchten viele, Unglück bringen. Darüber hinaus nennt man sich gerne beim Vornamen, bleibt aber bei der „Sie"-Form. Auf Titel wird größten Wert gelegt. Nicht nur in der schriftlichen, sondern auch in der mündlichen Anrede. Hier werden nicht nur akademische Grade, sondern auch Berufe und berufliche Positionen (z. B. Herr Direktor) genannt.

Geschäftliche Besonderheiten

Geschäftsbeziehungen werden mit besonderer Herzlichkeit gepflegt und Einladungen des Geschäftspartners in die Privatwohnung sind durchaus üblich. Gegeneinladungen werden gerne angenommen.

Damit die private Plauderei nicht den eigentlichen Zweck der Unterredung überdeckt, sollten Geschäftsleute den „roten Faden" nicht aus den Augen verlieren. Man sollte die Verhandlungen immer wieder auf den Kern zurückführen und darauf hinweisen, dass die Einhaltung der vertraglichen Vereinbarung und der Fristen erwartet wird.

TIPP

In Polen sind die Toiletten für Männer mit einem Dreieck und die für Frauen mit einem Kreis gekennzeichnet.

INFO

TO-DO
- Geschäftliche und private Einladungen aussprechen und annehmen
- Zum Namenstag gratulieren
- Handkuss

TABU
- Handschlag/Begrüßung direkt über Türschwelle

Sonstiges
Mitbringsel sind unverzichtbar. Mit einem Blumenstrauß kann ein Gast nichts falsch machen. Namenstage nehmen in Polen wie in vielen katholischen Ländern einen höheren Stellenwert als Geburtstage ein. Man kann Bonuspunkte sammeln, wenn man den Geschäftspartnern zum Namenstag gratuliert.

Ein paar freundliche Worte
Guten Tag: dzien dobry (Aussprache: dschen dobre)
Danke: dzi’kuje (Aussprache: dschenkuje)
Bitte: prosz’ (Aussprache: prosche)
Auf Wiedersehen: do widzenia (Aussprache: dowidsenja)

Portugal

Das EU-Mitglied Portugal unterhält rege wirtschaftliche Kontakte ins südamerikanische Brasilien. Auf dem alten Kontinent ist Deutschland der wichtigste Handelspartner.

Grüßen und Begrüßen
In Portugal gibt man sich üblicherweise beim Grüßen die Hand. Ein Kuss auf die rechte Wange ist unter Frauen üblich. Männer begrüßen Frauen nur dann per Wangenkuss, wenn sie sie näher kennen.

Geschäftliche Besonderheiten
Bei geschäftlichen Besprechungen empfiehlt sich ein kurzer Small Talk zur Einführung, bevor man auf das eigentliche Thema zu sprechen kommt. Bei Geschäftsessen sollten die geschäftlichen Themen erst nach dem letzten Gang angesprochen werden.
Ganz direkt „Nein“ zu sagen, gilt unter Portugiesen als unhöflich und man versucht auch im Geschäftsle-

INFO

TO-DO
- Personen immer mit Titel ansprechen
- Konservative Kleidung

TABU
- Mit der Tür ins Haus fallen
- Direkt Nein sagen
- Portugal mit Spanien verwechseln

ben ein offenes Nein zu vermeiden. Im Zweifel gilt Schweigen nicht als Zustimmung, sondern als Ablehnung.
Gesprächspartner sollte man mit Titel ansprechen und die geschäftliche Kleidung sollte konservativ sein.

Ein paar Worte Portugiesisch

Portugiesen freuen sich, wenn Fremde ein paar Wörter Portugiesisch sprechen. Erst recht deshalb, da vielen Europäern Spanisch oder Italienisch geläufiger ist. Guten Tag heißt „bom dia" (Aussprache: bong dia), auf Wiedersehen „adeus", danke „obrigado/obrigada" (bei Männern/ Frauen), schön „bonito/bonita" (männliche/weibliche Form) und bitte „de nada" (um auf danke zu er widern) oder „por favor" (um Bitte/ Wunsch zu äußern).

Rumänien

Auch Rumänien weist einige Gemeinsamkeiten mit Deutschland auf, was Umgangsformen anbelangt.

Grüßen und Begrüßen

Die Begrüßung entspricht den in Deutschland üblichen Regeln. Eine Ausnahme bildet der Handkuss. Während dieser in Deutschland unüblich ist, wird er hier gerne gesehen und auch angewandt. Titel sollten sowohl in der schriftlichen als auch in der mündlichen Anrede angeführt werden.

Geschäftliche Besonderheiten

Gut informiert in eine geschäftliche Verhandlung zu gehen schadet nicht, aber Besserwisserei ist absolut nicht angebracht. In rumänischen Firmen herrscht meist ein autoritärer Führungsstil. Daher ist es unerlässlich, Hierarchien und Entscheidungswege genau zu beachten. Im Gespräch und in Verhandlungen werden Offenheit und Ehrlichkeit sehr geschätzt.

Sonstiges

Geschäftsessen erfolgen zwar vorwiegend in Restaurants, aber gelegentlich werden auch private Einladungen ausgesprochen. Hier kommen

TO-DO
- Gastgeschenke (Blumen, Süßigkeiten, Branntwein)
- Beachtung von Hierarchien
- Titel in mündlicher und schriftlicher Anrede nennen

TABU
- Besserwisserei
- Ungeduld

INFO

Blumen, Süßigkeiten oder eine Flasche Branntwein als Mitbringsel für die Gastgeber immer gut an.

Ein paar freundliche Worte
Guten Tag: buna ziua
Danke: multumesc
Bitte: va rog
Auf Wiedersehen: la revedere

Russland

Das Verhältnis zwischen Deutschland und Russland ist problematisch, obwohl Gorbatschow damals zur deutschen Wiedervereinigung beitrug. Mit Machtmenschen vom Schlage Putins zu verhandeln, setzt diplomatisches Gespür, konsequentes Auftreten und Vermeidung von Kontrollverlust voraus.

Grüßen und Begrüßen
Begrüßen erfolgt per Handschlag. Handkuss bei Frauen ist nicht unüblich, im Geschäftsleben aber eher unangebracht. Wer sich gut kennt, begrüßt sich mit Wangenküsschen und herzlicher Umarmung. Vorsichtshalber sollte man sich nicht in dem Moment grüßen, in dem man zur Tür hereinkommt. Abergläubische Russen fürchten, dass dies Unglück bringen könnte.

Geschäftliche Besonderheiten
Manchmal mangelt es an Zeitdisziplin, wenngleich öffentliche Einrichtungen und Behörden einen recht formellen und mitunter machtbe-

TIPP

Russinnen schminken sich, auch tagsüber, auffällig. Für deutsche Gewohnheiten manchmal zu übertrieben für ein Tages-Make-up. Geschäftsfrauen sollten sich nicht irritieren lassen und ihre deutschen Gepflogenheiten (tagsüber dezentes Tages-Make-up, abends gegebenenfalls etwas mehr Glamour) beibehalten.

wussten Stil pflegen. Unternehmen sagen Besprechungen manchmal sehr kurzfristig ab. Eine Begründung wird nicht unbedingt als erforderlich erachtet. Wer in Verhandlungen nachgibt, wird schnell als Schwächling verdächtigt. Daher empfiehlt es sich, Nachteile möglichst als „Win-win-Situationen" zu präsentieren, also so, dass der Geschäftspartner sieht, dass für beide Seiten ein Vorteil eintritt, wenn der Vertrag geschlossen wird. Kreativität, Einfühlungsvermögen und Hartnäckigkeit sind gute Voraussetzungen für geschäftliche Erfolge. Die Zeiten, in denen in Russland Geschäftsverhandlungen von dem ein oder anderen Glas Wodka begleitet wurden, sind übrigens vorbei.

Sonstiges

Wer seinen Teller leer isst, signalisiert, dass er noch nicht satt ist, und erhält daher sofort einen Nachschlag. Legendär ist die Vorliebe der Russen für Wodka. Typischerweise trinkt man das Glas schnell und in einem Zug ganz leer. Russische Gastgeber gehen meist davon aus, dass ihre Gäste gerne mitmachen. Wenigstens das ein oder andere Glas sollte man mittrinken, sonst gilt man schnell als arrogant.

Ein paar freundliche Worte

Guten Tag: dobryi djen
Danke: spasiba
Bitte: paschalusta
Auf Wiedersehen: da swidanija

INFO

TO-DO
- Mitmachen bei Festen
- Hartnäckig verhandeln (möglichst „Win-win-Situation" erzielen)

TABU
- Gruß an der Türschwelle

Slowakei

Seit 1993 ist die Slowakei ein selbstständiger Staat. Seit 2009 gilt der Euro. Die Bevölkerung setzt sich in etwa aus 85 % Slowaken zusammen. Es leben aber auch ca. 10 % Ungarn und ca. 1,5 % Roma in der Slowakei.

Grüßen und Begrüßen

Gerne wird zur Begrüßung ein Slivovica (Zwetschgenschnaps) gereicht. Ansonsten gibt es keine Besonderheiten. Im Schriftverkehr sollte man sämtliche Titel des Angeschriebenen in der Anrede verwenden.

Geschäftliche Besonderheiten

Gespräche erfordern viel Geduld und Durchhaltevermögen. Es kann eine Weile dauern, bis man zum eigentlichen Thema oder gar zu einem Ergebnis kommt. Auch Verständigungsschwierigkeiten können auftreten. Dolmetscher sind bei Geschäftsverhandlungen aus diesem Grund unerlässlich. Skepsis hinsichtlich der versprochenen Leistungsfähigkeit und Einhaltung von Fristen schadet nicht.

Sonstiges

Kleine Geschenke erhalten auch hier die Freundschaft, insbesondere an Geburtstagen und Namenstagen. Bei Einladungen sollte man nie ohne Geschenk (beispielsweise Blumen) erscheinen. Politische Themen sollten gemieden werden.

Ein paar freundliche Worte

Guten Tag: dobr den
Danke: d'akujem
Bitte: prosim (Aussprache: proschim)
Auf Wiedersehen: dovidenia

Slowenien

Slowenien ist seit 1991 unabhängig. Der Euro wurde 2007 eingeführt Das Land ist stark westlich orientiert, entsprechend sind die Verhaltensregeln.

INFO

TO-DO
- Gastgeschenke
- Namenstage beachten
- Anrede mit allen Titeln im Schriftverkehr

TABU
- Innenpolitische Themen
- Politische Vergangenheit

INFO

TO-DO
- Kleine Mitbringsel aus Deutschland, Österreich oder der Schweiz

TABU
- Diskussionen über politische Themen möglichst meiden

Geschäftliche Besonderheiten
Deutsche Produkte und deutsche Qualität haben einen guten Ruf. Überheblichkeit sollte unbedingt vermieden werden.

Ein paar freundliche Worte
Guten Tag: dobr dan
Danke: hvala
Bitte: prosim (Aussprache: proschim)
Auf Wiedersehen: na svidenje

Spanien

In Spanien gibt es ebenfalls wie in Italien regional bedingte gravierende Unterschiede. Besonders die Katalanen (Gegend um Barcelona) und Basken beharren auf ihren Traditionen und ihrer eigenen Identität. Die Katalanen gelten als besonders geschäftstüchtig. Ihre Sprache, wie auch die der Basken, unterscheidet sich vom Spanischen. Sie verstehen zwar Spanisch, kommunizieren aber lieber auf Katalonisch bzw. Baskisch. Für Touristen mag dies zwar verwirrend sein, man kommt aber zur Not auch mit Englisch gut zurecht.

Grüßen und Begrüßen
Mit Herr, Frau oder Fräulein – Señor, Señora oder Señorita – kann man nichts falsch machen, wobei Letzteres in geschäftlichen Besprechungen der Anrede Señora weichen sollte. Der Nachname braucht nicht unbedingt genannt zu werden – es macht sich aber besser. Über ein „Buenos dias" (Guten Tag) und „Hasta la vista" (Auf Wiedersehen) freut sich jeder Spanier.

Geschäftliche Besonderheiten
Während bei privaten Einladungen 30 Minuten Verspätung als Selbstverständlichkeit gelten, zählt im Berufsleben absolute Pünktlichkeit. Die

Uhrzeiten für Besprechungen sowie Beginn und Ende des Arbeitstages unterscheiden sich jedoch deutlich von denen in Deutschland, Österreich und der Schweiz. Vor 9 Uhr beginnt normalerweise niemand mit der Arbeit. Zwischen 14 und 16 Uhr herrscht „Siesta", also eine ausgedehnte Mittagsruhe. Diese Tradition ist durchaus effektiv und hat nichts mit Faulheit zu tun. In der Mittagshitze wäre die Arbeitsleistung einfach schlechter als während der kühleren Tageszeiten. Daher wird oft bis spät in den Abend hinein gearbeitet. Geschäftsessen zu später Stunde sind deshalb auch durchaus üblich.

Gute und schlechte Gesprächsthemen

Ähnlich wie in Italien wird auch in Spanien die Familie groß geschrieben. Die Kontaktpflege ist wichtig und man erzählt auch Geschäftsfreunden gerne von der Familie und erkundigt sich nach deren Familien. Weniger gerne spricht man über das Verhältnis zu Basken und Katalanen. Kritik am Stierkampf könnte auch schnell hitzige Diskussionen auslösen.

Kleidung

Spanier legen größten Wert auf ein gepflegtes Äußeres, elegante und dennoch modische Kleidung, edles Material und schöne Schuhe. Letztere sind zudem ein Exportschlager, sodass das spanische Schuhangebot auch vom Preis-Leistungs-Verhältnis her betrachtet, überwältigend ist. Ein (diskreter) Blick auf das Schuhwerk des Gesprächspartners ist daher keine Seltenheit.

INFO

TO-DO
- Gepflegtes Äußeres
- Nach Familie erkundigen
- Pünktlichkeit bei geschäftlichen Terminen

TABU
- Siesta missachten
- Katalanen und Basken mit kastilischen Spaniern verwechseln

Tschechien

Das Verhältnis zwischen Deutschland und Tschechien ist vor allem bei der älteren Generation noch immer heikel. Die Vergangenheit (Münchner Abkommen von 1938, in dem das „Sudetenland" Reichsgebiet wird, Überfall 1939 mit Einverleibung von Böhmen und Mähren, 1945 Vertreibung der Deutschen aus der Tschechoslowakei) lastet noch immer auf beiden Ländern. Falls man beruflich oder privat in Tschechien ist, sollte man diese Themen möglichst nicht ansprechen.

Grüßen und Begrüßen

Händeschütteln ist nicht zwingend notwendig, wird aber bei ausländischen Gästen meist gemacht.

Geschäftliche Besonderheiten

Die korrekte Anrede mit Titel sollte sowohl mündlich als auch im Schriftverkehr erfolgen. Bei Verhandlungen sprechen Tschechen vertragliche Einzelheiten ohne lange Umschweife an. Auch hier empfiehlt es sich, die Ergebnisse schriftlich festzuhalten, um Missverständnisse zu vermeiden. Für den Fall, dass die Geschäftspartner nicht sofort unterschreiben möchten, sollte man ihnen Bedenkzeit einräumen. Es ist üblich, dass man zunächst alles in Ruhe überprüft und einzelne Punkte modifiziert. Bedenkzeit bedeutet daher nicht automatisch Ablehnung.

Sonstiges

Bewunderung für den berühmten Musiker Antonín Dvořák oder andere Künstler zeigt, dass man sich mit dem Land beschäftigt hat und die Leistungen und Verdienste zu würdigen weiß. Gastgeschenke (Blumen oder Alkoholika) werden ebenfalls geschätzt.

Ein paar freundliche Worte

Guten Tag: dobry den
Danke: dekuji
Bitte: prosim
Auf Wiedersehen: na shledanou

INFO

TO-DO

- Ergebnisse von Verhandlungen schriftlich fixieren
- Bewunderung für tschechische Künstler/Musiker
- Kleine Gastgeschenke

TABU

- Gespräche über deutsch-tschechische Vergangenheit beginnen

Türkei

Die Türkei empfängt den Besucher mit zahllosen Facetten. Während sich Istanbul gerne als Weltstadt präsentiert, in der Frauen nur bei Moscheebesuchen Kopftücher tragen müssen, herrschen in ländlichen Gebieten andere Regeln.

Der Islam steht über allem, Menschenrechte sind ein abstrakter Begriff und Frauen sind nicht gleichberechtigt. Auch wenn man als Besucher durch andere Werte geprägt ist, sollte man tolerant bleiben und akzeptieren, dass sich in fremden Regionen und Religionen über Jahrhunderte andere Maßstäbe entwickelt haben.

Es gibt in der Türkei Themen, die sich nie für Small Talks eignen: die Kurdenfrage, Zypern und das Verhältnis zu Griechenland oder Syrien.

Grüßen und Begrüßen

Herzliche Umarmungen und Küsse auf die Wangen sind unter Türken normal. Ausländer begrüßt man als Sympathiebekundung mit einem langen Händedruck. Dabei wird nur mit der rechten Hand gegrüßt, die linke Hand gilt als unrein. Auf die Frage, wie es einem geht, erwarten die Menschen stets eine positive Antwort. Wer an dieser Stelle klagt, gilt als unhöflich.

Kleidung

Bei privaten Einladungen zieht man oft die Schuhe aus, bevor man die Wohnung betritt. Dies gilt auch für das Betreten heiliger Einrichtungen. Ansonsten legt man großen

TO-DO
- Nur Positives sagen auf die Frage, wie es einem geht
- Schuhe ausziehen, bevor Privatwohnung betreten wird

TABU
- Diskussionen über Zypern, Griechenland oder die Kurden beginnen
- Zu freizügige Kleidung

Wert auf gute Kleidung. Besonders Frauen sollten darauf achten, nicht zu freizügig gekleidet zu sein.

Essen und Geschäftsessen
Schweinefleisch ist für Muslime verboten und wird auch nicht angeboten. Das (religiös bedingte) Alkoholverbot wird hingegen, insbesondere in westlicheren Großstädten, freizügig ausgelegt.

Geschäftliche und sonstige Besonderheiten
Zeit hat man zu haben und Hektik hindert. So oder so ähnlich könnte man die Einstellung zu geschäftlichen Besprechungen in einem Satz beschreiben. Meist entscheiden persönliche Sympathien, ob Geschäfte zustande kommen. Diese lassen sich jedoch schaffen, wenn man gewisse grundsätzliche Regeln beachtet, die auch in den arabischen Ländern gelten.

Ein paar freundliche Worte
Guten Tag: merhaba
Danke: lütfen
Auf Wiedersehen: allaha ismarladik

Ungarn

Deutschland und Ungarn unterhalten enge Geschäftsbeziehungen. In Ungarn sind auch viele deutsche Firmen angesiedelt.

Geschäftliche Besonderheiten
Geschäftliche Besprechungen gestalten sich manchmal etwas umständlich, da es an der für deutsche Manager als absolutes Muss geltenden Flexibilität fehlt. Daher sind Geduld und Nachsicht bzw. Kompromissbereitschaft angebracht.

Sonstiges
Ähnlich wie in Tschechien legt man auch in Ungarn großen Wert auf Namenstage und freut sich über

INFO

TO-DO
- Namenstage bedenken
- Kompromissbereitschaft bei Besprechungen

TABU
- Ungeduld bei Verhandlungen
- Arrogantes Auftreten

Glückwünsche. Ungarn freuen sich auch, wenn man positive Worte (z. B. in einem Small Talk) über den aus Ungarn stammenden Erfinder des Zauberwürfels Ernő Rubik verliert oder ein paar Worte ihrer sehr schweren Sprache spricht.

Ein paar freundliche Worte
Guten Tag: jó napot
Danke: köszönöm
Bitte: kérem
Auf Wiedersehen: viszontlátásra
(Aussprache: wisontlataschra)

Asien

Japan

Japaner legen größten Wert auf gutes Benehmen. Nicht nur im Beruf, sondern auch im Alltag, selbst beim Sport oder beim Teetrinken. Die Kleidung ist stets förmlich. Dunkle Anzüge bei Männern und Hosenanzüge oder Businesskleider bei Frauen, wobei Blusen stets hochgeschlossen sein sollten. Ansonsten gilt Selbstkontrolle als wichtige Eigenschaft. Das Gesicht muss gewahrt werden. Daher wirken Japaner oft sehr förmlich. Wer die Beherrschung verliert, hat als Geschäftspartner verloren. Angenommen, jemand ärgert sich über seinen japanischen Geschäftspartner und „explodiert" vor Wut, so bringt er ihn dadurch in größte Verlegenheit. Diplomatisch geschickter wäre es, dem anderen die Wahrung des Gesichts zu ermöglichen, indem ihm einen würdevollen Rückzug aus der schwierigen Verhandlungssituation ermöglicht wird. Auf diese Art bleibt zumindest die Chance, dass die Vertragsverhandlung nicht endgültig aufgehoben wird, erhalten. Auch sonst erfordern Verhandlungen viel Fingerspitzengefühl.

Grüßen und Begrüßen
In Japan ist die Begrüßung als solche ein wichtiges erstes Zeichen für gute Umgangsformen. Hierzu zählt eine Verbeugung. Je höherrangig der Begrüßte ist, desto tiefer sollte die Verbeugung ausfallen. Die Hände sind dabei aber nicht gebetsartig gefaltet, sondern liegen locker auf den Oberschenkeln. Allerdings

ist im Geschäftsleben ein Handschlag durchaus möglich. Unmittelbar mit der Begrüßung ist, sofern man sich noch nicht kennt, auch die Übergabe von Visitenkarten verbunden. Diese werden mit beiden Händen überreicht und auch entgegengenommen. Wer sie einfach achtlos einsteckt, begeht einen peinlichen Fehler! Der Übergebende fühlt sich dann schnell beleidigt. Wer oft geschäftlich in Japan unterwegs ist, sollte unbedingt seine Visitenkarte auf der Rückseite auch auf Japanisch bedruckt haben. Dort steht üblicherweise zuerst der Zuname und dann der Vorname.

Geschäftsverhandlungen

Wer geschäftlich in Japan zu tun hat, sollte nie zu direkt vorgehen. Kontakte erfolgen meist über Dritte. Japaner machen nämlich nicht gerne Geschäfte mit Fremden. Handelsmessen oder offizielle Handelsdelegationen bieten eine gute Gelegenheit zur Knüpfung von Geschäftskontakten. Gegebenenfalls kann auch die Deutsche Kammer in Japan Kontaktpersonen benennen. Ist der Kontakt einmal aufgebaut, sollte die Beziehung mit Kunden und Partnern gepflegt werden. Kleine Geschenke, die unbedingt hübsch verpackt sein müssen, erhalten den Kontakt. Deutsche Bierkrüge, Kuckucksuhren, oder CDs mit deutscher Volksmusik oder Klassik sind beliebt. Ansonsten freuen sich Japaner immer über landestypische Mitbringsel (französischer Cognac von Franzosen, Holzschuhe von niederländischen Geschäftspartnern etc.). Weiße Blumen sollte man nie verschenken. Sie gelten als Trauerblumen. Ansonsten empfiehlt sich Vorsicht bei Geschenken, die in irgendeinem Zusammenhang mit der Zahl vier stehen. Diese steht für Unglück.

Geschenk und Verpackung

In Japan gelten Geschenkverpackungen fast als Kunstwerke. Die Verpackung muss sorgfältig und kreativ gemacht sein. Geschenke übergibt und empfängt man stets mit beiden Händen. Das Auspacken erfolgt meist erst später.

After-Work-Veranstaltungen

In Japan geht man mit Freunden und Geschäftspartnern gerne Essen und Trinken. Dort wird dann meist über Unverbindliches geplaudert. Jeder erzählt dem anderen etwas, das er vermutlich gerne hört.

Ansonsten unterscheiden Japaner in gewisser Art und Weise dennoch streng zwischen Beruf und Privatleben bzw. zwischen Geschäft und „After Work". Während tagsüber alles sehr formell verläuft, endet der Abend oft laut und feucht-fröhlich bei warmem Reiswein (Sake) und Karaoke-Veranstaltungen. Hier wird sehr viel zugeprostet. Vorsichtshalber sollte man sein Glas irgendwann nicht mehr leer trinken, damit es nicht nachgefüllt werden kann. Außerdem hat derjenige, der den Reiswein spendiert, einen entscheidenden Vorteil: Er ist es, der ausschenkt. Daher braucht er sich

Buddhismus und Zen-Buddhismus

Zen-Buddhismus genießt in Japan hohen Respekt. Zen bedeutet Selbstversenkung. Diese zeigt sich optisch durch die (Sitz-)Meditation. Im 5. Jh. v. Chr. wurde in Indien Siddhartha Gautama als Sohn eines Fürsten geboren. Später lautete sein Name Buddha. Auf Deutsch bedeutet dies „der Erwachte", denn im Alter von 35 hatte er eine Erleuchtung. Daraufhin begab er sich auf den Weg, um die Vergänglichkeit des irdischen Seins zu überwinden, indem er seine Ansicht von der Wahrheit des Leidens und der Überwindung des Leidens verkündete. Diese Lehre ist durch die Werte Toleranz und Milde geprägt. Der Buddhismus zählt zu den Weltreligionen. Die Anhänger werden auf rund 500 Millionen geschätzt.
Die Form des Zen-Buddhismus entwickelte der aus Indien stammende Mönch Bodhidharma, der wahrscheinlich von 440 bis 528 n. Chr. gelebt hat. Im 12. und 13. Jh. fand diese Form des Buddhismus Einzug in Japan. Die Mönche Eisai und Dogen führten sie ein. Kaum ein anderes Land ist so vom Zen-Buddhismus geprägt wie Japan.
Auf nackten Füßen zu gehen, soll beispielsweise die Zen-Mönche lehren, sich Erde und Jahreszeiten enger verbunden zu fühlen. Manche laufen das ganze Jahr über, also auch im Winter, ohne festes Schuhwerk und ohne Strümpfe. Zen beeinflusst die traditionelle Teezeremonie, die Kunst des Blumensteckens (Ikebana) und vieles mehr.

selbst nicht nachzufüllen. Dies fällt nicht einmal unbedingt auf. Was das eigentliche Karaoke-Singen anbelangt, so wird erwartet, dass alle eingeladenen Gäste mitmachen und ihre Gesangskünste zum Besten geben. Dies muss einem auch nicht peinlich sein, da am nächsten Tag kein Wort darüber verloren wird. Dann gilt wieder „business as usual". Man tut, als wäre nichts geschehen.

Japaner und Tee

Tee ist in Japan kein Getränk, sondern eine Zeremonie. Wer ihn nur gegen den Durst trinkt, hat schlechte Karten bei seinem Gastgeber. Der wäre noch enttäuschter als ein Franzose, der mit ansehen müsste, wie ein Ausländer Champagner mit Würfelzucker versüßt und im Sturztrunk trinken würde. Teehäuser gelten als Orte zum Abschalten. Für ein paar Momente entfliehen viele der Hektik des Alltags und finden Ruhe und Entspannung im Teehaus. Es dient der mentalen Stärkung. Viele Teehäuser sind mit Tatamimatten ausgelegt. In den Räumen steht meist ein Eisenkessel mit Wasser auf glühender Holzkohle. Das Ritual des Teebereitens verdient große Aufmerksamkeit. Der Gastgeber nimmt einen kleinen Bambusbesen und zerrührt das Teepulver so lange, bis ein grünlicher Schaum entsteht. Das Gebräu trinkt man meist aus Teeschalen und in nur wenigen (drei) Schlucken. Da der Tee normalerweise leicht bitter schmeckt, reicht der Gastgeber kleine Süßigkeiten (meist aus Reisteig) dazu. Die Zeremonie des Teetrinkens sollte der Gast in Japan zu würdigen wissen.

Japaner und Essen

In Japan ist es durchaus üblich, dass man Reis- und Suppenschüsseln zum Mund führt. Männern ist es sogar erlaubt, Suppennudeln besonders laut und geräuschvoll zu schlürfen und einzusaugen. (Frau-

Stress und der gute Ruf

Die Ruhe, die eine Teezeremonie ausstrahlt, soll auch dazu dienen, Stress besser zu bewältigen. Wer unter Stress steht und sich nicht beherrschen kann, verliert schnell seinen Ruf unter Japanern. Sie empfinden offen ausgetragene Aggressionen als respektlos.

en sollten dies etwas dezenter tun.) Im Restaurant bestellt der Gastgeber. Die Bezahlung übernimmt jedoch derjenige, der als Erster nach der Rechnung verlangt.

Japaner und Sinn für Gelassenheit

Japaner legen Wert auf Gelassenheit. Wenngleich der Schein manchmal trügt angesichts der hektischen Menschenmassen in öffentlichen Verkehrsmitteln. Dennoch herrscht selbst in der Rushhour nicht jene Aggressivität, die in westlichen Großstädten an der Tagesordnung ist. Diese Spur Gelassenheit basiert auf alten Prinzipien. Auch sie fanden ihren Ursprung im Buddhismus. Bescheidenheit, Gelassenheit, Zurückhaltung und die Fähigkeit, innehalten zu können, werden groß geschrieben. Innehalten in der Alltagshektik einer Weltmetropole? In Tokio beispielsweise fällt auf, dass zwischen der Betriebsamkeit

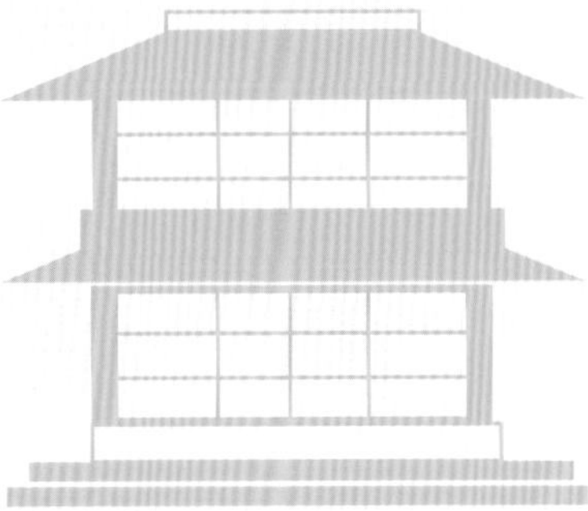

No-Theater

Japaner legen viel Wert auf Ästhetik und geduldiges Zuhören. Ein Beispiel hierfür ist das Interesse für das No-Theater. Es handelt sich um eine künstlerische Darstellungsform, die von symbolischen Gebärden, wenig Sprache und tranceartiger Trommel- und Flötenmusik geprägt ist. Die Schauspieler sind alle männlich. Die wenigen Bewegungen sind auffallend langsam und sollen zur Meditation animieren.

der Großstadt, zwischen Einkaufsstraßen und Bürokomplexen, Tempelanlagen stehen. Viele nehmen sich, trotz allem Stress, die Zeit, um dort ein Räucherstäbchen anzuzünden und für ein paar Minuten abzuschalten. Die Kunst der Gelassenheit, und dazu gehört auch, anderen geduldig zuhören zu können und ihnen nicht ständig ins Wort zu fallen, zählt daher ebenfalls zum guten Ton.

Kein klares Nein

Japaner lieben Harmonie. Es bereitet ihnen Schwierigkeiten, konkrete Fragen konkret zu beantworten, wenn dadurch Disharmonie zu befürchten ist. Angenommen ein deutscher Kunde stellt eine Frage zu einem Projekt (z. B., ob sie den Vertrag mit ihnen abschließen oder nicht), dann sind selbst dann vage Antworten zu erwarten, wenn die japanischen Firmenvertreter bereits ganz genau wissen, dass sie den Vertrag mit einem anderen Geschäftspartner zu schließen beabsichtigen. Vage Antworten wie „Das könnte problematisch sein" oder „Wir werden uns sehr große Mühe geben, um den Vertrag in einer für beide Seiten positiven Modifizierung gestalten zu können" sollten misstrauisch machen. Harmonie ist Japanern wichtiger als Klarheit.

Strenge Benimmregeln beim Sport

Gerade beim Sport herrschen besonders strenge Benimmregeln. Japan ist ein Land der Kampfkünste und in kaum einer Sportart wird gutes Benehmen so groß geschrieben wie bei den Kampfsportarten. Ein Beispiel ist Aikidō. Bereits beim Betreten der Übungshalle (Dojo) muss man sich zur Dojo-Frontseite (quasi zum Sitz der Götter) verbeugen. Beim Betreten der Matte verbeugt man sich erneut, zudem beim Verlassen der Matte und der Halle. Hände und Füße müssen gewaschen sein. Zudem sind lange Finger- und Fußnägel (wegen unnötiger Verletzungsgefahr) verboten. Schmuck muss vor Übungsbeginn (ebenfalls wegen Verletzungsgefahr) abgelegt und die Blase entleert werden.

Der Trainer ist mit Senpai, der Meister mit Sensei anzureden, wobei sich Gleichgestellte mit Namen plus „san" ansprechen. Den Anweisungen des Lehrers/Übungsleiters ist nach dem Reglement sofort und widerspruchslos nachzukommen. Der Lehrer wird während des Unterrichts nur in Ausnahmefällen angesprochen, nachdem sich der Schüler durch eine Verbeugung bemerkbar gemacht hat. Nach Beantworten der gestellten Frage wird ebenfalls gegrüßt. Sowohl Sensei als auch Senpai und Lehrer/Übungsleiter werden grundsätzlich mit einer Verbeugung gegrüßt. Zudem sind höhere Grade stets zu respektieren, ihre Ratschläge ohne Kritik anzunehmen. Andererseits sind

auch alle höheren Grade verpflichtet, den Lernenden behilflich zu sein und sie geduldig und freundschaftlich zu fördern. Eine Aufforderung zum Üben oder zum Kampf hat immer von einem Ranghöheren auszugehen und nicht umgekehrt. Jede Übung muss mit einer Verbeugung begonnen und beendet werden. „Onegai shimasu" steht für sinngemäß „Darf ich bitten?" und gilt als Aufforderung zum Kampf. Mit einem „arigato gozia mashita" bedankt man sich dafür.
Innerhalb des Dojo gelten laute Gespräche und störendes Verhalten als verpönt. Die Dojo-Partner gelten als wichtige Partner auf dem Lebensweg („Do" für Weg/Prinzip/Lehre). Der Umgang soll freundschaftlich, zumindest aber freundlich sein.
Beim Verlassen der Übungsfläche muss man Zorries tragen, die traditionellen Sandalen der Samurai. Auf der Übungsfläche darf man entweder barfuß üben oder mit sogenannten Tabis. Tabis sind die traditionellen Strümpfe der Samurai. Es gibt auch strenge Bekleidungsregeln. Im Training ist ein weißer Gi (Judoanzug) und ein weißer Hakama (Reiterhosenrock, traditionelle Kleidung der Samurai) vorgeschrieben. Kommt ein Schüler zu spät, muss er die gesamte Reigisaho (Etikette) und die Taisho (Aufwärmgymnastik) allein nachholen. Der Gürtel gilt als besondere Auszeichnung für erbrachte Leistungen. Gleichzeitig wird mit ihm angedeutet, welche Aufgaben unmittelbar vor einem stehen. Er soll die Motivation fördern und nicht zu Arroganz und Überheblichkeit führen.

Übertragung der sportlichen Prinzipien auf den Alltag

Der Ehrenkodex von solchen Sportarten wird in aller Regel auch auf den Alltag übertragen. Die International Society For Kuma Ryu Aiki Bu-Jutsu beispielsweise schreibt in ihren Regeln ausdrücklich vor, dass man sich auch außerhalb des Dojo getreu dem Ehrenkodex stets korrekt und anständig verhalten soll. Prahlerei und Show stehen dem seriösen „Do" entgegen. Zurückhaltung und Bescheidenheit gelten eher als ein Zeichen von Souveränität und Stärke als die Vorführung erlernter Techniken. Demnach sollten auch im Privatleben solche Grundsätze angewendet werden.

Geschäftsfrauen in Japan

Frauen haben es in Japan nicht leicht. Zum einen gibt es relativ wenige Frauen, die eine hohe Position in einer japanischen Firma einnehmen.

Erschwerend hinzu kommt die Tatsache, dass sich viele Männer schwer tun, mit Frauen auf gleichberechtigter Ebene geschäftlich umzugehen. Diese Barriere lässt sich jedoch unter Umständen überwinden, indem man gewisse Regeln beachtet – sie betreffen Status, Respekt, Kompetenz und Körpersprache. Letzteres bietet Frauen meist einen großen Vorteil, da sie in der Regel empfänglicher für nonverbale Kommunikation sind als Männer. Frauen, die die Körpersprache richtig interpretieren, können diesen Vorteil nutzen, indem sie die „richtigen" Fragen stellen und adäquate Vorschläge unterbreiten. Ansonsten sollten sich Geschäftsfrauen durch den ältesten männlichen Kollegen vorstellen lassen. Das Alter ist mit Wertschätzung verbunden. Die Kleidung sollte unbedingt förmlich sein. Ein dunkles Kostüm oder ein Hosenanzug, jeweils hochgeschlossen, entspricht den Vorstellungen korrekter Businesskleidung. Im Umgang mit Kunden sollten Geschäftsfrauen (wie ihre männlichen Kollegen ebenso) Respekt ausstrahlen. Aus ihren Visitenkarten und bei schriftlicher Korrespondenz sollte ganz klar hervorgehen, welche Position sie hat und welche Entscheidungsbefugnisse ihr zustehen. Dann sollte sie ihr fachliches Können bzw. ihre berufliche Kompetenz präsentieren. Fachliche Kompetenz lässt sich kaum widerlegen. Kompetenz überzeugt. Allerdings sollte man Angeberei und übertriebene Eitelkeit tunlichst unterlassen.

Große Freude über kleine Worte

Japaner wissen es zu schätzen, wenn der Gast ihnen die Ehre erweist und ein paar Sätze oder Worte in ihrer Sprache gelernt hat. Es zeigt, dass er sie und ihr Land schätzt und ihnen Respekt zollen will. Z. B. ein „konnichi wa" („Guten Tag") und „sayonara" („Auf Wiedersehen"). Folgende Vokabeln steigern die Wertschätzung:

Bitte: sumimasen
Danke: arigato
Ich freue mich: yorokonde imasu
Schön: ii desu
Prost: kampai

Sonstiges

Japanische Geschäftspartner sollte man mit ihrem Familiennamen und der angehängten Silbe „san" ansprechen. Bei geschäftlichen Terminen macht derjenige meist mehr Eindruck, der mit mehreren Kollegen erscheint. Dies drückt nämlich die besondere Wichtigkeit und Wertschätzung des Besuchs aus. Bei Prä-

TO-DO
- Teamwork
- Pünktlichkeit
- Abendliche Treffen von Kollegen/Kunden
- Karaokesingen unter Geschäftspartnern
- Privatwohnung ohne Schuhe betreten
- Geschenke mit beiden Händen reichen
- Visitenkarten beidhändig geben/nehmen
- Sich oft bedanken (jap.: „arigato“)

TABU
- Direktes Vorgehen bei Vertragsverhandlungen
- Disharmonie
- Offene, direkte Kritik
- Lautes Naseschnäuzen/Husten/Niesen
- Weiße Kleidung ohne Trauerfall
- Weiße Blumen als Geschenk
- Die Zahl vier
- Tee hektisch trinken
- Mit der Hand auf den Rücken schlagen zur Begrüßung
- Humor bei Präsentationen
- Permanenter Blickkontakt mit dem Gegenüber
- Wildes Gestikulieren bei Verhandlungen
- Lautes Reden bei geschäftlichen Gesprächen

INFO

sentationen legen Japaner besonders großen Wert auf das Design. Die Folien, Prospekte oder PowerPoint-Präsentationen sollten möglichst ansprechend (Bilder, Skizzen, Tabellen) gestaltet sein.
Über Glückwunschkarten und insbesondere Neujahrskarten freuen sich Japanerinnen und Japaner gleichermaßen. Wer die Geschäftskontakte pflegen und wiederbeleben möchte, der sollte dies beachten und Grüße und Glückwünsche aus Deutschland übermitteln. Natürlich sollte die Karte qualitativ und bildlich besonders ansprechend sein, damit der Empfänger sieht, wie wichtig er dem anderen ist bzw. welche Wertschätzung dieser ihm entgegenbringt. Sondermarken sind daher selbstverständlich.
Wer einmal privat eingeladen wird, sollte Jacke und Schuhe bereits an der Haustür ausziehen. Die Schuhe sollten mit den Spitzen nach außen zeigen. Gute Gastgeber stellen Pantoffeln bereit. Wo die Zimmer nur auf Strümpfen betreten werden, gibt es für die Toiletten extra Schuhe. Lautes Naseschnäuzen, Husten oder Niesen ist unerwünscht.

China

Die Volksrepublik China ist ein Land mit sehr vielen alten Traditionen. Die Sprache ist nicht nur für Europäer sehr schwer zu erlernen. Zumal es die chinesische Sprache an sich nicht gibt. Die verschiedenen Sprachen (Kanton, Mandarin etc.) zeichnen sich hauptsächlich durch identische Schriftzeichen (Buchstaben) aus.
Wie in Japan ist es auch in China sehr wichtig, das Gesicht zu wahren. Man gibt sich reserviert und legt größten Wert auf gute Umgangsformen und richtiges Verhalten.

Grüßen und Begrüßen

Chinesen grüßen ausländische Gäste höflichkeitshalber per Handschlag. Allerdings sollte der Händedruck nicht zu kräftig ausfallen. Chinesische Geschäftsleute geben sich meist förmlich und ziehen den Kontakt mit Geschäftspartnern, die sich einer gewissen Benimm-Etikette bewusst sind, vor. Sie nennen zuerst ihren Nachnamen und dann ihren Vornamen, sprechen sich aber mit Herr/Frau (gegebenenfalls der Titel) plus Nachnamen an. Dies gilt auch für Gesprächspartner. Man verwendet stets den Nachnamen, es sei denn, man wird darum gebeten, einen beim Vornamen zu nennen.

Essen

Chinesen legen großen Wert auf ein gemeinsames Essen. Es ist üblich, dass für alle gemeinsam unterschiedliche Gerichte bestellt werden. Meist wird zumindest ein Gericht mehr aufgetischt, als Gäste eingeladen sind. Von gemeinsamen Platten wird das Essen mit separaten Stäbchen verteilt.
Die Tischmanieren unterscheiden sich sehr von den europäischen Regeln. So zählt Schlürfen und Schmatzen in China zum guten Ton. Gegessen wird mit Stäbchen, wobei die Reisschale zum Mund geführt wird.

Chinesen im Ausland

Die regierende Kommunistische Partei Chinas hat 2007 einen „Verhaltensknigge" für chinesische Reisende ins Ausland erlassen, da „das Verhalten einiger chinesischer Reisender ins Ausland nicht vereinbar mit der zunehmenden wirtschaftlichen Stärke der Nation und ihrer wachsenden internationalen Rolle" sei. Daher sollen Chinesen im Ausland nicht auf die Straße spucken, auf dem WC rauchen, rülpsen oder Abfall in die Landschaft werfen.

Die Stäbchen dürfen nie parallel über, sondern nur neben die Reisschale gelegt werden. Wer satt ist, lässt ein „Anstandshäppchen" auf dem Teller als Zeichen dafür, dass er keinen Nachschlag wünscht. Anders als mit dem „Anstandshäppchen" verhält es sich mit alkoholischen Getränken. Ein halb volles Glas wird sofort nachgefüllt.

Naseputzen bei Tisch ist verpönt. Des Weiteren schätzen es Chinesen, wenn man noch während des gemeinsamen Essens eine Gegeneinladung ausspricht. Der Gastgeber bezahlt in der Regel das Geschäftsessen. Trifft man sich einfach so, ohne dass jemand explizit eingeladen hat, dann dreht sich die Diskussion darum, wer bezahlen darf (nicht muss, sondern darf!). An Geschäftsessen nehmen die Ehefrauen der Geschäftspartner nicht teil.

Wer privat in das Haus eines Chinesen eingeladen wird, sollte Blumen mitbringen, allerdings keine weißen oder gelben. Kleine Gastgeschenke aus Europa sind beliebt, aber es sollten hochwertige Dinge sein. Der Koch oder die Köchin freut sich stets über ein großes Lob. Wer rechts neben dem Gastgeber sitzt und einen Blick zur Tür hat, darf sich glücklich schätzen. Er erhielt den Ehrenplatz.

Gute Beziehungen

Ganz wichtig in China ist ein gutes Netzwerk an Kontakten. Ohne gute Beziehungen (guanxi) läuft gar nichts. Bevor man sich jemanden vorstellen kann, muss ein Kontakt hergestellt werden. Hierfür bieten sich Handelsmessen oder Handelsdelegationen an. Man kann jedoch auch Handelsvertretungen, Unternehmensberater oder Institutionen wie die IHK darum bitten, dass sie einen Kontakt in die Wege leiten.

Kleidung

Im Büro tragen Chinesen die auch in Deutschland übliche Businesskleidung. Bei wichtigen Geschäften ist ein Anzug mit weißem Hemd und konservativer Krawatte geboten. Frauen erscheinen meist in Hosenanzügen oder Kostümen, aber mit hochgeschlossenen Blusen. Die Farben sind eher gedeckt.

> **Chinesische Visitenkarten**
>
> Wer oft geschäftlich mit Chinesen zu tun hat, der sollte sich chinesische Visitenkarten anfertigen lassen. Auf einer Seite in deutscher oder englischer Sprache, auf der anderen Seite in chinesischen Schriftzeichen. Da sich der eigene Name meist nicht übersetzen lässt, sollte jeder über ein entsprechendes „Synonym" nachdenken. Am besten zieht man einen Dolmetscher zurate. Wer seinen eigenen Namen in etwa wortgleich übersetzt, läuft Gefahr, dass sich eine sehr negative oder unpassende Formulierung dahinter verbirgt.

Visitenkarten

Auf chinesischen Visitenkarten stehen zunächst Nach-, dann Vornamen. Die englische Version, die gewöhnlich auf der Rückseite gedruckt ist, führt regelmäßig erst Vor-, dann Nachnamen an. Visitenkarten gelten in China als besonders wertvoll und wichtig. Es ist eine große Ehre, sie auszutauschen. Man übergibt sie mit beiden Händen und nimmt sie auch mit beiden Händen entgegen. Daher gilt es als grob unhöflich, sie einfach einzustecken oder sie gar mit Kugelschreibernotizen zu versehen. Bevor man sein Gegenüber mit Namen anspricht, sollte man sich diesen immer vorsprechen lassen. Viele chinesische Geschäftsleute sprechen englisch, aber um Missverständnisse auszuschließen, ist es bei Verhandlungen und Geschäftsterminen sinnvoll, einen Dolmetscher hinzuzuziehen. Zu Terminen sollte man stets pünktlich erscheinen.

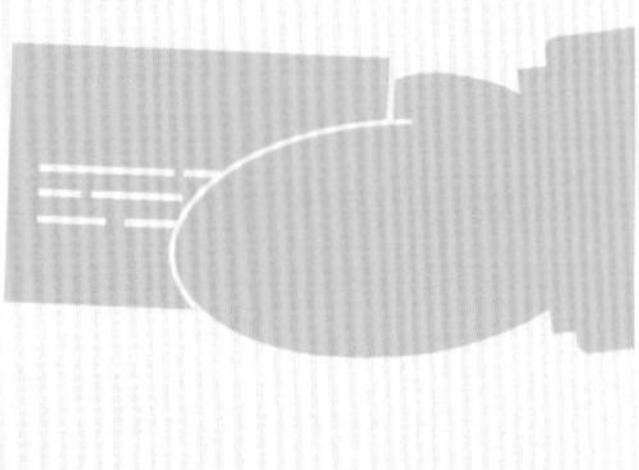

Verhandlungen

Verhandlungen mit Chinesen ziehen sich in der Regel wesentlich länger hin als in den deutschsprachigen Ländern. Hektik ist unangebracht, hektische Gestikulation gilt als Zeichen von Schwäche. Zorn oder Ungeduld wird als mangelnde Selbstkontrolle verstanden und somit als extrem negative Eigenschaft. Bereits eine zu laute Stimme beim Verhandeln wird argwöhnisch zur Kenntnis genommen. Eine kleine Anekdote oder flapsige Bemerkung zum Auftakt einer Präsentation erweckt Missbilligung und gilt als absolut unseriös. Vornehmes Understatement bezogen auf Produkt und Firma vermittelt einen besseren Eindruck. Pressespiegel mit Artikel über das Unternehmen, Geschäftsberichte oder besondere Auszeichnungen wecken mehr Vertrauen. Böse Kommentare über Mitbewerber hingegen machen den Verhandlungspartner misstrauisch. Am besten geht man bei Preiskalkulationen so vor, dass man einen deutlich höheren Preis verlangt, als man unbedingt möchte, um in der Verhandlung noch „nachgeben" zu können. Der chinesische Vertragspartner sollte nämlich keinesfalls sein „Ge-

Chinesen müssen ihr Gesicht wahren

Es gibt nichts Peinlicheres für einen Chinesen, als das „Gesicht zu verlieren". Daher ist es sehr wichtig, dass man dem Chinesen einen würdevollen Rückzug aus einer komplizierten Verhandlungssituation (in der er beispielsweise etwas Unpassendes vorgeschlagen oder behauptet hat) ermöglicht. Dies erfordert sehr viel Fingerspitzengefühl, ist aber für den Vertragsabschluss unerlässlich.

INFO

TO-DO

- Schlürfen und Schmatzen beim Essen
- Begrüßung per Handschlag
- Visitenkarten beidhändig übergeben und annehmen
- Gegeneinladungen aussprechen
- Gedeckte Farben bei Kleidung.
- Respekt vor älteren Personen und den gegebenen Hierarchien
- Absolute Pünktlichkeit
- Küche loben
- Stets darauf achten, dass der andere sein Gesicht wahren kann
- Neujahrskarten senden mit Glückwünschen für Gesundheit und Reichtum.

TABU

- Hektische Gestikulation
- Lautes Reden
- (Innen-)Politische Themen (Tibet, Taiwan)
- Körperbetonte Kleidung bei Frauen
- Stäbchen parallel über Reisschale legen
- Mit Stäbchen auf Leute zeigen
- Tischabfälle in Reisschale werfen
- Stäbchen auf den Boden werfen (bringt angeblich Unglück)
- Weiße oder gelbe Blumen verschenken
- Kritik offen aussprechen

sicht verlieren". Zudem möchte er auf jeden Fall einen guten Abschluss machen und als Gewinner wirken. Chinesen verhandeln oft mit mehreren potenziellen Vertragspartnern und wiegen jedes Detail ab, spontane Entscheidungen gelten hier als schlechte Entscheidungen. Niemand sollte sich durch freundlich lächelnden Gesichter irritieren lassen.

Kein Nein

Es gilt als extrem unhöflich, ganz einfach „Nein" zu sagen. Chinesen sprechen eher davon, dass etwas kompliziert zu werden verspreche, aber dass man alles erdenklich Mögliche in die Wege leiten wolle, um das Projekt zu realisieren. Daher können auch Deutsche diese Strategie pflegen.

Sonstiges

Respekt vor dem Alter gilt in China als unerlässlich. Zudem sollten Hierarchien, Machtverhältnisse, Familie sowie die kommunistische Partei respektiert werden. Große Bedeutung hat das chinesische Neujahrsfest. Chinesen freuen sich über Neujahrskarten mit den besten Wünschen für Gesundheit und Reichtum.

Die Farbe Rot gilt als Glücksfarbe, daher tragen Bräute sie. Schwarz und Weiß stehen für Trauer. Bunte Kleidung trägt man auf Hochzeiten.

Indien

Der indische Subkontinent gewinnt als Wirtschaftsstandort zunehmend an Bedeutung. Computerfachkräfte aus Indien sind in Deutschland sehr gefragt. Bei einer Reise – privat oder geschäftlich – erwartet den Reisenden ein Land voller Gegensätze. Indien galt lange als britische Kolonie, sodass der englische Einfluss in vielen Bereichen noch spürbar ist. Mit Englisch kommt man deswegen in Indien gut durch. Für Konflikte sorgen immer wieder die Spannungen zwischen dem hinduistischen Teil der Bevölkerung und dem muslimischen. So sollte man unbedingt beachten, dass für Hindus Kühe als heilige Tiere gelten. Wie in anderen islamischen Ländern ist zu beachten, dass die indischen Moslems kein Schweinefleisch essen. Soziale Hierarchien im Zusammenhang mit dem indischen Kastensystem sorgen oft für Verwirrung.

TO-DO

- Einladungen
- Gastgeschenke (keine Lederwaren)
- Gemäßigte Kleidung bei Frauen
- Helle Businesskleidung
- Gespräche über indische Tradition
- Gespräche über Sport (vor allem Kricket)

TABU

- Heilige Stätten mit Schuhen betreten
- Wohnungen mit Schuhen betreten
- Schweinefleisch für Muslime
- Rindfleisch für Hindus
- Zeitdruck bei Verhandlungen
- Schwarze/dunkle Kleidung allgemein

Grüßen und Begrüßen

Grundsätzlich legt man die Hände aneinander, verschränkt sie vor der Brust und verbeugt sich leicht. Inder legen Wert auf das Nennen von Titeln wie Doktor oder Professor. Mit Vornamen begrüßen sich nur enge Freunde.

Allgemeines

Auch in Indien wird nur mit der rechten Hand gegessen, da die linke Hand als unrein und ausschließlich zu hygienischen Zwecken gebraucht wird. Nach dem Essen sollte man sich allerdings nicht für das köstliche Mahl bedanken, da dies in Indien seltsamerweise als Beleidigung aufgefasst wird. Gastgeschenke sind natürlich auch in Indien sehr willkommen. Besonders westliche Erzeugnisse, wie Whisky und regionale Spezialitäten, werden gerne gesehen. Lederwaren sollten nie verschenkt werden, da Kühe als heilige Tiere gelten.

Thailand

Obwohl die Revolution 1932 die absolute Monarchie beendete, spielt das thailändische Königshaus eine angesehene und einigende Rolle. Die Bevölkerung hatte großen Respekt vor „Seiner Majestät König Bhumipol“, der im Herbst 2016 starb, und seiner Frau, der Königin Sirikit. Knapp zwei Monate nach seinem Tod trat sein Sohn als Kronprinz die Thronfolge an. Sein formeller Titel lautet Rama X.

Grüßen und Begrüßen

Die Hände werden mit der Innenfläche gebetsartig zusammengelegt, und man deutet eine Verbeugung an. Dies steht für Begrüßung, Respekt oder Bitte um Verzeihung. Im Businessleben wird die Hand gereicht.

Geschäftliche Besonderheiten

Wer Unternehmen kontaktieren möchte, sollte vorher Beziehungen, z. B. persönliche Gespräche mit Firmenvertretern auf Messen, aufbauen. Gute Karten haben jene, die sich von renommierten Personen oder Institutionen einführen und vorstellen lassen. Man sagt ungern „nein", da es andere blamieren könnte. Daher sollte man genau beobachten und entsprechende Fragen stellen, um herauszufinden, wie ein mit einem freundlichen Lächeln verknüpftes „Ja" gemeint sein könnte. Offene Kritik ist unerwünscht. Offensichtliche Fehler des anderen sollten nicht direkt und vor allem nicht vor den Augen und Ohren Dritter gerügt werden. Er könnte sein Gesicht verlieren. Höflichkeit eröffnet Vertrauen und ebnet Fremden bei konsequentem Vorgehen den Weg zu Vertragsabschlüssen. Wer Kurzarmhemden trägt, gilt als arm, was im Businessalltag unvorteilhaft ist.

Sonstiges

Über ein Mitbringsel freuen sich alle, auch über Trinkgelder, die aber nicht unbedingt erwartet werden. Der Kopf gilt als heilig und sollte nie berührt werden. Die Füße gelten als unedelste Körperteile. Daher sollte man nie die Beine übereinanderschlagen oder mit den Fußspitzen auf jemanden zeigen. Dennoch müssen Schuhe beim Betreten von

INFO

TO-DO

- Gute Vorbereitung auf geschäftliche Treffen
- Mitbringsel, z. B. Flasche teurer Alkohol
- Tiefe Verbeugung mit gebetsartig parallel aneinandergelegten Handinnenflächen

TABU

- Die Farben Schwarz und Weiß
- Blumen als Mitbringsel
- Türschwelle des Hauses beim Betreten berühren
- Den Kopf von anderen anfassen
- Kurze Hosen an religiösen Stätten
- Anfassen von Bildern, die den König oder Mitglieder der königlichen Familie darstellen

Tempeln ausgezogen werden. Die Farben Schwarz und Weiß gelten als Trauerfarbe für Beerdigungen. Die Türschwelle des Hauses sollte beim Betreten nicht berührt werden. Kurze Hosen an religiösen Stätten sind verpönt und Bilder, die den König zeigen, darf man nicht anfassen.
Über ein paar Worte in der Landessprache freut man sich, da es zeigt, dass sich der Gast mit dem Land beschäftigt hat. Als Tourist sollte man mit Taxi- oder Tuk-Tuk-Fahrern unbedingt vorab über den Preis verhandeln. An den Flughäfen gibt es seriöse Taxis zu Festpreisen. Tipp: Trinkgeld ggf. in einheimischer Währung Baht geben, falls der Dollarkurs hoch ist, denn viele Preise sind in Dollar ausgezeichnet. Zudem schadet es nicht, dass man einen Fixpreis mit dem Fahrer aushandelt und verspricht, dass man den Betrag X dazuzahle, falls man mit der Fahrt zufrieden sei. Dies motiviert den Fahrer und alles verläuft entspannter.

Ein paar freundliche Worte

Guten Tag: sawadi khap (Männer), sawadi kah (Frauen)
Danke: kob khun krap (Männer), kob khun kah (Frauen)
Bitte: dschön
Auf Wiedersehen: laö pop gän mai/ sawadi

Malaysia

Im Geschäftsleben kommuniziert man in der früheren britischen Kolonie auf Englisch, wobei auch indische und chinesische Sprachen und natürlich Malaysisch gesprochen wird.

Grüßen und Begrüßen

Frauen reichen die Hand zuerst. Der Händedruck ist leicht. Titel nennt man sowohl in mündlicher als auch schriftlicher Anrede.

Geschäftliche Besonderheiten

Etikette wird in Malaysia großgeschrieben. Nachlässig gekleideten Taxifahrern droht eine Geldstrafe, wenn sie keine weißen Hemden

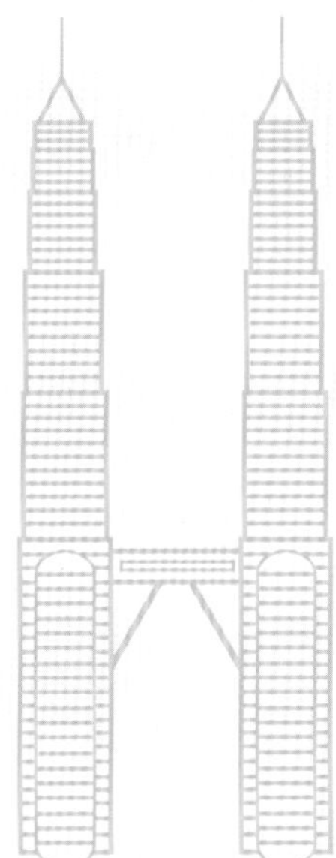

INFO

TO-DO
- Höfliche Zurückhaltung
- Damen reichen die Hand zuerst

TABU
- Alkohol und Schweinefleisch bei Muslimen
- Rindfleisch bei Hindus
- Küssen (oder Umarmen) in der Öffentlichkeit
- Diskussionen über religiöse Themen

und schwarze Hosen tragen oder das Hemd über der Hose hängt. Im Geschäftsleben sind Krawatten und langarmige Hemden unverzichtbar.

Sonstiges
Neben höflicher Zurückhaltung sind kleine, aber typische Mitbringsel aus Deutschland, Österreich und der Schweiz gerne gesehen. Privateinladungen erfolgen in der Regel mündlich. Süßigkeiten und auch Blumen, aber nicht in Weiß oder Gelb, eignen sich als Gastgeschenk.
Ein paar Worte in der malaysischen Sprache zeigen, dass man sich mit dem Land beschäftigt hat und den Ansprechpartnern eine Ehre erweisen möchte. Mit den Einheimischen kann man die Aussprache üben.

Ein paar freundliche Worte
Guten Tag: selamat tengahari
Danke: tarimakasih
Bitte: sila
Auf Wiedersehen: jumpa lagi

Philippinen

Die philippinische Bevölkerung setzt sich aus vielen verschiedenen Gruppen zusammen, die sukzessive aus Taiwan und Südchina eingewandert sind. Hinzu kommen Indonesier, Polynesier, Chinesen und Inder. Daher werden sehr viele verschiedene Sprachen auf den ca. 7000 verschiedenen Inseln der Philippinen gesprochen. 90 % der Bevölkerung sind seit der spanischen Kolonialzeit Christen.

Es gibt einen guten Einstieg für Gespräche: Der philippinische Nationalheld José Rizal studierte Medizin in Heidelberg! Bekannt wurde er dadurch, dass er Schillers „Wilhelm Tell" in Tagalog übersetzte, auf dem die heutige Amtssprache Filipino basiert.

Grüßen und Begrüßen

Die Leute reichen sich die Hand wie in Deutschland, gehen aber relativ schnell zum „Du" über, was natürlich keine Rolle spielt, sollte man sich auf Englisch unterhalten. Visitenkarten sollte man stets parat haben.

Geschäftliche Besonderheiten

Man gibt sich weltoffen, erwartet aber, dass potenzielle Geschäftspartner zunächst zuhören, dann ihre Meinung äußern. Ungeduld ist unerwünscht. Höflichkeit eröffnet auch hier Vertrauen und ebnet den Weg zu Vertragsabschlüssen. Im Vergleich zu anderen asiatischen Ländern gelten die Philippinen als relativ weltoffen und unkompliziert. Zieht der Gastgeber sein Jackett aus, darf der Gast es ihm nachmachen.

Sonstiges

Neben der höflichen Zurückhaltung sind kleine, aber typische Mitbringsel aus Europa gerne gesehen. Blumen sind jedoch unerwünscht. Über ein paar Worte in der Landessprache, also der Sprache, die am häufigsten gesprochen wird, nämlich Filipino, freut man sich. Spanisch oder vor allem Englisch wird fast überall verstanden. Über Religion sollte man besser keine Diskussion starten. Ältere Menschen erwarten einen besonderen „Respekt vor dem Alter".

Ein paar freundliche Worte

Guten Morgen: magandang umaga
Danke: salamat
Bitte: pakinsap
Auf Wiedersehen: paalam
Ja: o-o
Nein: hindi

INFO

TO-DO

- Genug Visitenkarten bei sich führen
- Typische Mitbringsel aus Europa, aber keine Blumen!
- Respekt vor älteren Menschen

TABU

- Schweinefleisch für Moslems
- Diskussionen über Religion

Singapur

Singapur gilt als multikulturelles Land. Dort leben ca. 75 % Chinesen, 15 % Malaysier, zudem Inder, Pakistani und Sri Lanker. Man spricht hauptsächlich chinesisch und englisch. Es gibt zudem viele verschiedene Religionsgruppen, z. B. Christen, Buddhisten, Muslime und Sikhs.

Grüßen und Begrüßen

Die Hand darf nicht zu fest gedrückt werden. Vorsichtshalber warten Männer, bis Frauen ihnen die Hand zum Gruß reichen.

Geschäftliche Besonderheiten

Man erwartet Pünktlichkeit und chinesische Verhandlungsmanieren (siehe China). Das bedeutet, dass Geschäftspartnern nicht direkt widersprochen wird bzw. dass ein „Ja" nicht unbedingt Zustimmung bedeutet. Wenn es aber um Geld geht, wird hart verhandelt. Autoritär geführte Unternehmen ermöglichen raschere Entscheidungen. Wer gefragt wird, wie seine Geschäfte laufen, braucht sich nicht zu wundern. Dies ist eine pure Höflichkeitsfloskel und man erwartet, dass der Gefragte (jammernd) sagt, dass sie „leidlich" gingen. Wer gefragt wird, ob er schon gegessen habe, braucht dies nicht als Essenseinladung zu interpretieren. Man sagt einfach „Ja, danke".

Sonstiges

Mitbringsel sind nur bei Privatbesuchen üblich. Blumen eignen sich nie als Geschenk. Alles was mit den Farben Schwarz, Weiß oder Blau zu tun hat, wirkt negativ. Diese Farben stehen für Trauer. Rot und Gelb verkünden Glück. Ansonsten gelten die chinesischen Regeln. Die Visitenkarte sollte daher auch zweisprachig ausfallen. Über ein paar Worte Mandarin freut man sich (siehe China).

INFO

TO-DO

- Pünktlichkeit
- Höflichkeitsfragen (Geschäfte, Essen) nur mit Standardsatz beantworten

TABU

- Politische Themen (Todesstrafe, Prügelstrafe) von sich aus ansprechen
- Religiöse Themen von sich aus ansprechen

Indonesien

Indonesien ist die größte muslimische Nation der Welt. Es gibt trotz des Wirtschaftswachstums viel Armut. Höflichkeit wird groß geschrieben.

Grüßen und Begrüßen

Die Hand wird nicht zu stark gedrückt. Nur enge Freunde und Bekannte umarmen sich oder geben Begrüßungsküsse.

Geschäftliche Besonderheiten

Man erwartet, dass Geschäftspartner unabhängig vom Wetter stets formell gekleidet erscheinen. Titel spielen eine wichtige Rolle und sollten zumindest bei Schriftstücken stets genannt werden. Vertragsabschlüsse erfordern meist mehrere Treffen.

Sonstiges

Privateinladungen sind selten, erfolgen meist mündlich und man freut sich über ein Geschenk. Heikle Themen, wie beispielsweise Osttimor, sollte man meiden. Über ein paar Worte in der Landessprache freut man sich auch hier.

Ein paar freundliche Worte

Guten Tag: selamat siang, von 15 bis 18 Uhr: selamat sore
Danke: terimah kasih
Bitte: silakan

Vietnam

In Vietnam sprechen viele Menschen deutsch, weil sie in der einstigen DDR studierten oder arbeiteten.

INFO

TO-DO

- Typische Mitbringsel aus dem Westen
- Formelle Kleidung auch bei hohen Temperaturen

TABU

- Gespräch über Osttimor beginnen
- Ungeduld bei Verhandlungen

Deutschland ist in Vietnam beliebt. Zum Thema Essen: Für viele Vietnamesen gelten Ratten als Delikatesse. Andererseits gilt das Mekong-Delta als Reis-, Gemüse- und Früchtekammer des Landes. Insbesondere bei einem Hinweis hierauf wird jeder verstehen, dass der Fremde vegetarische Gerichte bestellt. Besonders beliebt ist der dortige Kaffee. Vietnam zählt zu den wichtigsten Exportländern von Kaffee.

Knigge für Polizisten

Polizisten, die gegen regierungsinterne Knigge-Regeln verstoßen, drohen Strafen. Sie müssen z. B. eine saubere Uniform tragen und dürfen niemanden beleidigen.

Grüßen und Begrüßen

Die Hand wird geschüttelt. Frauen spricht man mit „Madame“ an.

Geschäftliche Besonderheiten

Man erwartet, dass Geschäftspartner ihr Gegenüber gleichwertig behandeln. Höflichkeit ist Trumpf, Pünktlichkeit selbstverständlich. Vorsichtshalber sollte man sich stets vergewissern, dass der Gesprächspartner echte Entscheidungsbefugnisse hat und der richtige Ansprechpartner ist. Scheinwissen ist gefährlich. Informationen müssen daher genauestens nachrecherchiert werden. Zeit und Geld sind unerlässlich. Vertragspartner freuen sich über ein wertvolles Geschenk. Geschenke für die Familie sind ebenfalls willkommen.

INFO

TO-DO
- Typische Mitbringsel aus Deutschland, Österreich oder der Schweiz
- Bei geschäftlichen Terminen kritisch auf Entscheidungsbefugnis des Geschäftspartners achten

TABU
- Diskussionen über China
- Unpünktlichkeit.
- Kurze Hosen, ärmellose Oberteile

Sonstiges

Neben der höflichen Zurückhaltung sind auf privater Ebene kleine, aber typische Mitbringsel aus Deutschland, Österreich oder der Schweiz gerne gesehen. Auch für die Kinder. In der Öffentlichkeit kann man zwar legerer gekleidet, aber nicht in kurzen Hosen oder ärmellosen Oberteilen auftauchen. Das Thema China sollte tunlichst gemieden werden.

Ein paar freundliche Worte

Guten Tag: tschao ba (zu Frauen), tschao ong (zu Männern)
Danke: kam on
Bitte: sin moi
Auf Wiedersehen: tam biet

Naher Osten

Arabische Länder

Alle arabischen Länder sind vom Islam geprägt. Dies ist auch im Geschäftsleben sichtbar. Während bei uns Samstag und Sonntag in der Regel (vom Dienstleistungsgewerbe und Handel abgesehen) arbeitsfrei sind, ist dies im Nahen Osten anders. Dort ist der Donnerstag mit Samstag vergleichbar und der Freitag mit unserem Sonntag. Bei Geschäftsterminen mit Kunden sollte dies bedacht werden.

Grüßen und Begrüßen

Eine Begrüßung per Handschlag ist normal, wobei es als Zeichen besonderer Sympathie gilt, wenn die Hand etwas länger gehalten wird.

Geschäftliche Besonderheiten

Zeit hat man zu haben und Hektik hindert. So oder ähnlich könnte man die Einstellung zu geschäftlichen Besprechungen beschreiben. Meist entscheiden persönliche Sympathien, ob Geschäfte zustande kommen. Visitenkarten übergibt man mit der rechten Hand, da die linke Hand als unrein gilt. Für ihren emotionalen Verhandlungsstil sind vielen Arabern Besprechungszimmer in Büros

zu neutral. Daher geht man lieber in Cafés oder in Restaurants. Zeit zählt, allerdings nicht so wie im Westen, wo nach dem Motto „Zeit ist Geld" gehandelt wird. Hier benötigt man viel Zeit, viel Geduld und viel Nachsicht mit dem Gesprächspartner. Eine Verhandlung will so geführt sein, dass zum Schluss jedem ein Gewinn winkt. Gerne erfolgen Besprechungen im Ambiente von ruhigeren Hotels oder Restaurants.

Beim Essen und Trinken gelten auch hier einheitliche Regeln. Man isst nur mit der rechten Hand. Vor und nach dem Essen sollte man das Händewaschen nicht vergessen. Wer satt ist, belässt einen „Anstandsrest" auf seinem Teller. Dies gilt als Zeichen dafür, dass er keinen Hunger mehr hat. Alkohol ist tabu und steht oft nur in touristisch erschlossenen Gebieten auf der Getränkekarte. Man orientiert sich daher besser daran, was der Geschäftspartner bestellt. Kaffee trinken signalisiert, dass man bald gehen möchte.

In größeren Städten und internationalen Hotelketten weisen Rechnungen fast überall 10 % „service charge" auf. Sollte dies nicht der Fall sein, dann gibt man ca. 10 % Trinkgeld. In Ägypten beispielsweise wird für die geringste Dienstleistung Trinkgeld (Bakschisch) erwartet. Über Angebote von einzelnen Markenzigaretten freut sich jeder. Viel Taktgefühl ist vonnöten, wenn man Menschen, insbesondere Frauen, fotografieren möchte. Hier muss man vorher um Erlaubnis fragen.

Achtung, Ramadan!

Der Ramadan gilt als heiliger Monat der Moslems. Dies ist die Zeit des Betens und des Fastens. Er wirkt sich sogar auf das ganze öffentliche Leben aus. Von Sonnenaufgang bis Sonnenuntergang darf weder gegessen noch getrunken oder geraucht werden. Vereinfacht gesagt ist alles verboten, was Freude macht. Restaurants und Läden öffnen daher erst abends. Immerhin enden die Öffnungszeiten erst nach Mitternacht. Dies sollten nicht nur Urlauber, sondern vor allem Geschäftsleute in ihrem jährlichen Terminplan beachten.

Allgemeine Regeln

Die öffentliche Verwaltung bzw. Leute in Uniform kommen sich oft wichtig vor und man gibt sich machtbewusst. Netzwerke sollten gepflegt und Beziehungen genutzt werden. Man liebt kleine Aufmerksamkeiten und möchte gelobt werden. Kritik sollte daher höchst diplomatisch erfolgen. Dies könnte so aussehen, dass man zunächst etwas Positives besonders hervorhebt, lobt und

Die richtige Anrede

Scheich oder Scheik gilt als respektvolle Anrede für einen reichen, einflussreichen oder älteren Mann. Minister spricht man mit „Exzellenz" an. Vorsichtshalber sollte man sich vorab genau erkundigen, mit wem man es zu tun haben wird.

dann fragt, ob man dies nicht noch besser machen könnte, indem man anders vorgehe. Die Ehre steht über allem und Kritik gilt schnell als persönlich gemeint und ehrverletzend.

Manchmal ist kein Taktgefühl nötig

Kein Taktgefühl ist erforderlich, um aufdringliche Händler in die Schranken zu weisen. Oft sprechen diese zufällig ein paar Worte Deutsch, haben zufällig Bekannte, Verwandte oder Freunde, die in genau der Stadt studieren oder arbeiten, aus der man kommt. Aus diesem Grund laden sie einen zu einem Tee ein in einem Laden, in dem sie dann zu überteuerten Preisen Souvenirs zum „Schnäppchenpreis" anbieten. Hier darf resolut und in aller Deutlichkeit abgelehnt werden. Notfalls sagt man „maalesch". Dies ist arabisch und bedeutet sinngemäß, dass man sich nichts daraus machen solle, weil es das Schicksal so wolle.

(Geschäfts-)Frauen in arabischen Ländern

Nicht viele arabische Länder gewähren Frauen dieselben Rechte wie Männern. Zu den großen Ausnahmen zählte Libyen. Dort waren vor der Revolution alle Frauen frei vom Schleierzwang, konnten nicht vom Ehemann verstoßen werden, durften studieren und hatten viele Karrierechancen. Mittlerweile bestimmen Warlords die Regeln. Gegebenenfalls sollte sich jede Reisende vorab beim Auswärtigen Amt erkundigen, falls sie in solche Gebiete reist.

Im Jemen beschränkt sich die Rolle der Frau auf Haus und Kinder und in

INFO

TO-DO
- Ramadan bei Terminplanung beachten
- Bakschisch (Trinkgeld) für die geringste Kleinigkeit parat halten
- Geduld bei Besprechungen

TABU
- Alkohol in der Öffentlichkeit
- Religiöse Themen ansprechen
- Diskussion über politische Themen (z. B. Israel) starten
- Heilige Stätten mit Schuhen betreten

Saudi-Arabien dürfen Frauen keine öffentlichen Ämter belegen. Selbst Autofahren ist Frauen grundsätzlich verboten. (Mehr dazu im Abschnitt „Frauen allein auf Reisen".)

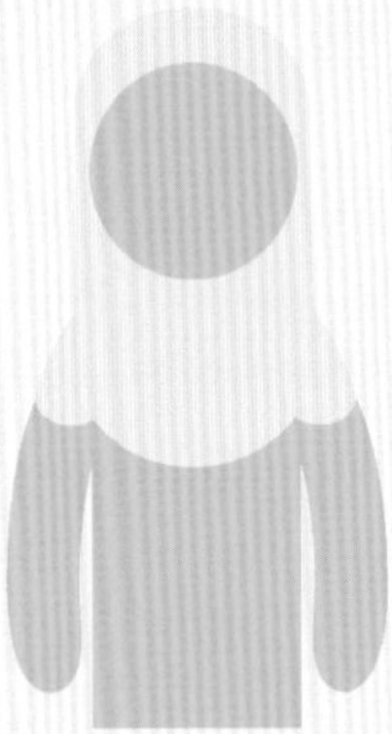

Sonstiges
Manches sollte man besser nicht ansprechen, um Missverständnisse zu vermeiden. Dazu zählen Politik und Religion. Bei Einladungen zieht man die Schuhe aus, bevor man die Wohnung betritt. Dies gilt auch für das Betreten heiliger Einrichtungen. Musik und Literatur aus dem Westen sind (insbesondere im Iran) unerwünscht. Der Konsum von alkoholischen Getränken ist verpönt. In manchen islamischen Ländern (z. B. Iran) müssen Frauen blickdichte Kopftücher tragen und dunkle Mäntel. Generell sollte man politische und/oder religiöse Themen in arabischen Ländern besser nicht ansprechen. Obwohl die Vereinigten Arabischen Emirate als tolerant gelten, sind Küsse zwischen Mann und Frau in der Öffentlichkeit, auch auf die Wange, verboten. Hier drohen sogar Gefängnisstrafen.

Israel

Als krasser Gegensatz zur arabischen Welt wirkt Ägyptens Nachbarland Israel. Auf Deutschland lastet, insbesondere für ältere Menschen, noch immer die dunkle Vergangenheit des Holocaust. Dies erfordert allerhöchste Sensibilität. Darüber hinaus steht Deutschland mit dem Nachbarland Palästina sehr stark in diplomatischem Kontakt. Die Palästinenser schätzen Deutschland sehr. Palästinenser gelten aber als Hauptfeinde der Israelis. Seit Jahren gibt es immer wieder Streitigkeiten und

Attentate in Israel und den autonomen Palästinensergebieten. Wer als Deutscher nichtjüdischen Glaubens beruflich oder privat nach Israel reist, sollte höchst sensibel sein und nicht negativ auffallen.

Grüßen und Begrüßen

Es gibt, von einer Ausnahme abgesehen, keine gravierenden Unterschiede zu westlichen Ländern. „Shalom" lautet die gängige Begrüßung. Eines ist jedoch verboten: Frauen dürfen strenggläubige Juden (an Kleidung bzw. Haaren erkennbar) nicht berühren. Insoweit entfällt normalerweise ein Handschlag zur Begrüßung. In der Praxis reichen auch viele orthodoxe Juden Frauen die Hand.

Kritiker gehen zunehmend davon aus, dass es weder eine talmudische noch eine biblische Vorschrift (Halacha) für dieses Verbot gebe. Im Zweifel sollte ein Handschlag nur erwidert werden, wenn der andere seine Hand reicht.

Geschäftliche Besonderheiten

Besprechungen erfolgen, wie in Deutschland, zielstrebig und direkt. Man kommt schnell zum Punkt, hält sich möglichst an die Tagesordnungen und fixiert vertragliche Vereinbarungen schriftlich. Die Wochenenden definieren sich in Israel aber anders. Der Sabbat startet am Freitag, wenn die Sonne untergeht. Der samstägliche Sonnenuntergang beendet ihn. Daher arbeitet man freitags nur halbtags. Für Besprechungen eignet sich dieser Tag daher nicht unbedingt. Ähnlich wie in Griechenland tragen Männer an besonders heißen Tagen keine Krawatte. Wer eine Synagoge besucht, muss den Kopf bedecken. Männer tragen daher eine Kipa (kleine kreisrunde Kappe) und Frauen ein Kopftuch. Diese liegen aber am Gebäudeeingang bereit.

Australien und Neuseeland

Beide Länder weisen aufgrund ihrer gemeinsamen britischen Kolonialvergangenheit starke Ähnlichkeiten auf. Aber nicht nur der britische Einfluss ist allgegenwärtig. Auch die Kultur der australischen Ureinwohner (Aborigines) sowie die der Maori in Neuseeland sind ein wesentlicher Bestandteil beider Länder. War es früher eine Strafkolonie am anderen Ende der Welt, so ist Australien schon aufgrund seiner geogra-

fischen Besonderheiten heute ein beliebtes Reiseziel geworden. Ähnlich verhält es sich mit Neuseeland, das ebenfalls spektakuläre Landschaften zu bieten hat.

Besonderheiten in Australien

- Essen: Gabeleinsatz wie in England
- Hand liegt beim Essen im Schoß

Besonderheiten in Neuseeland

- Kaugummi kauen ist verpönt
- Zahnstocher öffentlich benutzen ebenso

INFO

TO-DO

- Gastgeschenke
- Bescheidenheit
- Wein als Geschenk bei Einladung zum Essen

TABU

- Unpünktlichkeit
- Aussies (Australier) mit Kiwis (Neuseeländer) verwechseln
- Lautes Auftreten

Frauen allein auf Reisen

Auch wenn es keine Seltenheit mehr ist, wenn Geschäftsfrauen oder Touristinnen allein verreisen, werden sie immer noch oft weniger gut behandelt als Männer oder Paare. Man kann als Frau aber das Verhalten des Gegenübers durch bestimmtes Auftreten und angemessene Kleidung durchaus zum Positiven beeinflussen.

Kleidung

Immer gut beraten ist man im Ausland mit der bekannten Weisheit: „When in Rome, do as the Romans do." Das bedeutet beispielsweise, sich auf jeden Fall an den Dresscode des jeweiligen Landes zu halten. Tendenziell ist eher konservative und nicht zu freizügige Kleidung angebracht. In einem arabischen Land ist es ratsam, in bestimmten Situationen ein Kopftuch zu tragen. Obligatorisch ist das Tragen eines Kopftuches bei Besichtigungen von Moscheen oder anderen religiösen Stätten. Aber auch beim Bummeln in Basars wird eine Frau mit einem Tuch auf dem Kopf deutlich weniger behelligt und respektvoller behandelt. Für Frauen, die ein islamisches Land besuchen, empfiehlt es sich daher, vorsichtshalber immer ein Tuch in der Handtasche oder Akten-

TIPP

Wenn Sie vor oder nach einem anstrengenden Tag etwas Ruhe und Abgeschiedenheit brauchen, sollten Sie sich das Frühstück oder Abendessen auf Ihr Zimmer bringen lassen. Klären Sie schon vor der Hotelbuchung, ob das Hotel Zimmerservice anbietet.

Frauenfreundliche Hotels

Es gibt in vielen größeren Städten Hotels, die ausschließlich weibliche Gäste aufnehmen. Viele allein reisende Frauen fühlen sich in diesen Häusern gut aufgehoben. Die Hotels zeichnen sich nicht nur durch die frauenfreundliche Zimmergestaltung aus, sondern auch durch ihr gut geschultes Personal. Die Mitarbeiter organisieren u. a. spezielle Frauen-Taxis, die ausschließlich Frauen befördern und gewährleisten, dass diese nicht belästigt werden.

tasche mitzuführen, um notfalls den Kopf zu bedecken. Ansonsten sollte die Kleidung so konzipiert sein, dass Arme und Knie bedeckt sind. Dieses Gebot gilt jedoch nicht innerhalb von Urlaubsressorts und abgeschlossenen Hotelanlagen.

Die Unterkunft

Wahl des passenden Hotels

Als allein reisende Frau sollte man sich die Wahl des Hotels nicht leicht machen, sondern einige wichtige Punkte bedenken. Aus Gründen der Sicherheit sollte man nicht nur die Lage des Hotels genau analysieren, sondern auch fragen:

- Gilt das Stadtviertel, in dem sich das Hotel befindet, als sicher?
- Ist das Hotel an einem großen, belebten Platz oder in einer abgelegenen Seitenstraße?
- Sind ständig Taxis vor dem Hotel verfügbar oder ist wenigstens ein Taxistand in der Nähe?
- Verfügt das Hotel über einen Concierge, der beim Organisieren von Besichtigungen oder abendlichen Unternehmungen behilflich ist?
- Gibt es ein Hotelrestaurant, sodass man nicht immer außer Haus essen muss?

Verhalten im Hotel

Immer noch gibt es Häuser, die versuchen, allein reisenden Frauen die schlechteren Zimmer (laut, im renovierten Teil des Hotels, zu klein) oder im Restaurant die unbeliebtesten Tische zuzuweisen. Es ist keinesfalls angebracht, dies stillschweigend hinzunehmen. Durch freundliches, aber bestimmtes Nachfragen, ob nicht ein besseres Zimmer oder ein schönerer Tisch zu haben ist, hat man in der Regel Erfolg. Dieses Verhalten hat meist den angenehmen Effekt, dass das Personal den Schluss zieht, dass man auf angemessene Behandlung und guten Service achtet und sich entsprechend verhält. Für den weiteren Aufenthalt kann man mit besonders gutem Service rechnen.

Frauen, die am Service oder der Ausstattung etwas zu bemängeln haben, sollten nie zögern, sich an der Rezeption oder gegebenenfalls auch bei der Direktion zu beschweren. Die Kritik sollte immer sachlich bleiben. Übertriebene Bescheidenheit darf nicht mit Höflichkeit verwechselt werden.

Als Gastgeberin im Restaurant

Allein reisende Frauen, die geschäftlich zum Essen ins Restaurant einladen, vermeiden Missverständnisse, wenn sie einen Tisch auf ihren eigenen Namen verbunden mit dem Firmennamen reservieren lassen. Das Personal weiß dann sofort, wer als Gastgeberin auftritt und wer die Rechnung erhalten soll. Die Gastgeberin ist dann auch für die Weinauswahl und das Verkosten des Weines zuständig.

Kontakte knüpfen

Frauen, die an Konferenzen, Seminaren, Fortbildungen, Fachtagungen etc. teilnehmen, tun gut daran, besonders früh am Veranstaltungsort zu erscheinen. Sie können sich dann den Platz noch frei aussuchen. Außerdem lassen sich vor der Veranstaltung leichter Kontakte mit hinzukommenden Teilnehmern knüpfen. Vielleicht wohnt die Tischnachbarin ja im selben Hotel und man kann sich ein Taxi teilen oder abends gemeinsam essen gehen?
Viele allein reisende Frauen fühlen sich sicherer und wirken selbstbewusster, wenn sie zusammen mit Kolleginnen etwas unternehmen können.
Auch allein reisende Touristinnen suchen gerne das unverbindliche Gespräch mit anderen Frauen. Wenn die Angesprochene jedoch wortkarg und uninteressiert wirkt,

TIPP

Frauen sollten sich nicht beirren lassen, sondern in allen Ländern selbstbewusst auftreten und eine klare Sprache sprechen. Lassen Sie sich nicht aus Höflichkeit auf ein Gespräch mit einem Fremden ein und wehren Sie unerwünschte Annäherungsversuche sofort und unmissverständlich ab.

dann kann dies viele Ursachen haben. Dies sollte akzeptiert werden. Mitreisenden Gespräche zwanghaft aufzudrängen gilt als unhöflich.

Kulturelle Veranstaltungen

Gerade wenn Frauen allein auf Reisen sind, empfiehlt es sich, kulturelle Veranstaltungen zu besuchen. Dies ist meist wesentlich unterhaltsamer, als allein zum Essen zu gehen. Nachdem man eine Oper, ein Theaterstück oder ein Konzert ausgewählt hat, lässt man sich die Eintrittskarte dafür vom Hotelconcierge besorgen. Möchte man abends nicht allein in der U-Bahn oder auf der Straße unterwegs sein, sollte man rechtzeitig ein Taxi zum Hotel bestellen. Es empfiehlt sich auch für das Ende der Veranstaltung ein Taxi vorab zu reservieren.

Sonderfall: Allein reisende Frauen in arabischen Ländern

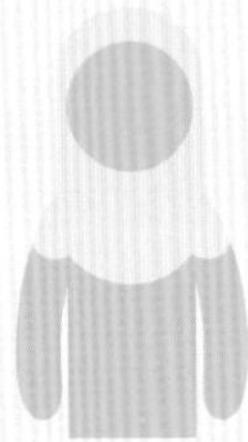

Frauen, die in arabischen Ländern unterwegs sind, haben es manchmal nicht einfach, zumal die Vorstellungen von gutem Benehmen oft deutlich von europäischen Vorstellungen abweichen.
In arabischen Ländern sind Frauen meist gesellschaftlich und rechtlich benachteiligt und gelten als minderwertig. Diese Werte und Vorstellungen prägen das Verhalten der Männer gegenüber Frauen allgemein, also auch gegenüber Europäerinnen.
Viele Einheimische tragen dunkle Abayas (schwarze Umhänge, die Haar und Gesicht verhüllen) und zusätzlich Kopftücher. Nach dem arabischen Frühling verbesserte sich für Frauen im Nahen Osten vieles, doch die Unruhen in Syrien oder im Jemen machten auch wieder vieles zunichte.

Unterschiede innerhalb der arabischen Welt

Während die Vereinigten Arabischen Emirate als relativ fortschrittlich gelten und sich der westlichen Welt anpassen (Frauen dürfen Berufe öffentlich ausüben) gibt es Regionen, in denen sich die Rolle der Frau auf Haus und Kinder beschränkt. Nicht viele arabische Länder gewähren Frauen dieselben Rechte wie Männern. In Saudi-Arabien beispielsweise dürfen Frauen nur in dringenden Ausnahmefällen Auto fahren und sind komplett von öffentlichen Ämtern ausgeschlossen. Selbst bei Privateinladungen stellt man sie den Gästen selten vor. Frauen grüßen sich untereinander, werden aber nicht von Männern gegrüßt. Im Iran sieht es ähnlich aus. Hände reichen zwischen Männern und Frauen gehört sich nicht und das Betreten eines Teehauses ist Frauen untersagt. Frauen ohne Kopftuch müssen mit Strafen rechnen. Gleiches gilt für Frauen, deren Kleidung die Knie entblößt, die (selbst bei 45 Grad im Schatten) ohne dunkle Mäntel unterwegs sind oder bunte Kleidung tragen. Eine der wenigen Ausnahmen war Libyen. Dort waren alle Frauen frei vom Schleierzwang, konnten nicht vom Ehemann verstoßen werden, waren vor dem Gesetz, der

INFO

TO-DO

- Im Restaurant vorab einen schönen Tisch am Fenster ordern
- Für Einladungen zu Geschäftsessen Tisch auf eigenen Namen plus Firmennamen reservieren
- Bei Geschäftsessen selbst nach der Rechnung verlangen
- Gegebenenfalls Essen aufs Zimmer bringen lassen
- Im Restaurant bei Geschäftsessen souverän um zweite Weinkarte bitten, falls nur dem männlichen Kollegen eine gereicht wurde
- Sich verbal gegen sexuelle Belästigungen zur Wehr setzen
- Den Satz „Lassen Sie mich bitte in Ruhe" in der Landessprache lernen
- Angepasste Kleidung auf Urlaubs- und Geschäftsreisen

TABU

- Aus Angst, Schüchternheit oder falscher Bescheidenheit schweigen, wenn der Service nicht stimmt
- Freizügige Kleidung
- Sexuelle Belästigungen (Berührungen, verbale Anzüglichkeiten) dulden
- Mitreisenden Gespräche aufdrängen
- Kopftuchzwang an heiligen Stätten des Islam missachten
- Servicepersonal herablassend behandeln

Familie und im Berufsleben gleichgestellt und durften studieren. Mittlerweile entscheiden rivalisierende Warloards, welche Regeln gelten.

Vorab informieren
Daher sollten sich allein reisende Frauen vorab über die örtlichen Gepflogenheiten informieren und sich bei individuellen Fragen an das Auswärtige Amt oder die jeweilige Ländervertretung wenden. Auf der Internetseite des Auswärtigen Amts ist erkennbar, welches Land wie eingestuft wird.
Man kann sich auch auf eine sogenannte Vorsorgeliste setzen lassen – dabei gibt man an, von wann bis wann man sich wo aufhält. Dies sorgt für ein besseres Sicherheitsgefühl und man strahlt mehr Selbstbewusstsein aus.

Ausnahmen sind möglich
Ausländische Gäste sind in Hotelanlagen in der Regel von vielen Vorschriften befreit. Deshalb erfolgen geschäftliche Besprechungen oft in Hotels. Schwimmen ist aus religiösen Gründen stets problematisch gewesen. Es ist nur in einem Gewand erlaubt, das den ganzen Körper bedeckt, was Schwimmen nahezu unmöglich macht. Mittlerweile gibt es jedoch den Burkini, eine Mischung aus Burka und Bikini. Dieser multikulturelle Badeanzug, der einem Taucheranzug ähnelt, ist nicht nur etwas für strenggläubige Musliminnen, sondern bietet auch Ausländerinnen viele Vorteile. Konservative Kritiker rügen allerdings, dass der Burkini Körperrundungen zeige und die Füße unbedeckt blieben.

Verhalten auf Flugreisen

Nicht nur für Geschäftsleute zählt das Reisen per Flugzeug zum Alltag. Auch Privatpersonen nutzen die Reisemöglichkeit verstärkt, da sie oft günstiger als Auto oder Bahn ist. Verschärfte Sicherheitsmaßnahmen führen zu Stress. Viele haben oft schon eine stundenlange Anfahrt zum Airport hinter sich und

sind bereits bei der Ankunft am Flughafen erschöpft. Besonders bei Charterflügen ins Ausland muss man bis zu zwei Stunden vor Abflug am Check-in-Schalter sein, was den Druck zusätzlich erhöht. Mit ein paar einfachen Regeln, Umsicht und Rücksichtnahme lässt sich das schnelle Reisen für alle Beteiligten angenehmer gestalten.

Am Flughafen

Verhalten am Check-in-Schalter

Ist man pünktlich am Flughafen angekommen und hat den Schalter der gebuchten Gesellschaft gefunden, fällt von den meisten Menschen schon eine gehörige Portion Stress ab. Ist man hingegen verspätet und folglich angespannt, sollte man sich klarmachen, dass weder die Mitreisenden noch das Personal am Check-in-Schalter dafür Verantwortung tragen. Auch wenn man abgehetzt und gereizt am Schalter ankommt, sollte man nicht zuletzt aus eigenem Interesse stets höflich bleiben. Erstens erspart man sich so selbst unnötiges Stresspotenzial. Immerhin kann sich ein unfreundlich angesprochener Mitreisender als späterer Platznachbar im Flugzeug erweisen – eine peinliche, unangenehme Situation besonders bei Langstreckenflügen. Außerdem unterstützt die Boden-Crew freundliche Eilige eher bei der möglichst schnellen Erledigung der Formalitäten.

Auch aus Rücksichtnahme auf andere Wartende sollte man dabei die

Fliegen ohne Stress

Flugreisen sind für jeden anstrengend. Deshalb sollte man das Möglichste dafür tun, das Stresspotenzial klein zu halten: Rechtzeitig losfahren, die Dokumente parat halten, zu Mitreisenden, Bodenpersonal und Flugbegleitern stets höflich sein.
Allgemeine Höflichkeitsregeln wie ein freundlicher Gruß oder das Helfen mit Gepäckstücken sorgen besonders unter der oft belastenden Reisesituation für Entspannung, die allen Beteiligten zugutekommt.
Behandeln Sie Mitreisende stets so, wie Sie es selbst erwarten!

TIPP

Nachdem man eingecheckt hat, sollte man sich aufgrund der erhöhten und zeitintensiveren Überprüfungen an den Schleusen, die zu den Gates führen, früher anstellen als bislang gewohnt. Zeigen Sie Verständnis für die erhöhten Sicherheitskontrollen! Sie sind kein Selbstzweck des Bodenpersonals sondern dienen zu Ihrem eigenen Schutz.

eigenen Dokumente wie Reisepass und Flugticket in der Warteschlange parat halten und nicht erst in letzter Minute hervorkramen. Verschärfte Sicherheitschecks, wie z. B. Untersuchung auf Sprengstoffspuren, erfordern, dass man noch früher am Flughafen ist als in den Jahren zuvor.

„... zum Einsteigen bereit"

Das Flugzeug fliegt für alle Passagiere zur gleichen Zeit los. Diese kleine Erkenntnis zeigt, dass Drängeln beim Einsteigen absolut sinnlos ist. Hat man erst die Einsteigekarte (Boarding Pass) ergattert und das Gepäck aufgegeben, kommt man in aller Regel auch mit. Hektik beim Einsteigen ist daher für alle Beteiligten unnötiger Stress. Erfahrene Reisende machen aus der Not eine Tugend und freuen sich, wenn sie sich vor dem Einsteigen möglichst lange im Flughafengebäude die Beine vertreten können.

Mitreisenden behilflich sein

Bereits am Flughafen treten zahlreiche Möglichkeiten auf, Höflichkeit an den Tag zu legen und so auch für sich selbst eine angenehme Reiseatmosphäre zu erzeugen:

Für viele ältere Reisende ist die Hektik am Airport besonders ungewohnt und sie finden sich schwerer zurecht. Ein Zeichen guten Stils ist es immer, Hilfe nicht erst auf Verlangen, sondern von sich aus anzubieten.

Auch allein reisende Mütter sind stets dankbar für eine helfende Hand, etwa beim Abstellen von schwerem Gepäck auf das Förderband beim Einchecken oder beim Herunterheben vom Gepäckband bei der Ankunft.

Auch ist es eine nette Geste, wenn man selbst von einer Änderung des Gates oder einer Verspätung des Fluges erfahren hat, dies Mitreisenden von sich aus mitzuteilen, wenn sie offenbar verunsichert sind.

Angesichts des internationalen Publikums an Flughäfen bieten derartige Hilfestellungen immer auch eine gute Möglichkeit, ausländischen Reisenden ein positives, freundliches Bild von Deutschland zu bieten.

Im Flugzeug

Die erste Aktivität nach dem Einsteigen in das Flugzeug ist das Verstauen des Handgepäcks unter dem Sitz oder in den Gepäckfächern an der Decke. Hier sollte es eine Selbstverständlichkeit sein, älteren Personen und allein reisenden Damen zu helfen. Außerdem sollte man daran denken, die Dinge, die man während des Fluges braucht, gleich an den Platz mitzunehmen.

Beim anschließenden Platznehmen ist ein freundlicher Gruß – gegebenenfalls in englischer Sprache – geboten. Immerhin verbringt man eine gewisse Zeit sehr eng nebeneinander.

Auf dem Weg zur Startbahn ist es Usus, dass eine Stewardess oder ein Steward die Sicherheitsregeln erläutert. (Wo sind die Notausgänge? Wo befinden sich die Schwimmwesten und die Sauerstoffmasken?) Selbst wenn man regelmäßig mit dem Flugzeug unterwegs ist, sollte man hier keinen gelangweilten oder gar genervten Eindruck vermitteln. Andere Reisende sind mit den wichtigen Anweisungen noch nicht so vertraut und die Crew ist verpflichtet, die Sicherheitshinweise zu geben.

Keine unerwünschten Gespräche

Ist der Flieger dann gestartet, entscheidet sich oft sehr schnell, ob sich ein Gespräch mit dem Nachbarn entwickelt. Die wenigsten werden es übel nehmen, wenn man sich als Urlauber lieber in einen Roman oder einen Reiseführer vertieft. Schon der Griff nach Buch oder Zeitung signalisiert: „Ich möchte mich – zumindest jetzt gerade – nicht unterhalten." Keinesfalls sollten umgekehrt Urlauber, die vielleicht vor Vorfreude oder Tatendrang sprühen, Geschäftsreisende mit Fragen und Bemerkungen belästigen, die sich auf einen Termin vorbereiten oder nur Ruhe tanken möchten. Gegenseitiges Verständnis ist hier oberstes Gebot.

Sonst noch zu beachten

Wird das Menü serviert, gebietet es die Höflichkeit, das Tablett an die entfernt vom Gang sitzenden Passagiere weiter zu reichen. Auf jeden Fall sollte man während des Essens die Lehne des eigenen Sitzes

ohne Aufforderung des Hintermannes oder der Flugbegleiter aufrecht stellen. Es ist angesichts der knappen Platzverhältnisse – besonders in der Economy-Klasse – niemandem zuzumuten, sein Essen noch beengter einzunehmen.

Bei ausgebuchten Flügen kommt es immer wieder vor, dass beispielsweise Familien keine zusammenhängenden Plätze erhalten haben. Bitten diese, den Platz zu tauschen, um Kinder nicht allein sitzen lassen zu müssen, sollte man dies wenn möglich anbieten.

Nach der gelungenen Landung zu klatschen ist ein Relikt aus der Zeit, als Fliegen noch ein wahres Abenteuer war. Heutzutage lebt dieses „Landungsklatschen" noch vereinzelt in Ferienfliegern weiter. Erwartet wird dies jedoch keineswegs. Vielmehr gilt es heute als Selbstverständlichkeit, dass der Pilot seinen Job beherrscht. Der – nett gemeinte – Applaus gilt daher eher als deplatziert und überholt.

INFO

TO-DO
- Auch wenn man in Eile ist, höflich zu Mitreisenden und Bodenpersonal sein
- Allein reisenden Frauen mit Kindern und älteren Mitreisenden sowohl am Flughafen als auch an Bord mit dem Gepäck helfen
- Verständnis für weniger erfahrene Flugreisende aufbringen

TABU
- Beim Einsteigen drängeln
- Sitznachbarn, die arbeiten oder lesen wollen, ein Gespräch aufzwingen
- Übertriebener Alkoholkonsum an Bord

DER GROSSE BENIMM-TEST

„Gute Manieren wollen nicht wie eine Kunst ausgeübt, sondern unbewusst geübt sein.“ (Georg von Oertzen, 1829–1910)

Gutes Benehmen darf nie mit dressiertem Verhalten oder völlig steifer Etikette verwechselt werden. Es soll einfach ein möglichst reibungsloses Miteinander ermöglichen. Dennoch empfiehlt es sich, ein paar Regeln zu beherrschen und zu beherzigen.

Auf den folgenden Seiten sind die interessantesten Fragen und Antworten zum Thema gutes Benehmen und moderne Umgangsformen nochmals zusammengefasst. Nutzen Sie dieses Quiz, um Ihr Wissen über den guten Ton zu testen und zu festigen. Auch vor Reisen empfiehlt es sich, ein paar Fragen zu bearbeiten und gegebenenfalls vor Reiseantritt den Text über das jeweilige Land nochmals zu lesen.
Der Test eignet sich auch für ein amüsantes Spiel in privater Runde oder aber, um in Bewerbungsgesprächen dem Kandidaten richtig auf den Zahn zu fühlen.

Fragen zu Kapitel 1

Frage 1

Sie geben eine Party. Unter Ihren Gästen befindet sich ein Professor, den Sie mit Ihrer besten Freundin bekannt machen wollen. Was sagen Sie?

a) Hedwig, das ist der Professor Fritze, von dem ich dir erzählt habe!
b) Herr Professor, darf ich Sie mit Frau Schulze bekannt machen? Hedwig, dies ist Professor Fritze.
c) Ihr kennt euch ja noch nicht – macht euch doch bitte miteinander bekannt!
d) Frau Schulz, Professor Fritze – Herr Professor, Frau Schulz.

Frage 2

Beim Essen im Restaurant spüren Sie unangenehme Fleischreste zwischen den Zähnen. Wie verhalten Sie sich am besten?

a) Falls Zahnstocher auf dem Tisch stehen, halte ich mir eine Hand vor den Mund und löse mit der anderen unauffällig die Reste.
b) Ich frage diskret den Ober nach Zahnstochern und benutze sie auf der Toilette.
c) Ich versuche die Reste unauffällig mit der Zunge herauszubekommen.
d) Ich spüle meinen Mund kräftig mit einem Schluck Wasser aus.

Frage 3

Ihnen fällt während des Essens im Restaurant die Serviette unter den Tisch. Wie verhalten Sie sich richtig?

a) Ich bitte den Kellner um eine neue.
b) Ich schiebe die Serviette heimlich weiter unter den Tisch.
c) Ich hebe sie schnell auf und benutze sie weiter.
d) Ich wische meine Hände an der Tischdecke ab.

Frage 4

Welche Antwort bezüglich dieser Speisen ist richtig?

a) Kiwis werden vor dem Verzehr geschält.
b) Sind die Spaghetti zu lang, kann man sie ruhig mit der Gabel zerteilen.
c) Bei einem klassischen Hummeressen liegen rote Servietten bereit.
d) Weißwürste schneidet man scheibchenweise zurecht.

Frage 5

Bei welchen Fischen wird normalerweise kein Fischbesteck benutzt?

a) Matjeshering
b) Forelle
c) Karpfen
d) Räucheraal

Frage 6

Bei einem Essen werden zum Dessert u. a. frische Kirschen, die noch nicht entkernt sind, angeboten. Wie können Sie den Kern am unauffälligsten entsorgen?

a) Ich schiebe den Kern mit der Zunge auf einen Löffel und befördere ihn auf den Teller.
b) Ich schiebe den Kern mit der Zunge in meine Faust und befördere ihn auf den Teller.
c) Ich lasse den Kern direkt vom Mund auf den Teller fallen.
d) Ich schlucke den Kern hinunter und entsorge ihn später auf natürliche Weise.

Fragen zu Kapitel 2

Frage 1

Sie wollen sich zu Ihrem Platz in der Mitte einer Sitzreihe im Theater durchkämpfen. Worauf müssen Sie achten?

a) Während ich durch die Reihe gehe, drehe ich mich mit dem Gesicht zu den bereits Sitzenden.
b) Während ich durch die Reihe gehe, drehe ich mich mit dem Rücken zu den bereits Sitzenden.
c) Obwohl die Vorstellung bereits begonnen hat, beharre ich auf mein Recht auf einen Sitzplatz.
d) Ich bitte die Reihe aufzustehen, sodass ich besser durchkomme.

Sie sind zu Gast bei einer Betriebsfeier. Welcher Punkt ist richtig, um Fettnäpfchen zu vermeiden?

Frage 2

a) Ein „Du"-Angebot, das man zu später Stunde von einem leicht angetrunkenen Vorgesetzten erhalten hat, gilt auch in Zukunft.
b) Man kann ruhig über betriebliche Themen diskutieren.
c) Da Betriebsfeiern nicht so wichtig sind, macht es auch nichts, wenn man nicht daran teilnimmt.
d) Man sollte aufpassen, dass man nicht zu viel Alkohol trinkt.

Worauf sollten Sie achten, damit Sie bei einem Flirtversuch nicht gleich eine Abfuhr bekommen?

Frage 3

a) Ich sollte meinem Gegenüber meine frühere Beziehung schildern und warum diese gescheitert ist und zudem angeben, seit wann und wo (Online-Portal etc.) ich auf Partnersuche bin.
b) Ich sollte darauf achten, dass ich mit meinem Gegenüber in Blickkontakt stehe.
c) Beim ersten Date nicht schon zu spät kommen.
d) Ich sollte mich nach der Lebensplanung meines Flirtpartners (Kinderwunsch etc.) erkundigen.

Frage 4

Sie sind zu Gast in einem Hotel. Welcher der folgenden Sachverhalte trifft zu?

a) Dass der Portier meine Koffer trägt, ist eine Selbstverständlichkeit und muss nicht mit einem Trinkgeld entlohnt werden.
b) Benutzte Handtücher, Bademäntel, Seifen etc. können nach dem Aufenthalt ruhig mit nach Hause genommen werden.
c) Beim Betreten des Frühstückraums sollte man auf angemessene Kleidung (keine Badesachen) achten.
d) Die Getränke in der Minibar sind kostenlos.

Frage 5

Welche Aussagen treffen bei einem Saunabesuch immer zu?

a) Ein Handtuch, um sich nach dem Abduschen abzutrocknen, genügt.
b) Vor dem Saunen sollte man geduscht haben.
c) Man sollte in der Sauna immer Badeschuhe tragen.
d) Man sollte darauf achten, andere Saunagäste nicht anzustarren.

Frage 6

In Ihrer Verwandtschaft ist ein Todesfall eingetreten. Bei der Organisation der Beerdigung sind noch einige Dinge zu berücksichtigen. Welche der folgenden Antworten sind richtig?

a) Ich lade viele Leute zur Beerdigung ein, da ich dem Verstorbenen einen würdigen Abschied bereiten möchte, obwohl dieser nur den engsten Familienkreis bevorzugt hätte.
b) Bei der Grabrede lasse ich unterschwellig leise Kritik an dem Verwandten durchhören.
c) Ich benachrichtige die einstigen Ärzte des Verwandten, um diese über dessen Tod zu informieren.
d) Ich gehe auf den Wunsch des Verstorbenen ein und fordere die Trauergäste auf, anstatt Geld für teure Kränze lieber für einen wohltätigen Zweck zu spenden.

Fragen zu Kapitel 3

Frage 1

Worauf sollten Sie bei einem Vorstellungsgespräch achten?

a) Ich reiche dem Interviewer sofort die Hand zum Begrüßen.
b) Ich warte ab, bis mir mein Gegenüber einen Platz anbietet und setze mich dann hin.
c) Ich versuche Blickkontakt mit meinem Gegenüber zu halten.
d) Über meine Gehaltsvorstellungen mache ich mir erst mal noch keine Gedanken.

Frage 2

Worauf sollten Sie achten, wenn Sie einen Geschäftsbrief per E-Mail verschicken?

a) Ich schreibe höflich und in ganzen Sätzen.
b) Anrede und Grußformel beachte ich wie in einem Brief.
c) Da es keine Regeln für den E-Mail-Verkehr gibt, schreibe ich wie ich will.
d) Die Betreffzeile kann ich ruhig freilassen, da sie nicht wichtig ist.

Frage 3

Wählen Sie die richtige Antwort zum Thema Mobiltelefone.

a Während eines Vorstellungsgesprächs muss man sein Handy immer eingeschaltet lassen.
b) In Krankenhäusern muss man das Handy prinzipiell ausgeschaltet lassen.
c) Am Arbeitsplatz sollten die Klingeltöne besonders laut eingestellt werden.
d) In Restaurants sollte das Handy auf Vibrationsalarm gestellt werden.

Frage 4

Sie sind zu einem Geschäftsessen eingeladen worden. Wie benehmen Sie sich richtig?

a) Ich benutze das Besteck von innen nach außen.
b) Wenn ich kurz zur Toilette muss, lege ich die Serviette links neben meinem Teller ab.
c) Bei einer Essenspause lege ich das Besteck neben meinen Teller.
d) Den Suppenlöffel führe ich immer mit der spitzen Seite zum Mund.

Frage 5

Was sollten Sie im alltäglichen Umgang mit Ihren Kollegen im Büro unbedingt beachten?

a) Ich sollte darauf achten, kein zu schweres oder stark riechendes Parfum zu verwenden.
b) Das Telefon des Kollegen ist nur seine Angelegenheit. Klingelt es, hebe ich nicht ab.
c) Falls das Rauchen in einem abgetrennten Teil der Kantine erlaubt ist, muss man sich nicht darum kümmern, ob es einen Kollegen stört oder nicht.
d) Büromöbel und Bilder sollten immer in Rücksprache mit den Kollegen aufgebaut bzw. aufgehängt werden.

Frage 6

Um im Businessalltag eine gute Figur zu machen, sollten Sie immer auf eine gewisse Kleiderordnung achten. Welche der folgenden Aussagen sind richtig?

a) Die Hemdsärmel sollten nie unter den Jackettärmeln herausschauen.
b) Mit Tennissocken drückt man aus, dass man ein sportlicher, dynamischer Typ ist.
c) Mit schwarzen Lederschuhen liegt man generell nie verkehrt.
d) Um besonders jugendlich zu wirken binden Sie eine Donald-Duck-Krawatte um.

Fragen zu Kapitel 4

Frage 1

Wie verhalte ich mich in Japan bei Einladungen zu After-Work-Veranstaltungen?

a) Ich trinke mein Glas stets vollkommen leer.
b) Suppennudeln schlürfe ich so laut ich möchte aus meiner Schüssel.
c) Im Restaurant lasse ich den Gastgeber bestellen.
d) Beim Karaoke halte ich mich zurück und lasse nur die Japaner singen.

Frage 2

In welchem Land gilt das hierzulande für „okay" stehende Zeichen, ein aus Daumen und Zeigefinger gebildeter Kreis, als Symbol für Geschlechtsverkehr?

a) USA
b) Brasilien
c) Japan
d) China

Frage 3

Auf was sollten Sie achten, wenn Sie in die Türkei reisen?

a) Türken diskutieren gerne über politische Themen wie die Kurdenfrage, Syrien oder den Zypernkonflikt.
b) Beim Betreten von Privatwohnungen zieht man generell die Schuhe aus.
c) Beim Grüßen kann man seinem Gegenüber die linke oder die rechte Hand reichen.
d) Frauen sollten darauf achten, möglichst nicht zu freizügig gekleidet zu sein.

Frage 4

Sie sind für einige Zeit in den USA unterwegs. Welche Regeln treffen für dieses Land zu?

a) Alles ist erlaubt, da die USA als Land der unbegrenzten Möglichkeiten bekannt sind.
b Alkohol darf nicht unverhohlen an öffentlichen Plätzen getrunken werden.
c) Während man mit der rechten Hand isst, kann die linke Hand auf dem Schoß ruhen.
d) Das Trinkgeld ist in den meisten Restaurants schon im Preis inbegriffen, daher gibt man nie welches.

Frage 5

Was sollten Sie bei einem Aufenthalt in arabischen Ländern besonders beachten?

a) Wenn man einheimische Frauen fotografieren will, muss man zuvor um Erlaubnis fragen.
b) Frauen haben dieselben Rechte wie Männer.
c) Araber ziehen sich für Besprechungen gerne in Büros und Besprechungszimmer zurück.
d) Alkohol erhält man in fast allen Restaurants.

Frage 6

Sie sind in Indien auf Geschäftsreise. Welche Aussagen treffen hierbei zu?

a) Beim Essen können beide Hände benutzt werden.
b) Hindus dürfen kein Schweinefleisch essen, indische Moslems kein Rindfleisch.
c) Ist man sich nicht sicher, ob man einen Inder per Handschlag begrüßen soll, wählt man einfach die indische Grußvariante und verbeugt sich mit aneinandergelegten Händen.
d) Frauen sollten auf dezente und nicht zu freizügige Kleidung achten.

Frage 7

Welche der folgenden Aussagen zum Benimm in europäischen Ländern sind richtig?

a) In Polen begrüßt man sich für gewöhnlich per Handschlag, es sei denn man befindet sich auf der Türschwelle.
b) Schweizer freuen sich, wenn man versucht, ihr „Schwyzerdütsch“ nachzuahmen.
c) Bekommt man in Russland einen Wodka serviert, sollte man diesen genießen und langsam in mehreren Schlucken trinken.
d) Die Spanier (egal ob Katalanen, Basken oder Menschen aus Madrid) sind berühmt dafür, dass sie es mit der Pünktlichkeit nicht so genau nehmen. Man kann zu einer Geschäftsbesprechung ruhig zu spät kommen.

Lösungen, Kapitel 1

Frage 1
b) Zuerst wird der Rangniedrigere dem Ranghöheren vorgestellt.

Frage 2
b) Am besten ist es, wenn gar niemand mitbekommt, dass man mit einem Zahnstocher zur Toilette gegangen ist. Mit der Zunge zu versuchen, die Reste zu lösen oder gar mit einem Schluck Wasser den Mund zu spülen, geht unter keinen Umständen.

Frage 3
a) Die Serviette aufheben gilt als unfein. Man sollte sie auch nicht weiter unter den Tisch schieben. Am besten man lässt sich vom Personal eine neue bringen.

Frage 4
c) Kiwis schneidet man in zwei Hälften und löffelt sie aus. Spaghetti werden für gewöhnlich mit der Gabel gegessen. Man kann dazu mit der linken Hand einen Löffel zu Hilfe nehmen. Das Zerschneiden oder Zerteilen sollte unterlassen werden. Da Flecken aus weißen Servietten schlecht auswaschbar sind, werden für Hummeressen rote verwendet. Weißwürste werden entweder ausgesaugt oder horizontal aufgeschnitten und aus der Haut gepellt.

Frage 5
a) und d) Aufgrund ihrer Festigkeit werden Matjeshering und Räucheraal mit dem gewöhnlichen Besteck verzehrt.

Frage 6
a) Man kann den Kern auf einen Löffel legen und ihn dann auf dem Teller deponieren. Den Kern auf den Teller zu spucken ist verpönt, ihn zu verschlucken nicht sehr empfehlenswert.

Lösungen, Kapitel 2

Frage 1

a) Den Sitzenden den Rücken zuzudrehen gilt als verpönt. Wenn man nach Vorstellungsbeginn überhaupt noch in den Saal gelassen wird, sollte man bis zur Pause am Rande stehen bleiben, um niemanden zu stören.

Frage 2

d) Man sollte sich am nächsten Tag noch einmal vergewissern, ob das „Du"-Angebot noch gilt. Betriebliche Themen sollte man, wenn möglich, vermeiden. Man sollte nicht unentschuldigt fernbleiben, da man sonst schnell als arrogant gilt. Um nicht unangenehm aufzufallen, sollte man unbedingt vermeiden, zu viel Alkohol zu trinken.

Frage 3

b) und c) Sprechen über das Scheitern einer früheren Beziehung wirkt sich eher negativ aus. Blickkontakt halten ist essenziell. Wer schon beim ersten Date zu spät kommt, büßt viele Sympathien ein. Mit der Frage nach den Lebensplänen sollte man noch eine Weile warten.

Frage 4

c) Aus Rücksicht gegenüber anderen Gästen sollte man sich beim Essen angemessen kleiden. Mit einem Trinkgeld für den Kofferträger sollte man nicht geizen. Handtücher etc. werden zwar vom Hotel zur Verfügung gestellt, gehören aber zum Inventar und dürfen nicht einfach mitgenommen werden. Die Getränke müssen selbstverständlich bezahlt werden.

Frage 5

b) und d) Man sollte immer auch ein Handtuch dabei haben, auf das man sich in der Sauna setzen bzw. legen kann und auf das man auch die Füße stellt. Um unangenehme Gerüche zu vermeiden, sollte vor dem Saunen geduscht werden. Die Badeschuhe werden vor der Sauna abgestellt. Außerdem sollte man es vermeiden, andere Saunagäste anzustarren.

Frage 6
c) und d) Wünschte der Verstorbene nur im engsten Familienkreis bestattet zu werden, sollte man dem Wunsch ebenso nachkommen wie der Bitte, auf teure Kränze zu verzichten. Bei der Grabrede den Verstorbenen zu kritisieren, ist verpönt. Die Ärzte zu benachrichtigen dagegen ist ein netter Zug.

Lösungen, Kapitel 3

Frage 1
b) und c) Immer erst warten, bis der Interviewer einem die Hand reicht. Der Blickkontakt ist auch enorm wichtig. Außerdem sollte man sich schon vorab überlegen, wie viel Gehalt man verlangen könnte.

Frage 2
a) und b) Für den E-Mail-Verkehr gelten dieselben Regeln wie für den Briefverkehr. Demnach sollte man auch auf einen Betreff achten.

Frage 3
b) In Krankenhäusern müssen Handys wegen elektromagnetischer Spannungen, die die medizinischen Geräte beeinflussen, ausgeschaltet bleiben. Während Vorstellungsgesprächen würde das Klingeln nur unnötig stören.

Frage 4

d) Das Besteck wird generell von außen nach innen benutzt. Wenn man zur Toilette geht, legt man die Serviette auf dem Stuhl ab. Bei einer Essenspause legt man das Besteck auf dem Teller ab, wobei die Griffe den Tisch nicht berühren sollten. Um sich nicht zu breit zu machen, führt man den Löffel nie mit der breiten Seite zum Mund, sondern mit der spitzen.

Frage 5

a) und d) Ein zu starker Parfum- oder Deogeruch kann fast so unangenehm sein wie Schweißgeruch. Ist der Kollege nicht am Platz, beantwortet man für ihn das Telefon und schreibt ihm gegebenenfalls eine Notiz. Wer sich in einen Raucherbereich setzt, muss mit schlechter Luft rechnen.
Büromöbel sollten immer gemeinsam aufgestellt werden, sodass jeder entscheiden kann, wie er sitzen will.

Frage 6

c) Hemdsärmel sollten immer etwa zwei Zentimeter unter den Jackettärmeln hervorschauen. Tennissocken sind im Businessalltag verpönt. Schwarze Lederschuhe passen im Gegensatz zu Lederkrawatten immer (auch wenn Lederkrawatten manchmal in Mode sein können).

Lösungen, Kapitel 4

Frage 1

b) und c) Solange man sein Glas immer leer trinkt, wird einem in Japan immer wieder nachgeschenkt. Lautes Schlürfen gehört in Japan tatsächlich zum guten Ton. Wird man zum Essen eingeladen, ist es üblich, dass der Gastgeber für alle bestellt. Bei Karaokeveranstaltungen wird von einem verlangt, dass man mitmacht und auch singt.

Frage 2
b) In Brasilien sollte man mit diesem Zeichen sehr vorsichtig sein.

Frage 3
b) und d) Brisante politische Themen sollte man sich in der Türkei sparen. Schuhe werden in Privatwohnungen immer ausgezogen. Beim Grüßen streckt man seinem Gegenüber nur die rechte Hand hin, die linke Hand gilt als unrein. Da die Türkei auch ein islamisches Land ist, sollten Frauen darauf achten, sich nicht zu freizügig zu kleiden.

Frage 4
b) und c) In den USA ist das Rauchen fast überall verboten. In öffentlichen Einrichtungen, aber ebenso in Lokalen und sogar an vielen Badestränden. Der unverhohlene Alkoholkonsum an öffentlichen Plätzen ist strafbar. Die Amerikaner schneiden mit beiden Händen das Essen, legen dann aber die linke Hand auf den Schoß und essen mit der rechten. In den Restaurants wird ein Trinkgeld von 15 bis 20 % erwartet.

Frage 5
a) Bevor man eine Frau fotografiert, muss man unbedingt um Erlaubnis fragen. Die Rechte der Frauen sind in arabischen Ländern noch sehr eingeschränkt. Für Besprechungen gehen arabische Geschäftsleute lieber in Restaurants als in Büros. Alkohol ist meist nur in den touristisch erschlossenen Gebieten erhältlich.

Frage 6
c) und d) Man isst nur mit der rechten Hand, da die linke als unrein gilt. Die indischen Hindus essen kein Rindfleisch, die Moslems kein Schweinefleisch. Mit der indischen Grußvariante (aneinandergelegte

Hände) kann man nichts falsch machen. Auch in Indien sollten Frauen darauf achten, nicht zu freizügig gekleidet zu sein.

Frage 7

a) Eine Begrüßung per Handschlag über der Türschwelle ist in Polen tatsächlich verpönt, da man glaubt, dies bringe Unglück. In der Schweiz sollte man mit dem „Schwyzerdütsch" vorsichtig sein, da viele Schweizer denken könnten, man wolle ihre Sprache nur veräppeln. Russischen Wodka trinkt man für gewöhnlich schnell in einem Schluck runter. In Spanien ist man bei privaten Treffen zwar sehr gerne unpünktlich, keinesfalls allerdings bei geschäftlichen.

Wer war Freiherr Knigge?

Adolph Franz Friedrich Ludwig Freiherr von Knigge, der gemeinhin als Vater des guten Benehmens gilt, wurde am 16. Oktober 1752 in Bredenbeck am Deister in der Nähe von Hannover geboren. Er war der Sohn eines verarmten Adeligen. Gerne nannte er sich, in Anlehnung an den Titel Freiherr, einfach „freier Herr“, verzichtete später auf das „von“ und schrieb sich Adolph Freiherr Knigge. Die Verbindung des Namens Knigge mit guten Manieren gründet vor allem in seinem Werk „Über den Umgang mit Menschen“ aus dem Jahr 1788, das er mehrfach überarbeitete und aktualisierte.

Die frühen Jahre

Knigge studierte von 1769 bis 1772 Jura in Göttingen, wo auch die Gebrüder Schlegel zu seinen Lehrern gehörten. Im Anschluss an sein Studium trat er eine Stelle als Hofjunker und Assessor in Kassel an, bevor er 1777 auf Vermittlung Goethes weimarischer Kammerherr in Hanau wurde.

Familienvater

Freiherr Knigge heiratete 1773 in Kassel die drei Jahre ältere Hofdame Henriette von Baumbach (1749–1808). Im Jahr 1774 wurde die gemeinsame Tochter Philippine geboren. Sie blieb das einzige Kind dieser Ehe. Unter ihrem Namen erschien im Jahr 1789 das Werk „Versuch einer Logic für Frauenzimmer“. Da Philippine im Jahr des Erscheinens erst 15 Jahre alt war, ist die Vermutung, dass der Vater den Namen seiner Tochter für ein weiteres eigenes aufklärerisches Werk nutzte, nicht abwegig. Dass er der Tochter aber zumindest als Ideengeber half, darf als sicher angenommen werden.

Freidenker

Knigge nahm regen Anteil am gesellschaftlichen und geistigen Leben seiner Zeit und wurde schon bald zum Freidenker. Er trat den Freimaurern bei und engagierte sich von 1780 bis 1784 im Illuminatenorden.

Dieses Engagement und sein beherztes Auftreten für die Verwirklichung der Menschenrechte im Sinne der Aufklärung führten dazu, dass Freiherr Adolph Knigge beim Adel in Ungnade fiel. Er, der in schwierigen wirtschaftlichen

Verhältnissen lebte, wurde von seinen aristokratischen Gönnern fallengelassen und verarmte.

Aufklärer und Menschenfreund

Da er seinen Lebensunterhalt nun wie ein Bürgerlicher selbst erarbeiten musste, begann Knigge mit dem Verfassen von Schriften zur Aufklärung, von teils satirischen Romanen und von politischen Essays. Seine damals bekanntesten Werke sind „Der Roman meines Lebens" (1778), „Sechs Predigten gegen Despotismus, Dummheit, Aberglauben, Ungerechtigkeit, Untreue und Müßiggang" (1783), „*Über den Umgang mit Menschen*" (1788) und „Die Reise nach Braunschweig" (1792).

Knigge sympathisierte mit der Französischen Revolution. Wenn man sich dessen bewusst ist, wird klar, dass Knigge mit seinem Werk „*Über den Umgang mit Menschen*" eben nicht ein Regelwerk zu Benehmen und Etikette schaffen wollte. Vielmehr sollte sein Buch dazu dienen, dass Menschen unterschiedlicher Stände, unterschiedlicher Herkunft und unterschiedlicher Gesinnung frei, gleichberechtigt und friedfertig miteinander umgehen können. Erst nachdem es mehrmals umgeschrieben wurde, wurde das Buch, das ihn auch heute noch in aller Munde sein lässt, zum Benimmbuch schlechthin.

Letzte Jahre

1790 konnte Knigge dann eine Tätigkeit als Oberhauptmann und Scholarch in Bremen annehmen, die ihm ein gutes Auskommen ermöglichte. Obwohl schon von Krankheit gezeichnet, engagierte er sich neben seinem Beruf als Beamter auch beim Aufbau eines Laientheaters in Bremen.

Adolph Friedrich Ludwig Freiherr Knigge verstarb am 6. Mai 1796 in Bremen, wo er im Dom seine letzte Ruhestätte fand.

L